ANGELIKA BOHN

Wem die Deutschstunde schlägt

GOLDMANN
Lesen erleben

Buch

Angelika Bohn führt ein Leben mit dem Rücken zur Tafel, steht auch schon mal am Flipchart oder ganz modern am Whiteboard. Sie unterrichtet Deutsch als Fremdsprache, und ihre Schüler kommen aus verschiedenen Teilen der Welt, haben letztlich aber alle ein Ziel: Sie wollen die deutsche Sprache erlernen, um Geschäftsbeziehungen und Alltagsherausforderungen künftig souverän zu meistern. Wenn im Unterricht einer verzweifelt »Ich beiß nicht auf Deutsch« murmelt und mit wild gestikulierenden Armen und Beinen nach der passenden Vokabel sucht, kann die Deutschlehrerin meist schnell für Entspannung sorgen. Beim Lernen irritieren die Kursteilnehmer allerdings nicht nur sprachliche Phänomene. Seltsam auch, dass deutsche Kollegen schon um 11.30 Uhr in die Kantine gehen, mit vollem Mund sprechen und sich tatsächlich in aller Öffentlichkeit die Nase putzen. Angelika erklärt, was für Einheimische völlig normal ist, und lernt dabei nicht nur die Abgründe der deutschen Sprache kennen, sondern auch jede Menge über ihre Schüler: Japaner kommen nicht immer pünktlich und Italiener nicht immer zu spät, und der Unterricht lässt sich prima auch für ein kurzes Nickerchen, verlängerte Pausen oder Flirtattacken nutzen. Sternstunden einer Deutschlehrerin mit charmant-romantischer Note.

Autorin

Angelika Bohn, geboren 1973, studierte Germanistik und Anglistik in Heidelberg und North Bay/Kanada. Seit über zehn Jahren unterrichtet sie Deutsch als Fremdsprache bei internationalen Konzernen, davon verbrachte sie mehrere Jahre als Dozentin in Brüssel. 2011 machte sie ihren Abschluss an der Freien Journalistenschule Berlin und schrieb für eine Tageszeitung.

Angelika Bohn

Wem die **DEUTSCHSTUNDE** schlägt

Eine Lehrerin erzählt

GOLDMANN

 Dieses Buch ist auch als E-Book erhältlich.

MIX
Papier aus verantwor-
tungsvollen Quellen
FSC® C014496
FSC www.fsc.org

Verlagsgruppe Random House FSC® N001967
Das FSC®-zertifizierte Papier *Holmen Book Cream* für dieses Buch
liefert Holmen Paper, Hallstavik, Schweden.

1. Auflage
Originalausgabe Oktober 2014
Copyright © 2014 by Wilhelm Goldmann Verlag, München,
in der Verlagsgruppe Random House GmbH
Umschlaggestaltung: UNO Werbeagentur, München
Umschlagabbildung: FinePic®, München
Redaktion: Antje Steinhäuser
Vignetten für Teil- und Kapitelanfänge: Hanna Runge
KF · Herstellung: Str.
Druck und Bindung: GGP Media GmbH, Pößneck
Printed in Germany
ISBN: 978-3-442-15818-8
www.goldmann-verlag.de

Besuchen Sie den Goldmann Verlag im Netz

Für meine Schüler

INHALT

TEIL II – BRÜSSEL

Komischer Beruf

»Lennse semal aufdeliege.«

»Wie bitte?«

»Legen Sie sich mal auf die Liege«, sagte Dr. Pauli noch einmal und betonte jedes Wort.

Ach so.

Er tippte etwas in seinen Computer und machte sich dann an meinem Knie zu schaffen.

»Wotutsn weh?« Er drückte Ober- und Unterschenkel zusammen. Mein Knie knackste.

»Aua«, schrie ich.

»A-ha«, sagte er und holte seinen Reflexhammer. »Was machsen brufflich?«

»Ab morgen unterrichte ich Deutsch als Fremdsprache.« Und darauf war ich mächtig stolz.

»Was?« Sein Arm mit dem Hammer blieb in der Luft hängen.

»Ich bin Dozentin für Deutsch als Fremdsprache.«

Dr. Pauli schaute mich mit großen Augen an. »Na, dasisja komisch«, sagte er und haute mir unter die Kniescheibe.

Einen Moment lang war ich versucht, einen Reflex vorzutäuschen und ihm meinen Zeh in seine nuschelnde Orthopädennase zu bohren. Was musste ich auch ausgerechnet einen Tag vor Arbeitsbeginn die Treppe hochfallen?

»Sprechnde Schwaben soschlechdeutsch?«

Ich erklärte dem Arzt, dass meine Schüler keine Dialekt

sprechenden Deutschen sein würden, sondern ausländische Mitarbeiter deutscher Firmen.

»Soso«, sagte er geistesabwesend und setzte sich wieder an seinen Computer. »Wasses nichalles gibt ...«

TEIL I

....

DEUTSCHLAND

STUFE EINS

»Was haben Sie da drin?« Der Mitarbeiter an der Firmenpforte beugte sich über die Empfangstheke und fixierte meinen Trolley, als könne der ihn jeden Augenblick anspringen.

»Bücher? Für den Deutschunterricht?« Außerdem Schreibblöcke, Stifte, Notizzettel, Spiele, zwei Flaschen Wasser ohne Kohlensäure, Regenschirm, Terminkalender und einen MP3-Player mitsamt Lautsprecherboxen, aber das verriet ich ihm nicht. Nicht solange seine Mundwinkel unter dem Kinn zusammenliefen.

»Waren Sie schon mal hier?«, fragte er den Trolley.

»Hm, nicht dass ich wüsste«, antwortete ich stellvertretend. »Ich übrigens auch nicht. Heute ist sozusagen unsere Premiere.«

Und zwar im doppelten Sinne. Zum ersten Mal trat ich durch die Tore des Bauunternehmens Wallus GmbH, einem Komplex mit mehreren Gebäuden mitten in einem schwäbischen Industriegebiet. Ebenfalls zum ersten Mal sollte ich einem Nicht-Deutschen meine Muttersprache beibringen, sie in verständlichen Häppchen präsentieren, sie erklären und erläutern, bis dass der Unterricht vorbei war. Ich spuckte mir gedanklich auf die Schulter. Vorbereitet war ich. Das ganze Wochenende hatte ich Unterrichtsbücher gewälzt, Notizen gemacht und die wachsende Panik in heißer Schokolade ertränkt.

Der Pförtner brummte etwas in seinen Backenbart. Er rückte seine Brille zurecht und legte mir ein Formular vor. »Besitzen Sie ein Handy?«

»Natürlich. Meine Nummer ist aber streng geheim«, sagte ich und klang so betrübt wie möglich. Schließlich war ich glücklicher Single.

Der Pfortenmann trommelte mit den Fingernägeln auf die frisch polierte Theke. »Was ich meine, ist: Hat das Handy eine Kamera? Wenn ja, müssen Sie es hier abgeben. Fotografieren innerhalb der Firma ist verboten.«

Ach? Ich präsentierte ihm mein Mobiltelefon, das anstatt einer Kamera diverse Pixelfehler besaß, der Pförtner überließ mir den Besucherausweis, und ich humpelte seiner Wegbeschreibung entsprechend quer über das labyrinthartige Firmengelände. Gebäude 43 lag neben der Kantine und gegenüber der Personalabteilung, ein langer zweistöckiger Betonbau, der verschlafen in die morgendliche Maisonne blinzelte. Ich rüttelte an der falschen Seite der Doppeltür und fiel dann mit meinem Trolley durch den richtigen Flügel in den Eingangsbereich. Die Wanduhr über einem Sofa mit Baumwollbezug zeigte kurz vor sieben. Mit dem Aufzug fuhr ich in den ersten Stock zu den Schulungsräumen und suchte das mir zugewiesene Zimmer Nummer vier. Vorsichtig schubste ich die Tür auf und trat ein. Mein Schüler war noch nicht da.

Mit offenem Mund betrachtete ich das Whiteboard neben dem Fenster und testete sogleich die verschiedenfarbigen Marker, die auf dem Tageslichtprojektor in der Ecke lagen. Verrückt! Hätten wir früher so was mal in der Schule gehabt anstatt verschmierter Tafeln und Kreide!

Ich hievte den Trolley auf einen der zehn im Rechteck angeordneten Tische, packte die Unterrichtsmaterialien aus und überflog noch einmal die Angaben, die ich über meinen ersten Schüler erhalten hatte.

Teilnehmer: Luca Bianchi
Nationalität: Italiener
Beruf: technischer Zeichner / Wallus GmbH
Niveau: Deutschanfänger mit Vorkenntnissen
Bleibt in Deutschland: drei Jahre

Rom hatte ich nie besucht. Ebenso wenig Florenz, Mailand, Venedig, Neapel oder Palermo. Genauer gesagt, war ich noch nie in Italien gewesen. Und kannte auch keine Italiener, zumindest nicht persönlich. Vor meinem inneren Auge tauchten Kellner in gestärkten Hemden auf, die Pizza und Pasta zwischen Restauranttischen balancierten, Gondoliere in gestreiften T-Shirts aus alten Schwarz-Weiß-Filmen und Eros Ramazzotti, dessen Liedtexte ich nicht verstand. Was nicht nur an der Tatsache lag, dass er mit der Nase sang.

Ob Herr Bianchi wohl nett war? Würde ich mit seinem südländischen Temperament zurechtkommen? Würden wir uns gut verstehen? Oh Gott, würden wir uns überhaupt verstehen?

Mein Puls fuhr Formel 1, ich lief im Zimmer hin und her, konzentrierte mich schließlich auf ein Firmenplakat, das über dem Projektor hing. Es zeigte die Niagarafälle, darunter leuchtete in Großbuchstaben ein Motivationsspruch: »GEMEINSAM TROTZEN WIR JEDEM WASSERFALL.«

Ich ging erst mal auf die Toilette.

Die deutsche Sprache kennt vier Fälle, hatte ich rekapituliert, als ich am Freitag zuvor die Treppen eines fünfstöckigen Bürogebäudes hochgestapft war. *Und zwar den Nominativ, Akkusativ, Dativ und den Genitiv.* Im dritten Stock schob ich die Tür zu einem langen Flur auf. Hier irgendwo würde mein allererstes Vorstellungsgespräch nach der Uni stattfinden. Nur wo? *Es gibt Substantive und Verben ...*

»Kann ich Ihnen helfen?« Eine Frau mit Laptoptasche unter dem Arm baute sich vor mir auf.

»Äh, ja, ich suche das Sprachinstitut Sprechfit.«

»Da sind Sie hier falsch. Das liegt einen Stock höher.«

... weiterhin Adjektive, Adverbien und Präpositionen. Dann den Indikativ und Konjunktiv. Schnaufend zog ich mich am Treppengeländer hoch. *Außerdem das Aktiv, Passiv und den Detektiv.* Na bitte, ging doch!

Der Eingang zur Sprachenschule befand sich in der Mitte des Flurs. Ich klopfte und trat ein. Frau Kleber, die Institutsleiterin, empfing mich im Hosenanzug und mit angedeutetem Lächeln. Ich nahm vor ihrem Schreibtisch Platz, gleich neben dem Kopierer, der nach frischem Toner roch, und während ich an einem Glas Wasser nippte, blätterte Frau Kleber durch meine Bewerbungsunterlagen.

»Sie haben also Germanistik studiert.«

»Ja ja.«

»Auf Magister?«

Genau. Auch wenn meine Studienfreundin Klaudia mich bekniet hatte, Staatsexamen zu machen, wie es sich ihrer Meinung nach für anständige Germanistikstudenten gehörte. Aber an Schulen zu unterrichten hatte nie zur Debatte gestanden. Dazu gab es zu viele Nachteile: der Lärmpegel auf Schulhöfen, der Lärmpegel in Schulfluren, der Lärmpegel in Klassenzimmern, Disziplinprobleme mit Schülern, Diskussionen mit Eltern, frustrierte Lehrerkollegen, Kreidefinger.

Wenn ich nur daran dachte, wie unsere Klassenrabauken früher mit den Lehrern umgegangen waren! Dann doch eher in die Erwachsenenbildung zu vernunftbegabten Menschen, die sich grundsätzlich selbst disziplinierten, motivierten, nie schwänzten, Hausaufgaben machten und die mein Deutsch bewundern würden.

Also hatte ich meine Bewerbung zu allen Sprachenschulen der Stadt geschickt und gewartet. Bis endlich das Telefon klingelte.

»Haben Sie?« Frau Kleber klappte meine Bewerbungsmappe zu.

»Was?« Erschrocken griff ich nach der Armlehne des Stuhles.

»Ich fragte, haben Sie schon mal unterrichtet?«

»Ja, kurz. Während meines Studiums.«

»Schön, schön. Wir sind übrigens spezialisiert auf Firmenkurse.« Frau Kleber saß da wie ein ägyptisches Standbild, bevor sie fortfuhr: »Das heißt, wir unterrichten ausländische Mitarbeiter, die in der Regel mehrere Jahre in Deutschland bleiben. Es handelt sich meistens um Einzelunterricht, ab und zu kommen kleine Gruppen zustande. Jeder Kurs findet zweimal pro Woche statt, direkt in der Abteilung der Teilnehmer, und dauert so lange, bis diese ein fortgeschrittenes Niveau erreicht haben. Ach, und unsere Lehrer arbeiten alle als Freiberufler.«

Frei? Das klang gut. Beruf auch. Ein Beruf mit Freiheit? Her damit!

Frau Kleber rollte mit ihrem Bürostuhl zu dem Aktenschrank hinter ihr und kramte einige Bücher hervor. »Das hier sind die Unterrichtsbücher, eins für Sie, eins für den Teilnehmer. Die anderen beiden sind Grammatiken, da können Sie sich in die Materie einlesen. Ihr erster Kurs beginnt nächste Woche am Dienstag und geht von sieben bis acht Uhr dreißig.«

»Morgens?«, entfuhr es mir.

Frau Kleber klebte ihre blassen Lippen aufeinander. »Natürlich. Herr Bianchi muss den Unterricht vor Arbeitsbeginn nehmen. Sie können mit ihm bei Lektion fünf anfangen, den Modalverben.« Sie drückte mir die Teilnehmermappe in die Hand.

Okay, die Modalverben. Kinderspiel!

»Kennen Sie den Unterschied zwischen den Verben *sollen* und *wollen*?«, fragte Frau Kleber, als ich mich der Tür näherte.

Äh ... der Anfangsbuchstabe?

»Nein, nicht wirklich«, gab ich kleinlaut zu. Aber die deutsche Sprache hatte vier Fälle, und zwar den Nominativ, Akkusativ, Dativ ...

»Also, *wollen* ist klar. *Sollen* benutzen wir, wenn eine andere Person will, dass wir etwas tun. So wie in folgendem Beispiel: Die Chefin hat gesagt, ich soll mich gut vorbereiten.«

Aha. Ich klammerte mich an die Grammatikbücher.

»Falls sich Fragen ergeben, rufen Sie mich einfach an«, sagte Frau Kleber und entließ mich.

Zurück von der Toilette prüfte ich die Uhrzeit. Es war bereits Viertel nach sieben, und von Herrn Bianchi keine Spur. War ich im falschen Gebäude? Ich zückte das Handy, um Frau Kleber anzurufen, als plötzlich jemand um den Türrahmen bog.

»Frau Bohn?« Mit ausgestrecktem Arm kam ein Herr im schwarzen Anzug auf mich zu. Wirrer Pony, sonnengebräunte Haut, Mitte vierzig. Ich schlug ein, und wir setzten uns. Luca Bianchi also. Na gut, zuerst das Eis brechen.

»Aus welcher Stadt in Italien ...?« Weiter kam ich nicht.

»Mein Name ist Luca Bianchi. Ich bin aus Italien, aus Bari. Ich bin technische Zeichner, nicht mehr geheiratet und habe zwei Kinder.« Er atmete tief aus. »Gut?«

Nicht schlecht. Jetzt war ich dran.

»Ich heiße Angelika Bohn. Ich bin Dozentin für Deutsch als Fremdsprache, nicht *ver*heiratet und habe keine Kinder.«

Herr Bianchi wirkte erleichtert, wir unterhielten uns noch kurz über seinen Deutschkurs in Italien und schlugen dann das Buch bei den Modalverben auf.

»Klaudia *kann* gut schwimmen«, las mein Schüler, ohne zu zögern, vor. »Ich *muss* bis 18 Uhr arbeiten. Meine Freunde *wollen* ein Eis essen. Paul *soll* die Medikamente nehmen.«

Alles richtig. Ich brauchte nicht mal einzugreifen. Ein bisschen nutzlos fühlte ich mich schon.

»Können Sie mir bitte den letzten Satz erklären?«, fragte ich. »Warum benutzen wir hier das Modalverb *sollen*?« Tja, *ich* wusste es.

Herr Bianchi überlegte. Endlich würde ich zum Zug kommen. Ich klappte den Mund auf, doch mein Schüler war schneller. »Bedeutet, andere Person, vielleicht Arzt, sagt, Paul soll die Medikamente nehmen.«

Ach Mann!

Auf einmal schob er sein Buch weg und räusperte sich. »Kann *ich* etwas fragen?«

Endlich!

Herr Bianchi legte die Augen schief. »Können wir sagen *du*?« Er klang verzweifelt. »Jede Tag im Büro ich muss alle Hand geben.« Er schüttelte mit seiner Rechten die Luft zwischen uns. »Und ist immer Herr Schulte, Herr Kaufmann und immer Sie, Sie, Sie.«

Die Frage war einfach. »Ja klar! Ich habe absolut nichts dagegen.«

»Ich bin Luca.«

»Und ich Angelika.«

Wir schüttelten uns die Hände.

Donnerstag, drei Wochen später

»Klaus hat heute eine wichtige Verabredung. Er will mit seiner Freundin Vera ins Kino gehen«, las Luca vor. »Was bedeutet *Verabredung*?«

»Eine Verabredung ist wie ein Termin, nur auf privater Basis«, erklärte ich großzügig.

Luca stockte. »Hm, heißt das Wort *Verabredung*, weil Klaus sich mit Vera trifft?«

Hä? Ach so!

»Nein«, sagte ich lachend. »Auch wenn seine Freundin Petra heißen würde, hätte er immer noch eine Vera-bredung. Und zwar pünktlich!«, fügte ich streng hinzu.

Luca setzte sein charmantestes Lächeln auf. »Ist schwierig, so frühmorgens hier sein. In Italien wir kommen nur um neun Uhr im Büro.« Er rieb sich die dunklen Augenringe. »Können wir Deutschkurz vielleicht in mein Hause machen? Am Abend nach Arbeit?«

»Oh, ich weiß nicht.«

»Ich kann kochen Pizza oder Pasta.«

»Zuerst muss ich Frau Kleber ...«

»Und Tiramisu zu Nachtisch.«

»Okay, um wie viel Uhr?«

Fliegende Spaghettiwürmchen

Die mit gehackten Tomaten und Basilikum belegten Bruschette, die Luca mir bei unserem nächsten Termin servierte, waren herrlich knusprig, die Pasta *aglio e olio* hervorragend, dazu gab es ein Glas Pinot nero. Die offene Küche in Lucas Wohnung erlaubte einen Blick in das geschmackvoll eingerichtete Wohnzimmer mit einem weißen Sofa und walnussbraunen Schränken.

»Luca, was ist ein Zelt?«, fragte ich, während ich die Spaghetti mit dem Messer bearbeitete und Ölflecken auf der Vokabelliste verteilte. Mein Schüler zuckte mit den Schultern und rollte die Nudeln kunstvoll auf seine Gabel. Ich malte ein Zelt auf meinen Schreibblock.

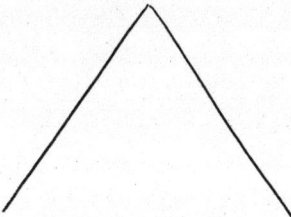

Luca drehte die Zeichnung hin und her.

»In einem Zelt kannst du in der Natur schlafen«, half ich nach.

»Was?« Luca lachte schallend. »Das ist kein Zelt. Das ist eine Pyramide. *Das* ist ein Zelt!«

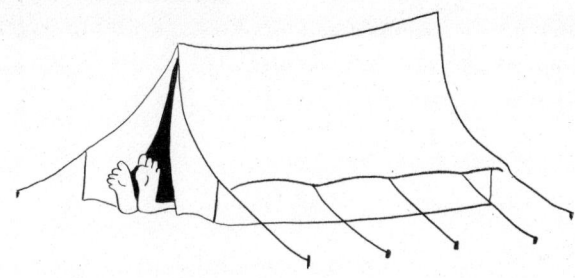

Ts, keine Fantasie der Mensch. Würde er *Der kleine Prinz* lesen, würde er vermutlich den Elefanten im Bauch der Riesenschlange auch für einen Hut halten.

»Luca, was bedeutet *Teppich*?«

»Teppich?« Er runzelte die Stirn. »Boh!«

Was war das denn? Er hatte doch nicht etwa gerülpst! Als er nicht antwortete, deutete ich zur Erklärung auf den Flokati im Wohnzimmer.

»Und was bedeutet *schießen*?«

»*Sparare*«, lautete die prompte Antwort. Mit der Serviette schoss er wie Billy the Kid wahllos durch die Gegend. »Man benutzt auch für Fußball. Weißt du, die *Squadra Azzurra* hat immer viel Tore geschissen.«

Mir rutschte die Gabel aus der Hand, und Spaghettiwürmchen flogen in hohem Bogen aus meinem Mund. Hastig pflückte ich sie vom Tischtuch.

»Luca, haha, was bedeutet *übersetzen?*«

»Boh.«

Da! Ich hatte es gehört. Was zum Geier war das?

Luca kicherte. »Das bedeutet *non lo so* – ich weiß es nicht –, boh!«

Wieder etwas dazugelernt, aber Moment mal: Wer unterrichtete hier eigentlich wen? Als ich meine Unterschrift unter den Honorarvertrag von Sprechfit gesetzt hatte, hatte ich mich als allwissende Lehrerin gesehen, die ihren Eleven die Augen über die deutsche Sprache und Kultur öffnen würde. Konnte der Spieß sich auch umdrehen? Boh! Abwarten …

H-Spalterei

Von: Sprechfit
An: Angelika Bohn

Liebe Frau Bohn,
neue Anfrage von Fa. Wallus:
Marco Storti aus Turin/Italien, Bauingenieur, einfache
Mittelstufe, unbefristet in Deutschland, Wunschtermin
Mo + Mi, 11-13 Uhr, Beginn 14. Juni. Können Sie übernehmen?
Mit freundlichen Grüßen
P. Kleber

Armlos

Montagvormittag, und es regnete. Ach was, es goss wie aus Kübeln und blitzte und donnerte und stürmte. Die zehn Minuten Autofahrt zur Wallus GmbH legte ich im Schneckentempo zurück, parkte mein Auto im Firmenparkhaus und stürzte mit gesenktem Kopf und erhobenem Besucherausweis an der Pforte vorbei. Mein Regenschirm lag entweder im Café, im Schuhladen, im Musikgeschäft oder weiß Gott, wo ich am Samstag im Zentrum noch herumgebummelt war. Ich wünschte Murphy und seinem Gesetz die schlimmsten Plagen an den Hals.

Mit zehn Minuten Verspätung betrat ich zum wiederholten Mal Besprechungsraum Nummer vier.

Marco Storti erhob sich von dem Tisch, auf dem er mit bau-

melnden Füßen saß, schaute auf die Uhr und zog eine Augenbraue hoch.

»Tja, äh, das Wetter, der Verkehr«, stotterte ich und streckte
ihm die Hand hin. Er schüttelte sie mit einem kräftigen Ruck,
ein ganzer Sturzbach löste sich aus meiner Kleidung und
klatschte zu Boden. Mit dem Trolley im Schlepptau stelzte ich
zu meinem Platz. Sofort saugte sich mein nasser Hintern am
Stuhl fest. Marco setzte sich in sicherem Abstand von mir über
Eck und beobachtete, wie ich die Bücher aus dem Koffer holte.
Was grinste der Typ so frech?

»Dann mal los«, sagte ich nach der üblichen Vorstellungsrunde, bei der wir uns von vornherein auf das *du* einigten. »Es ist
schon elf Uhr dreißig. In anderthalb Stunden müssen wir aus
dem Zimmer raus.« Ich klemmte mir eine nasse Haarsträhne
unter andere nasse Haarsträhnen.

»Wie sympathisch.«

»Was?«

Marco rubbelte über seinen gepflegten Kinnbart, als könne
er kein Wässerchen trüben. »Ich meine natürlich, der Sätze war
sympathisch. Aber was ist noch mal die Unterschied zwischen
Stunde und ...?«

»Und *Uhr*?« Ich pochte auf mein Handgelenk und fuhr das
Ziffernblatt entlang. »Das ist eine Uhr. Dieses Wort benutzen
wir auch für die Zeitinformation. Wir sagen: Es ist acht Uhr, acht
Uhr fünf oder acht Uhr zehn.«

Marco folgte amüsiert meinem gestikulierenden Finger.

»Das Wort *Stunde* zeigt die Dauer. Zum Beispiel: Unser
Deutschkurs dauert zwei Stunden. Klar?«

In Gedanken hörte ich Luca jammern: »Italienisch ist mehr
einfach. Wir haben nur ein Wort: *ora*!«

Marco nickte. Eine dunkle Locke löste sich und fiel ihm in
die Stirn. In die makellose Stirn. Über der cäsaresken Nase und

dem ... »Äh, gut, dann gehen wir jetzt auf Seite 56. Dort gibt es eine passende Übung zu diesem Thema.«

Marco stellte das Lehrbuch senkrecht auf seinen Schoß, ließ es wieder sinken und schaute mich interessiert an. »Was halten deutsche Frauen von italienische Männer?«

Ich schaute in seine Nussschokoladenaugen. Offenbar zu lange, denn Marco legte das Buch zur Seite und stützte sich auf die Tischkante. Ich lehnte mich nach hinten und lief rot an, während mein Blick an seinen unverschämt vollen Lippen hängenblieb.

»Ja, nun, das diskutieren wir ein anderes Mal«, sagte ich und tippte auf unsere Übung.

Marco schmunzelte und zog das Buch wieder auf seinen Schoß.

»Donnerwetter«, murmelte ich. »Italienische Männer sind echt gefährlich.«

Marco lachte. »Vor mir du musst keine Angst haben, ich bin total armlos.«

Meine Augen streiften seine muskulösen Oberarme. »Du meinst harmlos.«

»Abe ich gesagt, oder? Total armlos.«

»Ha«, hauchte ich. Ich hielt mir ein Blatt Papier auf Mundhöhe. »Ha.« Die Seite neigte sich nach hinten. »Probier du mal.« Ich streckte Marco das Blatt vor die Lippen.

Er holte tief Luft. »HA.«

Sein Atem roch nach Pfefferminzbonbons.

»Verstehst du jetzt?«, fragte ich. »Das *H* am Wortanfang kann man in der deutschen Sprache hören.«

»HA, HA, HA, HA«, machte Marco. Das Blatt Papier wehte in meiner Hand hin und her. Anscheinend hatte er auch einen Apfel gegessen.

»Jetzt klar«, sagte er. »Ast du gut erklärt.«

Ich machte mir eine Notiz, das Thema demnächst gesondert anzugehen. Marco konzentrierte sich endlich auf seinen Lückentext zum Unterschied zwischen *Stunde* und *Uhr*.

»Ich komme in einer *Stunde*. Der Zug atte zwei *Stunden* Verspätung. In seinem Schlafzimmer ängen zwei *Huren*.«

»Du meinst Uhren.«

»Richtig, oder?«, fragte er und gähnte.

»Kannst du bitte den letzten Satz noch einmal lesen?«

»Oh, ich bin kaputt. Gestern mein Nachbar ist gekommen sehr spät nach Ause. Erst kurz nach Heinz.«

»Heinz? Wer ist Heinz?«

»Was? Ich sage, mein Nachbar ist gekommen erst kurz nach Hein Huhr.«

Aha.

»Morgen ist Feiertag, dann kannst du schlafen. Liest du jetzt bitte ...?«

»Schlafen ist nicht möglich. Ich möchte fahren zu See. Mit mein neue Haudi.«

»Mit deinem Audi? Bei dem Wetter? Was machst du dort?«

»Hangeln.« Er schenkte mir ein spitzbübisches Grinsen. »Kommst du mit?«

Mittwoch, zwei Monate später

»In die Kantine es gibt eu... heute Fisch«, sagte Marco, als ich meine Bücher in den Trolley stopfte. »Kommst du mit?«

»In der Kantine gibt es heute Fisch«, korrigierte ich. »Das Verb im bejahenden Hauptsatz steht auf ...«

»Position zwei, ich weiß. Kommst du mit?«

Sein frecher Blick hielt meinen fest, während sich Lachfältchen um seine Augen bildeten. Grübchen hatte der Kerl auch noch.

Also gut, warum nicht? Mein Kühlschrank war sowieso leer. Ich drehte mich um und stieß gegen die geschlossene Glastür.

Kurz nach 13 Uhr verließen wir das Unterrichtsgebäude. Vereinzelte Mitarbeiter schlenderten uns aus der Kantine entgegen, einige kauten an einem Müsliriegel, andere lutschten an einem Eis. Marco schüttelte den Kopf.

»Ich hoffe, wir finden noch Fisch. Die meiste deutsche Kollegen gehen schon um elf Uhr dreißig zu Mittagessen. Das ist Frühstück in Italien!« Er legte die Finger zusammen und wippte aus dem Handgelenk. »Hoffentlich kommt der Fisch ohne Soße. Hier ist alle immer mit Soße. Maria!«

Beim Betreten der Kantine winkte uns Luca zu. Wir schnappten Herrn Klein, Marcos Chef, die letzten Fischportionen vor der Nase weg und setzten uns zu Luca und zwei anderen italienischen Kollegen. Nach dem *Hallo* wechselten sie sofort in ihre Muttersprache.

Marco schabte die Soße von seinem Fisch: »Verstehst du, wenn wir sprechen Italienisch?«

»Wenn wir Italienisch sprechen«, korrigierte ich automatisch und biss mir auf die Zunge. Wir waren beim Mittagessen und nicht im Unterricht.

»Wenn wir Italienisch sprechen. Nebensatz. Verb ans Ende«, rief Luca und gab Marco einen Klaps auf den Hinterkopf.

Der pikste ihn mit der Gabel. »Einmal Verb an Position zwei, dann Verb an Position Ende, Deutsch ist absolut illogisch!«

Ich ignorierte seine herausfordernde Miene – Pause war Pause – und widmete meine Aufmerksamkeit den übrigen Kantinenbesuchern.

»Was suchst du?«, fragte Marco, während er an seinem Handy herumspielte.

»Ich guck mal, ob es hier noch andere Italiener gibt.«

»Wie erkennst du Italiener?«

»Ganz einfach. Erstens sprechen sie mit Händen und Füßen und zweitens alle gleichzeitig.« Ich grinste.

»Natürlich«, sagte er. »Wir können das. Wir müssen nicht immer warten auf das Verb.«

Die anderen lachten und klopften ihm auf den Rücken. Eins zu null für Italien.

»Weißt du die geschrieben Nachrichten unten an Bildschirm von Fernseher?«, mischte sich Luca ins Gespräch. »Kommen von rechts und gehen nach links, immer in Kreis. Wenn das Verb endlich kommt, wir haben schon vergessen Anfang. Das ist gut für nichts.« Er schnalzte mit der Zunge. Seine Kollegen klatschten Beifall.

Na wartet.

»Das machen wir Deutschen extra«, klärte ich die Italiener auf. »Das ist ein fantastisches System, das es Ausländern, auch wenn es für euch mit Sicherheit frustrierend und ermüdend ist und auch wenn ihr uns durch diese komplizierten Konstruktionen oft nicht verstehen könnt und ihr euch deshalb bestimmt schon einmal gewünscht habt, das stressige Lernen zu beenden, unmöglich macht, vorausgesetzt natürlich, ihr wollt die Hauptinformation nicht verpassen, uns mitten im Satz zu unterbrechen. Ne?«

Alle vier Italiener starrten mich an, während ich mir ein Stück Fisch in den Mund schob. Gleichstand Deutschland. Zugegeben, ab und zu hatte es sicherlich Vorteile, wenn man anderen vorzeitig ins Wort fallen konnte. Vermutlich waren Marco und seine Landsleute zu diesem Zweck auch etwas stimmgewaltiger als wir Deutschen, überlegte ich, als Herr Klein sich mit Rindergulasch auf dem Tablett am Nebentisch niederließ. »Ah, sieh an, lauter Italiener!«, begrüßte er seine Mitarbeiter.

Marco wackelte mit dem Zeigefinger: »Nee, nee, wir sind nicht immer so laut!«

Mein Handy piepste. Ich kramte es aus der Tasche und klappte es auf.

> Hi angelika, hast du lust am samstag zu gehen mit mir in die kiste? Ciao, marco

Ich gaffte Marco über den Tisch hinweg an, als sei Casanovas Geist persönlich auf ihn herniedergefahren. Der unterhielt sich über irgendetwas Lustiges mit seinen Kollegen und zwinkerte mir verstohlen zu.

> Hi, marco! WAS?????

Mir fehlten die Worte. Wo war das gute alte Standard-Flirt-Programm geblieben? Dazu gehörten doch eine Einladung zum Essen, ein romantischer Spaziergang am See, ein Kinobesuch, bunte Komplimente und eine ungerade Zahl Blumen.

Das war das Mindeste, bevor man ... Stopp, stopp, stopp! Tief Lust ... huch! ... Luft holen. Bevor man was? Marco war mein Schüler und ich seine Lehrerin. So was ging doch nicht, oder?

> Hi angelika, ok dann ich komme samstag dich 20 uhr abholen. Die kiste ist direkt ins zentrum. Luca sagt ist eine gute fischrestaurant. Baci, marco.

Oh.

Vom Indus an den Neckar

»Bis zum Personaldienstleister Schraab brauchen Sie gut eine halbe Stunde«, informierte mich Frau Kleber an einem frühen Mittwochnachmittag und druckte mir eine Wegbeschreibung aus. Sie tippte mit einem Kuli auf die Wanduhr. »Beeilen Sie sich lieber mit der Vorbereitung.«

Ich schob eine Unterrichtskopie durch das Laminiergerät, setzte mich mit der Folie an den Tisch und schnippelte die Zeichnungen darauf aus.

»Und wie kommen Sie zurecht?«

»Fast fertig.« Ich hob die verstümmelte Folie in die Höhe.

Frau Kleber drehte sich mit dem Stuhl in meine Richtung. »Ich meinte, im Job. Sie arbeiten jetzt immerhin vier Monate für Sprechfit.«

Schon? Also vier Monate Unterricht und – ich zählte an meinen Fingern ab – mittlerweile sieben Kurse.

»Laut Feedbackbögen sind die Teilnehmer mit Ihrer Leistung zufrieden.«

Ach, es gab Feedbackbögen? Auch von Marco?

Frau Kleber schlüpfte in eine Strickjacke und öffnete das Fenster. Eine laue Septemberbrise fegte lose Papiere vom Tisch. »Gestern habe ich übrigens eine E-Mail von Herrn Klein, Marco Stortis Chef, bekommen. Er ist beeindruckt, dass Herrn Stortis Deutsch so ungewöhnlich schnelle Fortschritte macht.«

»Ach, echt?« Ich rollte meinen Shirtärmel über den Smiley, den Marco mir am Abend zuvor auf den Unterarm gemalt hatte.

Nach unserem Spaziergang. Am See. Kurz bevor der Kinofilm anfing. Als er mir sagte, dass er bald die Firma wechseln und ich nicht mehr seine Lehrerin sein würde.

Eine Stunde später

»Hallo, ich bin Nilay.«

»Ich bin Kei.«

»Guten Tag, ischeiße Aakash.«

Die drei indischen Programmierer strahlten mit der Sonne, die in den Unterrichtsraum der Firma Schraab fiel, um die Wette. Genau siebenundzwanzig Minuten hatte meine Fahrt über die Landstraßen gedauert, durch vier Ortschaften hindurch, hinein in eine gut versteckte Radarfalle kurz vor dem gläsernen Firmengebäude im Zentrum eines Städtchens am Neckar.

»Wo ist Rajesh?« Ich setzte mich mit der Teilnehmerliste in der Hand auf die Kante meines Tisches.

Meine Schüler hoben die Schultern. Na, hoffentlich würde er bald kommen, sonst müsste ich ihn als fehlend vermerken.

»Wie ich in meinen Akten sehe, haben Sie in Indien schon Deutsch gelernt.«

»A little.« Nilay presste Daumen und Mittelfinger zusammen.

»Ein bisschen?«

»Yes.«

Ich holte die laminierten Kärtchen aus dem Trolley und verteilte sie auf den Tischen der Kursteilnehmer.

»Auf jeder Karte finden Sie eine Aktivität«, leitete ich unsere erste Übung ein. »Können Sie mir diese Aktivitäten bitte nennen?«

Die jungen Männer schoben ihre Stühle nach hinten, standen auf und begannen, die Kärtchen hin und her zu schieben.

»Was machen Sie da?«

»Wir sortieren Kategorie«, sagte Aakash.

»Das ist nicht die Aufgabe.«

»Ist aber besser.«

Sie lächelten mich an und legten die Karten nacheinander auf drei verschiedene Haufen. Über ein Bild herrschte Unstimmigkeit, anscheinend passte es zu keiner der Kategorien. Die Männer steckten die Köpfe zusammen und berieten sich. Ihr Gemurmel klang ungewöhnlich, das war doch nicht etwa …

»Warum sprechen Sie Englisch?«

»Einfach.« Nilay klopfte mit der Faust auf seine Brust. »Meine Muttersprache ist Tamil, Muttersprache von Kei ist Kannada und von Aakash ist Marathi.«

Wie? Sie sprachen nicht alle Hindi? Das musste ich am Abend unbedingt googeln.

»Das ist Kategorie Freizeit, das Beruf und das Rest«, erklärte Kei, als sie fertig sortiert und sich gesetzt hatten.

»Sehr gut Kei, sagen Sie mir dann bitte die Wörter.«

»Hören, fahren, essen, lesen, arbeiten, telefonieren, fotografieren …«

»Halt, langsam!« Ich suchte einen Stift und schrieb die Verben untereinander an die Tafel. »Und jetzt machen Sie bitte mit jedem Verb einen Satz im Präsens.«

Aakash begann: »Ich höre. Ich fahre. Ich esse.«

»Machen Sie die Sätze bitte ein bisschen länger«, unterbrach ich ihn.

»Ich höre Musik. Ich fahre nach India. Ich esse der Apfel.«

»*Den* Apfel«, korrigierte ich. »Das ist ein Akkusativ.«

Die Männer rückten ihre Stühle zusammen und diskutierten angeregt, die Köpfe drehten sich nach rechts und links, sie schlugen ihre Mappen auf und blätterten in den Unterlagen. »Hm, aaah«, hörte ich. Sie rutschten wieder auseinander und richteten ihre sonnigen Augen auf mich. »Was?«, fragten sie alle gleichzeitig.

»Nun, Akkusativ«, sagte ich. Das mussten Sie auf dem Niveau bereits gelernt haben.

Aakash rieb sich verlegen die Nasenspitze. »Wir vergessen.«

»Ich esse den Apfel«, wiederholte ich. Als Erklärungshilfe zeichnete ich ihnen ein Schaubild an die Tafel.

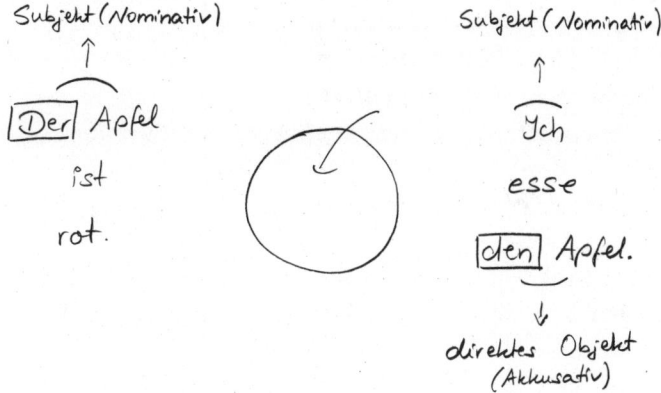

Subjekt (Nominativ)
↑
[Der] Apfel
ist
rot.

Subjekt (Nominativ)
↑
Ich
esse
[den] Apfel.
↓
direktes Objekt
(Akkusativ)

Ich erklärte das Konzept vom direkten Objekt, von Verben wie *haben, brauchen, möchten, sehen, nehmen*, die automatisch eine Ergänzung im Akkusativ nach sich ziehen.

»Alles klar?«, fragte ich schließlich außer Atem.

Kollektives Neigen des Kopfes von Seite zu Seite.

Ich atmete tief durch. Die Sache musste ihnen doch irgendwie nahezubringen sein. »Also, noch einmal.«

»Aber wir verstehen«, rief Kei.

»Warum antworten Sie dann mit *Nein* auf meine Frage?«

Die drei kicherten.

»Das«, sagte Nilay und neigte seine Ohren wieder abwechselnd den Schultern entgegen, »bedeutet *Ja* in India.«

Verrückte Welt.

Es klopfte an der Tür, und ein Kopf erschien im Besprechungsraum. »Deutschkurz?«

»Sind Sie Rajesh?«

Der junge Mann trat ein und nickte. Was hieß das jetzt?

Skeptisch schaute ich zu meinen anderen Schülern. Aakash klärte mich auf: »Das bedeutet auch *Ja* in India.«

Logisch. Ich schüttelte den Kopf, hörte aber sofort wieder damit auf. Nur kein Risiko eingehen. Wir machten weiter mit den verbliebenen Kärtchen.

»Ich fernsehe heute Abend«, sagte Kei.

»Achtung.« Ich schnappte mir einen zweiten Stift und zog zur Demonstration ruckartig den Deckel ab. »Das Verb ist trennbar, das Präfix kommt ans Ende.«

»Ah, ich weiße«, sagte Aakash. »Ich sehe heute Abend fern.«

»Sehr gut.«

Nilay drehte das nächste Kärtchen hin und her. »Ich grafiere eine Blume foto?«

»Äh, das machen wir dann am Freitag«, sagte ich mit einem Blick auf die Uhr. Ich gab ihnen noch eine Hausaufgabe und entließ meine Schüler an ihren Arbeitsplatz. Rajesh blieb zurück.

»Entschuldigung. Ich bin spät, weil Probleme mit Fahrschule. Kann ich fragen?« Er zog einen Brief aus seiner Hosentasche und hielt ihn mir hin. »Ich weiß nicht, warum ich muss zahlen das«, sagte er sichtlich aufgeregt. »Ich war zu Fahrschule nur für Information.«

»Für Beratungs- und Verwaltungskosten berechnen wir hundert Euro«, las ich auf dem Papier. »Haben Sie ein Dokument unterschrieben?« Ich malte mit meinem Finger eine Unterschrift auf die Rechnung.

»Ja, aber nur für bekommen Information«, sagte er noch einmal.

Ich bot ihm an, bei der Fahrschule anzurufen, doch Rajesh bestand darauf, es selbst zu machen. Wir bereiteten das Gespräch vor, die Fragen, die er stellen wollte, und die möglichen Antworten, die er bekommen würde. Er schaltete den Lautsprecher des Telefons ein, sodass ich mithören konnte, nannte seinen Namen und schilderte in einfachen Sätzen sein Anliegen.

So weit, so gut. Aber dann schoss der Mitarbeiter der Fahrschule eine Salve deutscher Wörter auf ihn ab, in einem Tempo, dass selbst mir schwindlig wurde. Rajesh wirkte verunsichert.

»Können Sie wiederholen, etwas langsamer bitte?«, fragte er höflich. Der Mitarbeiter wiederholte das Gesagte, anstatt langsamer zu sprechen, erhöhte er jedoch die Lautstärke. Rajesh schaute mich an, schüttelte resigniert den Kopf und reichte mir den Hörer. Es stellte sich heraus, dass der junge Inder unwissentlich einen Ausbildungsvertrag mit der Schule abgeschlossen hatte.

»Offenbar gab es da ein Missverständnis«, versuchte ich die Sachlage mit dem Mitarbeiter zu klären. Der allerdings war unnachgiebig. Arbeit war schließlich Arbeit, und Vertrag war Vertrag.

So schnell ließ ich nicht locker. »Hatten Sie noch nie Schwierigkeiten mit der Sprache im Ausland, konnten Sie sich immer gut ausdrücken und alles verstehen?«

Schließlich lenkte er ein. Rajesh musste nur die Hälfte der Summe bezahlen. Trotz des Teilerfolgs sah mein Schüler unglücklich aus.

»Ich fühle so …« Er kreuzte die Handgelenke.

»Sie brauchen ein bisschen Zeit«, versuchte ich, ihn zu

trösten. »In einem Jahr funktioniert die Kommunikation viel besser.«

Mutlos steckte er den Brief zurück in seine Hosentasche. »Sprache ist so schwierig.«

Und gleichzeitig so selbstverständlich, dachte ich. Jeden Tag formulieren wir zahllose Wörter und Sätze, sie sind witzig oder ernst, sinnvoll oder sinnlos, freundlich oder gemein. Wir kommunizieren rasch und spontan, ohne über Grammatik nachzudenken, ohne den Inhalt vorzuformulieren. Sprache ermöglicht uns erst den täglichen Umgang miteinander, mit Freunden, Kollegen, Verkäufern, Kassierern im Supermarkt oder Passanten, die nach dem Weg fragen. Sprache verschafft uns den Respekt unserer Mitmenschen, durch sie entfalten sich Persönlichkeit und Selbstvertrauen, Sprache schenkt uns die Freiheit, Gedanken und Gefühle auszudrücken. Vorausgesetzt, wir beherrschen sie.

Falls nicht, schränkt sie uns ein, schneidet uns vom Umfeld ab, macht uns angreifbar, unsicher und hilflos.

Ich betrachtete Rajesh, der mit hängenden Mundwinkeln das Telefon anstarrte, und wünschte dem Mitarbeiter der Fahrschule ein Jahr Auslandsaufenthalt an den Hals. Zum Beispiel auf dem Planeten Zorck. Dort könnte er sich mit den Zorckianern über Krankenversicherung, Mietverträge und Rundfunkgebühren auseinandersetzen. Auf Zorckianisch natürlich. Dann flaute mein Ärger ab, und ich schämte mich meiner Gedanken. Zorck! Den Planeten gab es ja gar nicht. Den tiefsten Himalaya dagegen schon.

In alter Frische

Ich verabschiedete mich von Rajesh und hetzte aus dem Büro zum Fahrstuhl. Besser gesagt, zu den drei Fahrstühlen, die erst alle anderen Etagen abklapperten, bevor einer vor mir hielt. Ich schaute auf die Uhr. In einer halben Stunde, um Punkt 16.30 Uhr, sollte mein Kurs mit Ajay beginnen, einem weiteren Inder, in einer Filiale der Firma Schraab, zwei Ortschaften entfernt. Um 16.10 Uhr erreichte ich mein Auto auf dem Besucherparkplatz. Ich wuchtete meinen Trolley in den Kofferraum, hechtete auf den Fahrersitz und startete den Motor. Eine Nachricht ging auf meinem Handy ein.

> Hi angelika, abendessen am samstag zu hause bei mir? Ich koche farfalle. Baci, marco. Ps. Der abend gestern beim see hat mich gefällt. Pps. Deine augen auch. 8o)

Mein Gesicht glühte, als hätte ich eine Flasche Schnaps getrunken. Eine Einladung zum Essen, ein Spaziergang am See, ein Kinobesuch, ein Kompliment. Fehlte nur noch die ungerade Zahl Blumen. Ich fächelte mir mit der Hand Luft zu.

Verflixt! Ich musste los. Bis zu meinem nächsten Kurs könnte es zeitlich gerade so hinkommen. Zwei Kilometer später blieb ich an einer Kreuzung stecken. Unfall mit Kleinlaster. Mist! Die Polizei leistete gute Arbeit. Nach wenigen Minuten war die Straße geräumt, ich trat aufs Gas und flitzte über eine hellrote Ampel. 16.31 Uhr kam ich auf dem Besucherparkplatz der Firma am Rande des Ortes an. Ich atmete auf. Fünf Minuten Verspätung würde Ajay mir hoffentlich nachsehen.

Nicht zu fassen! Kein einziger Parkplatz war frei. Ich parkte zwei andere Autos zu und stürzte zur Pforte. Nach drei Schritten stürzte ich zurück zum Auto, durchwühlte meine Handtasche nach dem Handy und stülpte schließlich den gesamten Inhalt auf den Beifahrersitz. Da! Aber was war das? Zwischen Geldbeutel, Schlüsseln, Lippenbalsam, Kugelschreibern, Papiertaschentüchern und Figuren aus Kinderüberraschungseiern steckte eine weiße runde Pappe, ähnlich der auf der Innenseite von Nutelladeckeln. Ich drehte sie um und zuckte zurück. Etwas Verschrumpeltes von der Größe eines Fünf-Mark-Stücks klebte darauf, das sofort zu Bröseln zerfiel, als ich es mit einem Kuli berührte. Seltsam.

Ich rannte zur Pforte und öffnete das Adressbuch meines Handys. Wo steckte bloß Ajays Nummer? Dann fiel mir ein, dass ich sie noch gar nicht abgespeichert hatte. Fluchend rief ich die Schule an und bat Frau Kleber, den jungen Inder zu informieren.

Im Pförtnerhäuschen lehnte derweil ein Besucher am Tresen und füllte mithilfe des Mitarbeiters und in aller Ruhe ein mehrseitiges Formular aus.

»Wo kann ich als Besucherin bitteschön parken?«, fauchte ich den Pförtner an, als wir endlich allein waren.

Er ließ seinen Blick über den vollen Besucherparkplatz gleiten. »Kommen Sie mit«, sagte er betont gelangweilt, bewegte sich gemächlich um die Besuchertheke und begleitete mich nach draußen. Er streckte seinen Arm aus und schwenkte ihn über das Gelände. »Sie fahren jetzt zurück, nach links, dann fünfhundert Meter geradeaus und nach der Kurve wieder links. Dann kommen Sie zu einer Schranke …«

Ich hörte schon gar nicht mehr zu. Mir wurde schlecht.

Am Ende war ich fünfundzwanzig Minuten zu spät. Ajay Kumar erhob sich von seinem Stuhl, als ich den Unterrichtsraum betrat. Ich entschuldigte mich für die Verspätung. Er schaute mich groß an.

»Eine Frage«, sagte er auf Englisch. »Was ist in Deutschland wichtig? Dass die Kurszeit eingehalten wird oder der Stoff, den man in der Zeit lernt, die einem zur Verfügung steht?«

»Beides«, antwortete ich.

»In Indien ist nur wichtig, was man lernt. Die Zeit ist egal.«

Na, dann mal los. Mein Schüler war Anfänger, und wir übten noch einmal die Kennenlernfragen. Ich stellte mich ans Whiteboard. Ajay zog geräuschvoll die Nase hoch.

»Entschuldigung.« Er suchte ein Papiertaschentuch in der Hosentasche und huschte zur entferntesten Ecke des Zimmers, wo er sich mit dem Gesicht zur Wand die Nase putzte.

»Ajay, was ist Ihr Vorname?«, fragte ich, als er zurückkam – und wurde mir gleichzeitig der Absurdität des Satzes bewusst.

»Meine Vorname ist Ajay Kumar.«

»Achtung«, sagte ich und klopfte auf meinen Brustkorb. »Mein Vorname ist Angelika. Bohn ist mein Familienname.«

Ich schrieb das Beispiel an die Tafel.

Angelika   Bohn

der Vorname   der Familienname

»Also Ajay ... Also, was ist Ihr Vorname?«

»Meine Vorname ist Ajay Kumar.« Er stand auf und griff nach dem Stift. »Kann ich?«

Ajay Kumar

Vorname   Vorname

»Ajay ist mein Vorname. Kumar ist mein zwei Vorname. In India wir sagen zusammen, Ajaykumar.«

Ich schaute auf die Teilnehmermappe, wo Name, Firma und Telefonnummer meiner Schüler auf einem Aufkleber vermerkt waren. Da stand aber nichts weiter.

»Und was ist dann Ihr Familienname?«

»Ich haben kein Familienname. Vater hat kein, Opa hat kein. Manchmal mein Familienname ist Vorname von Vater, aber mein Vater Name ist zu lang, zu schwierig für deutsche Leute.«

»Und wie nenne ich Sie? Ajay oder Ajaykumar?«

»Ajay ist okay. Entschuldigung.« Er lief wieder mit einem Taschentuch in die Ecke. »Eine Frage. Wie sagen ich zu Sie?«, wollte er einen Augenblick später wissen.

»Wie sage ich«, korrigierte ich umgehend. »Ich bin Angelika.«

»Aber Sie ist Lehrerin!«

»Das macht nichts.« In der Erwachsenenbildung kann man das schon mal so handhaben, fügte ich in Gedanken hinzu.

Offenbar gefiel ihm meine Antwort, denn er gluckste behaglich.

Am Ende der Stunde begleitete er mich hinaus. Als wir an seinem Büro vorbeigingen, machte er eine einladende Geste. »Bitte, das ist mein Arbeitsplatz.«

Ich folgte ihm hinein. Überall wuchsen riesige Pflanzen. Auf Rollschränken, in Büroecken und neben den drei Schreibtischen. Inmitten des Dickichts hatten sich zwei deutsche Kollegen mit ihren Bildschirmen versteckt.

»Das ist meine Deutschlehrerin. Sie heißt Angelika«, sagte mein Schüler feierlich.

Die Männer streckten mir durch das Grün ihre Hände entgegen. »Schön, dass wir Sie endlich kennenlernen. Ajay hat viel von Ihnen erzählt.«

Endlich? Viel von mir erzählt? Ich war doch erst das zweite Mal da. Ich lächelte verlegen und guckte geschmeichelt. Nach einer kurzen Unterhaltung führte Ajay mich wieder auf den Flur.

»Na dann, bis Freitag.« Ich winkte ihm zu und drückte auf den Fahrstuhlknopf.

»Bis Freitag, in alter Frische«, sagte er mit rollendem *R* und schaute mich stolz an. Wie nett! Wer ihm den Spruch wohl beigebracht hatte?

Wer auch immer es gewesen war, er hatte es mit Nachdruck getan, denn von da an liefen unsere Abschiedsszenen immer nach demselben Schema ab.

»Bis Mittwoch, Ajay.«
»Bis Mittwoch, in alter Frische!«

»Bis nächste Woche, Ajay.«
»Bis nächste Woche, in alter Frische!«

»Bis dann, Ajay.«
»Bis dann. In …?« Er zog den Zeigefinger wie ein Cowboy seinen Colt, richtete ihn auf mich und wartete.
Ich dachte nicht im Traum daran. »In was?«
»Alter Frische!«

Samstagabend

»Wein?« Marco holte eine Flasche Pinot grigio von der Ablage seiner Wohnküche, meinen mitgebrachten Trollinger ließ er unauffällig hinter einer Packung italienischer Kekse, Ölflaschen und Gewürzen verschwinden. Er setzte sich mir gegenüber an den gedeckten Tisch, und wir stießen an.

»Zum Wohl«, sagte ich.

»Salute«, sagte Marco. »Wenn um Essen und Trinken geht, ist besser, italienische Sprache zu benutzen. Klingt schöner. Klingt eigentlich immer schöner.«

»Schöner als Deutsch? Unmöglich.«

»Klar.«

»Nie im Leben.«

»Doch.«

»Du spinnst.«

Marco bewarf mich mit einer Serviette. Ich konterte mit dem Messer.

»Das zum Beispiel ist *una forchetta*«, sagte Marco und versenkte eine Gabel in meinem Teller Farfalle *al dente* mit Zucchini und Shrimps, deren Duft mir heiß ins Gesicht stieg. »*Una fochketta*«, wiederholte ich mit meinem gutturalen deutschen *R*.

»*Una forrrchetta.*« Marcos *R* rollte so schön wie ein Kreisel über eine glatte Oberfläche.

»*Fochchchketta.*«

»Rrrrrrr«, machte Marco.

»Chchchchchch«, machte ich und klang wie brodelndes Wasser.

Marco gluckste in seine Pasta. »Ich finde, deine Lippe braucht Hilfe.« Er stand auf und zog mich vom Stuhl hoch in seine Arme.

»Soso, Hilfe also«, sagte ich und trat ihm auf die Zehen. »Eigentlich hättest du mir noch Blumen schenken müssen.«

Marco blickte verwirrt von der Orchidee auf dem Fensterbrett zum Nutellaglas auf der Küchenablage. »Hast du nichts in deiner Handtasche gefunden?«

Oh! Das zerbröselnde Etwas auf dem Stück Pappe? Ich legte meine Arme um Marcos Hals und klemmte einige seiner Nackenhärchen in meinem Uhrband ein. »Wie war das noch mal? *Fochchchketta*?«

Polygottismus

Zwei Monate später bat Ajay mich per SMS, den Unterricht um eine halbe Stunde zu verschieben. Mit heiterem Gesichtsausdruck wartete er am Freitagnachmittag im Flur auf meine Ankunft. »Heute unsere Raum ist in letzte Etage.«

Er deutete auf die Treppe. Ich deutete auf den Fahrstuhl. Oben angekommen, packte ich meine Bücher aus und reichte meinem Schüler eine Kopie mit einer Übung zu Dativpronomen.

»Eine Information«, sagte er, ohne das Papier auch nur eines Blickes zu würdigen. »Jetzt wir fangen an halbe Stunde später, weil ich war bei indische Fest. Heißt Deepavali.«

»Hat das etwas mit Religion zu tun?«

»Es ist mehr spirituell. Das ist Lichterfest. Nächste richtige Religionfest ist Anfang von neue Jahr. Heißt Priya-Fest. Das ist für Gott Vishnu.«

»Ist Vishnu ein wichtiger Gott?«

»Sehr wichtig.«

»Wie viele Götter gibt es in Indien?«, fragte ich, und ehe ich mich's versah, stand Ajay wieder mit einem Stift in der Hand am Whiteboard.

Wir in der westlichen Welt haben es einfach. Es gibt einen Gott, dann noch Jesus, den wir uns als Sohn Gottes vorstellen, und den Heiligen Geist, von dem niemand eine richtige Vorstellung hat. Was Ajay mir aber über die indischen Götter erzählte, ließ meine Ohren schlackern. Er beschrieb die drei Hauptgötter Brahma, Vishnu und Shiva, außerdem Ganesha mit dem Elefantenkopf, Parvati, die göttliche Mutter, Maya, die Göttin der Illusion, Vamana, die fünfte Inkarnation Vishnus und noch etliche mehr.

»Und Rama ist die sieben Inkarnation von Vishnu. Man sagen Inkarnation oder Avatar.«

»Avatar? Ist das nicht eine grafische Figur, die man für Computerspiele kreiert? So wie in der virtuellen Welt von *Second Life*? Dort kann man mit anderen Avataren spielen und kommunizieren und handeln und es gibt sogar fiktives Geld und ...«

Ajay schaute mich an, als hätte ich mir in aller Öffentlichkeit die Nase geputzt.

Ich rutschte in meinem Stuhl hinunter. »Entschuldigung.«

Mein Schüler erklärte weiter, schrieb noch mehr Götter an die Tafel und malte Pfeile zwischen sie.

»Das ist sehr interessant, wenn auch nicht so einfach zu merken«, sagte ich, als Ajay mit seinen Ausführungen zu Ende war und sich zu mir setzte.

»Mehr einfach als deutsche Grammatik«, konterte er und pochte auf das Übungsblatt vor ihm.

Wobei wir beim Thema waren. Für eine Übung reichte die verbliebene Zeit noch. Ajay seufzte, griff sich einen Kuli und setzte die Dativpronomen in die Lücken ein.

»Das Hotel gefällt *mir*. Die Suppe schmeckt *ihm*.«

»Mhm«, machte ich zustimmend.

»Der Pullover passt *ihr*.«

»Mhm.«

Ajay guckte kurz hoch. »Der Rock steht *dir*.«

»Mhm.«

Ajay legte den Stift beiseite.

»Ist was?«

»Noch eine Information«, sagte er. »Das ist nicht klar, was bedeutet *mhm*. In India, wenn Eltern lesen Romane für Kinder, Kinder müssen immer sagen *mhm*. Das bedeutet nur, sie hören. Das bedeutet nicht richtig oder falsch.« Er wandte sich wieder der Übung zu.

»Das Auto gehört *ihnen*.«

»Korrekt.«

»Ich danke *ihm*.«

»Gut.« Puh, war das anstrengend.

»Können Sie *mir* helfen?«

»Mhm. Ja.«

»Wie geht es *Ihnen*?«

Eine SMS ging ein.

Liebe angelika, ich möchte mit dir in meine wohnung
leben. Ich weiß du bist noch nicht lang meine ragazza
aber oh chef kommt. Ciao, marco. Ps Willst du?

»Mhmmmm.«

»Was?« Ajay guckte wieder hoch.

»Ja, super!«, brachte ich hervor, bevor ich vor Freude implodierte.

Plopp

»Letzte Wochenende wir waren bei Schloss Neuschwanstein«, erzählte Ajay, während ich mich aus Schal und Winterjacke schälte.

»Du und wer noch?«

»Ich, Rajesh, Aakash, Nilay und Kei. Alle zusammen.«

»Schön.« Ich rieb mir die gefrorenen Hände. »Wart ihr auch im Schloss drin?«

»Nein. Alles Schloss ist gleich. Wir haben nur von draußen gesehen.«

»Aha? Und was ist deine nächste Reise?«

»Am Mars.«

»Mars?« Weltraumtourismus?

»Ja, am Mars«, wiederholte er und zählte an den Fingern ab: »Januar, Februar, Mars.«

Ich korrigierte ihn. »Ja, und jetzt an Weihnachten? Bleibst du in Deutschland?«

»Natürlich nicht. Ich fliegen nach India. Mein ältere Bruder hat Hochzeit.« Er lächelte überglücklich.

»Und wenn du in zwei Jahren nach Indien zurückgehst, heiratest du auch?«

»Ich will nächste Jahr schon heiraten«, platzte es aus ihm heraus.

»Hast du eine Freundin?«

»Nein, aber meine Eltern suchen.«

Es folgte ein erneuter Vortrag an der Tafel, dieses Mal über eine mögliche Form der Eheschließung in Indien, über Formulare, die zu Heiratsinstituten gebracht werden, über Kasten und Unterkasten und Unterunterkasten, über das Treffen der Familien und die lange Hochzeitsfeier.

»Wie ist in Deutschland? Diese Thema wir haben nie diskutier-et.«

Typisch Ajay. Die Buchstaben *R* und *T* waren für ihn einfach nicht kompatibel. Das *T* am Wortende ließ er – das taten viele meiner indischen Schüler – knallen. Es hörte sich an, als hätte er eine Flasche Sekt entkorkt. Plopp.

»Diskutier-t«, korrigierte ich.

»Diskutier-et.« Plopp.

»Diskutier-t.«

»Diskutier-t.« Plopp.

Akzeptabel.

»Bevor wir heiraten, leben wir normalerweise zusammen«, kehrte ich zu unserem Thema zurück und dachte an den ersten Umzugskarton, den ich bei mir im Wohnzimmer aufgestellt hatte. Mit dem Packen konnte man nie früh genug anfangen.

»Wie lange ist das?«

»Das können zwei Jahre sein oder auch zwanzig. Das ist sehr individuell.« Wobei zwanzig Jahre, mein lieber Scholli! Da würde ich nicht mehr in Weiß, sondern in Grau heiraten. Das würde bis dahin nämlich auf meinem Kopf wachsen.

Ajays Augen nahmen die Form von Melonen an. »Und man kann haben Kinder ohne Heirat?« Plopp.

»Natürlich.« Ich nahm mir vor, den Inhalt meiner Nachttischschublade als Letztes ein- und als Allererstes wieder auszupacken.

Ajay war völlig erschlagen von dieser Neuigkeit. Mühsam lenkte ich seine Aufmerksamkeit auf den geplanten Unterricht. Es war unsere letzte Stunde vor Weihnachten, und ich freute mich wie ein Troll über das mitgebrachte Material. Eine Folge von Mr Bean, auf die ich am Vorabend im Internet gestoßen war, stand auf dem Programm. Die ersten Szenen hatten einen weihnachtlichen Eindruck gemacht, und darum ging es ja. Hoffentlich prägte die feierliche Stimmung auch den Rest des Filmes.

»Wir sehen jetzt ein Weihnachtsvideo«, erklärte ich Ajay. »Und du beschreibst mir bitte, was da passiert.«

Das Video lief an, die Kamera schwenkte durch ein festlich geschmücktes Wohnzimmer, Kirchenglocken läuteten den Morgen ein. Mr Bean sprang aus dem Bett und rannte zappelnd hin und her. Wir schauten uns knapp zwei Minuten an, bevor ich den Film stoppte.

»Was hast du gesehen?«

»Das ist Morgen an Weihnachten. Mr Bean steht auf. Er ist glücklich und tanzt in Pyjama. Er nimmt Socken von Wand und schenkt sein Teddybär Augen und schenkt Maus Käse.«

»Genau. Was schenkt er sich selbst?«

»Eine rote Socke.«

Sehr gut. Ich klickte auf Play. Mr Bean hatte sich mittlerweile angezogen, den Tisch dekoriert und ging nun in die Küche. Von der Ablage holte er einen Truthahn von der Größe eines Schafes und stellte ihn auf den Küchentisch. Mit einem Messer schnitt er die Schnur durch, die den Vogel zusammenhielt, die Truthahnschenkel fielen auseinander und erweckten sofort den Eindruck einer Frau auf dem gynäkologischen Stuhl. Mr Bean stand vor dem Tier und schaute verdutzt. Das Lachen vom Band wurde hysterisch.

Ach du liebes bisschen! Ich warf einen Seitenblick auf Ajay. Der wirkte leicht verunsichert. Mr Bean begann unter größter Anstrengung, Brotwürfel aus einer Schüssel in den Truthahn zu stopfen, wobei fast sein ganzer Unterarm in dem Riesenvogel verschwand.

»Was macht er da?«, fragte Ajay.

Ja, was machte er da?

»Ähm, das ist Brot«, sagte ich und deutete auf die Schüssel. »Dann schmeckt der Truthahn besser«, fügte ich hinzu und deutete auf den Vogel.

Oh Gott, wie kam ich aus dieser Nummer wieder raus?

»Gibt es Weihnachten in Indien?«, fragte ich so beiläufig wie möglich.

»Ja, ich und meine Familie feiern nicht gleich wie Christen in unsere Land, aber wir haben auch frei von Arbeit und machen große Essen.«

»Was isst man in Indien an den Feiertagen?«

Er nannte mir einige Gerichte, die ich nicht kannte, und verlor sich in der Beschreibung indischer Spezialitäten. Ich hörte mit einem Ohr zu, klappte sachte den Deckel des Laptops hinunter und ließ Ajay erzählen, bis die Stunde vorbei war.

Auf dem Weg zum Fahrstuhl verabschiedeten wir uns für die nächsten drei Wochen.

»Dann viel Spaß bei der Hochzeit und schönen Urlaub«, wünschte ich ihm. »Bis bald.«

»Bis bald.« Er blieb vor seiner Bürotür stehen und zückte den Zeigefinger: »In …?« Plötzlich riss er den Mund auf. »Aber mit Truthahn am Ende was passier-et?« Plopp.

EIN RICHTIGER JOB?

»Guck mal«, sagte ich zu Marco nach dem Osterbrunch. Ich stieg über einen noch nicht ausgepackten Umzugskarton und hielt ihm meinen Terminkalender vor die Nase, während er Kaffee aufsetzte. »Morgen früh bin ich in Japan, danach in Frankreich, dann in Dänemark und schließlich in Brasilien.« Ich hatte Termine mit Schülern aus diesen Ländern – in drei verschiedenen Firmen.

Und ich war gern Lehrerin. Es lag ja auch in der Familie: Meine Mutter hatte viele Jahre als Grundschullehrerin gearbeitet, und anscheinend war dieses Gen dominant.

Marco schaute interessiert auf meinen Wochenplan. »Und Montagmorgen und Donnerstag tagsüber hast du frei?«

»Tja, zwei Kurse sind kurz nacheinander zu Ende gegangen, und im Moment gibt es keinen Nachschub. Und du bist ja auch nicht mehr mein Schüler.«

Marco setzte sein unverschämtes Grinsen auf und zwickte mich ins Ohr. »Aber Freizeit bedeutet für dich …«

»Morgen Mittag habe ich ein Vorstellungsgespräch bei einem anderen Sprachinstitut«, fiel ich ihm ins Wort.

»Warum hast du die zwei Terminen hier ausgestrichen?« Marco tippte auf die roten Kreuze im Stundenplan.

»Der Schüler hat eine Fortbildung. Er hat den Kurs abgesagt.«

»Aber das bedeutet für dich …«

»Ja, ich weiß, dass ich für die Zeit nicht bezahlt werde.«

Trotzdem, ich mochte die Freiheit, die der Job mir bot. Ich

konnte Kurse annehmen oder ablehnen, ich konnte mir einfach einen Tag freinehmen und musste niemanden um Erlaubnis bitten, ich konnte Kurse verschieben oder ausfallen lassen. Vor allem konnte ich meinen Unterricht selbstständig gestalten, ohne dass mir irgendjemand sagte, was ich zu tun hatte.

»Vielleicht solltest du dir eine richtige Arbeit suchen«, meinte Marco.

»Deutsch als Fremdsprache unterrichten ist also keine richtige Arbeit? Ich laufe doch nicht einfach in den Kurs, plaudere mit den Teilnehmern und gehe zwei Stunden später wieder hinaus. Ich muss mich abends vorbereiten, die Lektion planen, Materialien herstellen, neue Übungen und Spiele zusammensuchen. Und für die Schüler ist die deutsche Sprache wichtig, immerhin leben sie hier und müssen im Alltag zurechtkommen. Das weißt *du* doch am besten.« Ich qualmte.

»Schon gut, schon gut. Ich meinte eine Arbeit mit festem Vertrag, wo es spielt keine Rolle, ob die Leute kommen oder nicht.« Marco holte eine Schokolade aus dem Küchenschrank. Ich steckte mir gleich einen ganzen Riegel in den Mund.

»Ja, abersowas gibskaum indebranche.«

»Feste Verträge gibt es kaum in der Branche«, sagte die dezent geschminkte Sprachschulleiterin beim Vorstellungsgespräch. Nachdem wir meine Bewerbung besprochen und den Beginn einer Anfängerstunde simuliert hatten, schien sie mir zugeneigt. Sie schob ein Tortendiagramm zwischen uns auf den Tisch, die über uns hängende Deckenlampe warf ihr grelles Licht darauf.

»In unserem Unterricht sollten die Schüler neunzig Prozent der Unterrichtszeit sprechen, die verbleibenden zehn Prozent stehen dem Lehrer zu«, erklärte sie.

Ich fiel aus allen Wolken und stellte mir einen anderthalbstündigen Kurs vor, in dem blutige Deutschanfänger saßen. Ein bisschen einsilbig könnte die Stunde schon werden, dachte ich und wollte mich gerade zu Wort melden, als die Schulleiterin fortfuhr: »Wie Sie sehen, hat unser Institut sein ganz eigenes Konzept. Wir wollen nämlich, dass der Unterricht für unsere Lehrer mehr ist als nur ein Job. Wir wollen, dass Sie sich mit unserer Schule identifizieren.«

Wie? Ganz schön anspruchsvoll. Mit dieser Schule *und* mit Sprechfit, und das ganz ohne Vertrag, schoss es mir durch den Kopf, an dessen hinterem Ende sich die ersten Nackenhärchen aufrichteten. Dann sprachen wir über das Honorar. Es war viel niedriger als mein aktuelles. Als sie mir außerdem das Benzingeld verweigerte, erhob ich mich und ließ die Dame unter ihrer Deckenlampe sitzen.

Einige Wochen später fand ich doch noch eine adäquate Beschäftigung bei einem überregionalen Sprachinstitut.

»Guck mal«, sagte ich zu Marco und hielt ihm wieder meinen Terminkalender vor die Nase. Er war proppenvoll. Ich zählte die Stunden zusammen und errechnete zweiunddreißig pro Woche. Hinzu kamen Fahrten von Firma zu Firma, Unterrichtsvor- und -nachbereitung und organisatorischer Aufwand.

Marco drückte mir einen Kuss auf die Stirn. »Hauptsache, du bist zufrieden.«

Das war ich. »Ich liebe es, mit Menschen zu arbeiten und ihnen die deutsche Sprache beizubringen. Die ist total faszinierend, findest du nicht? Außerdem lerne ich viel von meinen Schülern, über ihr Land und ihre Kultur. Die freiberuflichen Arbeitsbedingungen sind dabei echt zweitrangig.«

Marco schaute skeptisch und verzog sich in die Küche.

»Ist doch wahr«, rief ich ihm hinterher.

Mein Handy piepste.

Guten tag, angelika. Morgen wir haben die untericht. Aber ich bin krank. Ich must das deutsche kurz abschaffen. Wir sehen näkste mittwoch. In alter frische! Ajay

Marcos Kopf erschien in der Küchentür. »Sind sie wirklich zweitrangig?«

»Ja, das sind sie.« Trotzig klappte ich das Handy zu.

Oder etwa nicht?

MAN LERNT NIE AUS

Ein Jahr war ich nun Lehrerin. Was nicht bedeutete, dass ich mich unter Lehrern automatisch wohlfühlte. Vor allem nicht inmitten solcher, die in staatlichen Schulen arbeiteten. In meiner Kindheit und Jugend hatte ich in einem Schneckenhaus gelebt und hätte mich lieber unter dem Lehrerpult verkrochen, als mich im Unterricht freiwillig zu melden. Was ich im Grunde genommen auch einmal tat. Es handelte sich um das Pult von Herrn Matjes, und ich war sieben Jahre alt. Die ganze Stunde kauerte ich zu seinen Füßen und zählte die Karos auf seinen Socken.

Lehrer gehörten zu den Menschen, die, ohne anzuklopfen, die Tür zu meinem abgeschotteten Ego eintraten und mich zwangen, vor meinen Mitschülern das Wort zu ergreifen. Doch damit nicht genug. Ab und zu stürmten sie sogar mein Haus, besonders an den Geburts- oder Namenstagen meiner Mutter, die viele Lehrerkollegen zu ihren Freunden zählte. Frau Semmel, meine Erdkundelehrerin, verirrte sich bei einer solchen Gelegenheit auch noch in mein Zimmer. Ausgerechnet in dem Moment, als ich vor dem Spiegel meine Interpretation von Rex Gildos »Fiesta Mexicana« zum Besten gab. Mehr als einem Lehrer über den Weg zu laufen, hatte mich während meiner Schulzeit regelmäßig in eine Schockstarre versetzt.

Und in einer solchen befand ich mich gerade. Ich war auf einer Lehrertagung. Zwei volle Tage lang. Und das am Wochenende.

In der Nacht davor hatte ich wachgelegen und auf ein Anzeichen von Unwohlsein gewartet. Alles wäre mir recht gewesen, um nicht teilnehmen zu müssen. Schnupfen, Halsschmerzen, oder wenigstens eine Magen-Darm-Grippe. Doch außer nervösem Herzrasen fühlte ich nicht die geringste Veränderung an meinem Körper. Wie hatte ich mich bloß zu dieser Fortbildung überreden lassen? Frau Kleber hatte aber auch davon geschwärmt, als handelte es sich um ein Wellness-Wochenende ...

»Willst du wirklich nicht mitkommen?« Ich zupfte an Marcos Pyjamaärmel. Gott sei Dank hatte er einen leichten Schlaf. Er schnappte kurz nach Luft, murmelte etwas auf Italienisch, was sich wie »Ich möchte grüne Tomaten essen« anhörte, und schlief wieder ein.

Beim Frühstück kriegte ich keinen Bissen hinunter, während Marco seine Biscotti in einem Espresso-Milch-Gemisch ertränkte.

»Das schaffst du schon.« Er knetete meinen Fingerknöchel. »Und vielleicht erfährst du dort, wie man unmotivierte Schüler zum Lernen bewegt. Davon hast du ja gerade einige.«

Ich schüttelte den Kopf. »Das ist, als wolltest du jemanden, der keinen Hunger hat, zum Essen bewegen. Motivation kann man nicht beibringen. Die muss aus einem selbst kommen.« Ich legte die Hand auf meinen Magen. »Aus dem tiefsten Inneren.«

Marco guckte nachdenklich in Richtung meiner Leber. »Aber vielleicht lernst du, wie du solche Schüler besser verdauen kannst. Keks?«

Womöglich war da was dran. Einige meiner Kandidaten stellten mich nämlich vor eine echte Herausforderung. Zwar zogen wir an einem gemeinsamen Strang, doch in entgegengesetzte Himmelsrichtungen. Diese Teilnehmer vergaßen regelmäßig ihre Hausaufgaben oder gleich sämtlich Bücher, hatten in ihrer

Freizeit einen volleren Terminkalender als alle Staatsoberhäup-
ter zusammen und fragten immer nach der Bedeutung derselben
Vokabeln.

»Außerdem ist ja Cathy dabei«, tröstete mich Marco.

Na gut. Damit konnte ich leben.

Cathy kam aus Australien, unterrichtete Englisch und war meine
Lieblingskollegin und beste Freundin. Und bei unserer Ankunft
im Tagungsgebäude ziemlich genervt.

»Jetzt bleib doch nicht einfach stehen«, schimpfte sie und
schob mich in die Aula, wo der erste Vortrag stattfinden sollte. Ich bewegte mich steifer als Pinocchio. So viele Lehrer auf
einem Haufen hatte ich nie zuvor gesehen, noch nicht mal im
Lehrerzimmer der Grundschule, als meine Klassenkameraden
mich hineingeschubst und von außen die Tür zugehalten hatten.

In dem Raum schwärmten ungefähr dreihundert Menschen
herum. Einige versammelten sich in Grüppchen, andere stürzten sich auf die noch freien Holzstühle, wieder andere begrüßten
sich laut schreiend, als wären sie vor Sehnsucht nach einander
fast umgekommen. Von allen Seiten schnappte ich Gesprächs-
fetzen auf: »Weiterbildung ist das A und O ... *Ne discere cessa*,
höre nicht auf zu lernen ... Wissen hält nicht länger als Fisch ...
Ich will nach Hause.« Letzterer kam von mir.

»Das kannst du noch früh genug.« Cathy erspähte Frau Kleber und zwei weitere Kolleginnen, die uns Plätze freigehalten
hatten. Ich fiel auf meinen Stuhl und versuchte, gleichmäßig zu
atmen. Irgendwie war die Luft in den letzten Minuten dicker
geworden. Oder meine Nase enger.

Schlagartig wurde es im Raum ganz still. Der Referent, Psy-
chiater von Beruf, betrat die Bühne. Verhaltener Applaus setzte
ein. Er hob das Mikrofon an seinen Mund und räusperte sich.

»Die psychiatrischen Kliniken in Deutschland haben die meisten Betten europaweit, und die Hälfte von ihnen ist mit Lehrern besetzt.«

Na, das fing ja gut an! Ich schaute zu Cathy. Die lächelte glückselig. Okay, versuchte ich mich zu beruhigen, das galt bestimmt nur für verbeamtete Lehrer. Außerdem fühlte ich mich ganz normal. Nicht verrückt. Obwohl, laut Cathy war »normal« Definitionssache. Was dem einen normal erschien, mochte auf den anderen seltsam wirken. Oder was dem einen seltsam erschien, mochte auf den anderen normal wirken. Was war eigentlich der Unterschied zwischen den Verben *erscheinen* und *wirken*? Sagten die nicht das Gleiche aus? Oder dasselbe? Wobei ja beide noch andere Bedeutu…

»Angie, hör auf mit dem Fuß zu wippen.« Cathy boxte mir in die Rippen.

»Ich wippe mit dem Fuß?«

Cathy haute ihre Fußspitze gegen meine Ferse. Ich wischte mir die Schweißperlen von der Oberlippe.

Der Referent hatte in der Zwischenzeit ein Bild auf die Leinwand projiziert, das die verschiedenen Gehirnareale darstellte. Er erklärte uns, wie das Gehirn funktioniert, wenn es funktioniert, und wie es neue Informationen verarbeitet.

»Unser Gehirn kann gar nicht anders als lernen«, sagte er.

Ha!, dachte ich. Genau genommen sagte ich es. Von rechts und links starrten mich Augenpaare an. Ich starrte weg, geradewegs auf die buschigen Augenbrauen meiner Vorderfrau, die mich über den Rand einer Hornbrille hinweg mit ihrem spitzen Blick aufspießte. Wie damals Frau Lobnich, meine alte Biolehrerin, als ich darauf bestanden hatte, dass Photosynthese in einer Polaroid-Kamera stattfindet. Davon bin ich übrigens heute noch überzeugt. Wenn Frau Lobnich diesen Brillenblick aufsetzte, kuschte im Handumdrehen die ganze Klasse. Dann machten wir Schüler alles, was sie verlangte. Sogar Hausaufgaben. Ob es solche Brillen noch im Handel gab?

»Nur sechs Minuten bleibt eine neu erlernte Information in unserem Gehirn«, sagte der Referent.

»Was, so lange?«, flüsterte ich Cathy zu. »Ist diese Behauptung wissenschaftlich bewiesen?«

»Angie!«

»Nicht die Schüler mit der höchsten Motivation lernen am besten, sondern die mit dem größten Vorwissen, denn daran können sie anknüpfen.«

Na, endlich mal was Sinnvolles. Ich dachte an einige meiner Kursteilnehmer und zählte an drei Fingern ab:

> a) keine Motivation
>   +
> b) kein Vorwissen
>   (ergo keine Anknüpfung)
> _____
>
> = c) kein Fortschritt

Ich hielt Cathy die Finger vor die Nase.

Cathy zog mich vom Stuhl hoch. Offenbar war der Vortrag vorbei. Sie schob mich vor sich her ins Foyer, navigierte uns durch die Menschenmenge zu einem weiteren Raum, der um etliches kleiner war als die Aula. Ich atmete auf. Hier passten nicht so viele Lehrer hinein.

»Kommen Sie bitte alle nach vorne und stellen Sie sich im Halbkreis auf«, forderte uns die Dozentin auf. Die buschigen Augenbrauen waren auch dabei, außerdem zwei junge Frauen, die erst vor Kurzem dem Referendariat entwachsen waren, und drei mittelalte Männer, zwei im Anzug, einer im saloppen Pulli, wie früher mein Mathelehrer, Herr Potznik, und den hatte ich geliebt. Bis ich in Mathe durchfiel, was natürlich seine Schuld war. Liebe ist vergänglich.

»Watashi wa ashita gakkou ni ittekimasu«, rief uns die Dozentin mit ausgebreiteten Armen zu. Wir guckten uns verschreckt an, der saloppe Pulli trat peinlich berührt von einem Fuß auf den anderen und legte Teile von Frau Kleber frei, die sich hinter ihm versteckte.

»Das ist Japanisch und heißt: Ich gehe morgen in die Schule«, erklärte die Kursleiterin.

Niemand sagte etwas. *Morgen* war schließlich Sonntag.

»Watashi wa.« Die Dozentin deutete mit einer ausladenden Bewegung auf sich selbst und schaute uns auffordernd an. Als keiner sich bewegte, wurde sie deutlicher: »Wiederholen Sie bitte sowohl das Gesagte als auch die Gestik.«

»Watashi wa«, brabbelten wir alle zeitlich versetzt, was eher schwäbisch klang, so wie ›Was hasch'n da?‹, und versuchten, in unseren Bewegungen möglichst klein zu bleiben, um nicht aufzufallen. Dabei zählten wir verlegen die Staubkörner auf dem Boden.

»Ashita«, sagte die Dozentin und zeigte zum Fenster hinaus, was *morgen* bedeuten sollte.

»Hatschita«, murmelte ich und streckte meinen Finger einen Millimeter von mir weg.

»Gakkou.« Die Dozentin malte ein viereckiges Gebäude mit Dach in die Luft. »Ni.« Ihr rechter Daumen bohrte sich in die linke Handfläche. »Ittekimasu.« Sie marschierte wie ein Soldat im Dreieck.

Ich warf einen Blick nach hinten zu Frau Kleber, die mit eingezogenem Kopf im Schatten des saloppen Pullis mitwatete. Cathy und ich hingegen fanden langsam Spaß an der Sache und liefen gickernd und gestikulierend durch den Raum.

»Diese Art des Lernens nennt man sensomotorisch«, erklärte

die Dozentin. »Das Erlernen fremdsprachlicher Wörter wird mithilfe von Gesten unterstützt. Dadurch kann man sich das Vokabular schneller und nachhaltiger einprägen.«

Und siehe da, es funktionierte. Wenige Minuten später sprachen wir den japanischen Satz fehlerfrei nach. Ich war begeistert.

»Was kommt als Nächstes?« Cathy rannte auf den Flur, wo sie ihren dunklen Pferdeschwanz löste und akkurat wieder zusammenband.

Ich schaute in das Programm. »Ein Seminar zur Mmm ... nnn ... Mnemo ... Mensch, das kann man ja gar nicht aussprechen.«

Cathy zupfte mir das Papier aus der Hand. »Das ist die Nemotechnik, zumindest sagt man das auf Englisch so.«

»Nemo wie in Kapitän Nemo? Was lernen wir da? Angeltechniken?«

Cathy rollte mit den Augen. Angeblich ging es um eine auf Eselsbrücken basierende Merktechnik, die sich die alten Griechen ausgedacht hatten. Und dafür mussten wir zurück in die Aula.

»Wie kann ich mir in Minutenschnelle die Namen der letzten zehn US-Präsidenten merken?«, fragte der Vortragende und gab sich selbst die Antwort. »Dadurch, dass ich sie mit Bildern assoziiere, und die lege ich auf meinem Körper ab, von den Füßen bis zum Kopf.« Er klopfte auf seine Schuhsohle. »Stellt euch vor, euer Schuh ist aus Eisen und ihr haut drauf. Das ist Eisenhower.« Dann sprach er sein rechtes Knie an: »Kenn i di?«, und fügte hinzu: »Nach Eisenhower kam Kennedy.«

Ich stellte mir vor, wie meine Schüler sich im Unterricht mit ihren Körperteilen unterhielten, und musste kichern. Der Dozent kramte aus seiner Hosentasche zwei verschieden große Playmobilfigürchen.

»Das sind John Lennon und sein Sohn, also Präsident Johnson«, erklärte er wie selbstverständlich. Es folgten eine Nixe für

Nixon, ein Auto Marke Ford für Präsident Ford, ein Kater für Carter und so weiter, bis auf dem Kopf des Dozenten ein Busch für George W. Bush wuchs.

»Und jetzt alle zusammen und von vorne.« Der Gedächtniskünstler haute abermals auf seine Fußsohle.

»Eisenhower«, rief der ganze Saal.

Er streckte sein Knie hervor.

»Kennedy!«

Er holte die Playmobilfiguren aus seinen Hosentaschen.

»Johnson!«

Ist ja'n Ding!, dachte ich. Im Handumdrehen hatten wir uns alle zehn Präsidentennamen gemerkt und aufgesagt. Hätte ich das mal früher im Geschichtsunterricht gekonnt! Diese Technik musste ich unbedingt beherrschen, beschloss ich und kaufte mir sofort den Lehrgang mit Buch und CD. Marco würde sich freuen. Damit konnte ich bestimmt auch schneller Italienisch lernen.

Zu Hause übte ich jeden Tag, verknüpfte Namen mit Bildern und merkte mir Listen von Wörtern, indem ich mir eine fortlaufende Geschichte dazu ausdachte. Selbst Zahlen konnte man sich mit der Technik einprägen.

»Sieben Zwerge spielen zusammen Fußball mit einem Kopfkissen, aus dem ein Gartenschlauch ragt«, erklärte ich Marco, während wir auf der Couch lagen und der Tyrannosaurus Rex die Besucher des Jurassic Park belästigte.

»Was?«

»Das ist die Telefonnummer von Frau Kleber.«

»Ach so.« Marco guckte mich an, als wäre meine Software abgestürzt.

»Ja, weißt du, bei der Mnemotechnik ist jeder Zahl von eins bis neunundneunzig ein Bild zugeordnet. Mein Beispiel von eben ergibt sieben elf vierundvierzig sechsundfünfzig. Sieben sind die sieben Zwerge, elf der Fußball, vierundvierzig das Kissen und so weiter.«

Marco legte sich Falten auf die Stirn und schaute demonstrativ auf den Fernseher.

»Wenn du Frau Kleber gedanklich Klebstoff in die Haare schmierst, kannst du dir auch ihren Familiennamen besser merken.«

Marco drehte die Lautstärke höher. Die Kinder aus dem Film schrien den Tyrannosaurus in Grund und Boden.

»Vorgestern habe ich mir fünfzig italienische Vokabeln in einer bestimmten Reihenfolge gemerkt. Stell dir das mal vor.«

»Jetzt rettet doch die Kinder, *porca paletta*!«

»Die Wörter kann ich immer noch: *bicicletta, erba, divertente, festa, dente, cercare* ...«

Marco zog mich an sich und gab mir einen langen Kuss. Als ich meine Augen öffnete, hafteten seine schon wieder am Bildschirm.

»Ich kann sie auch rückwärts aufsagen. *Bosco, suonare, gomma, nuvola, gustoso* ...«

Marco holte eine Jumbo-Packung Schokolade aus der Küche und riss sie auf. Also gut, dann würde ich diese Merktechnik eben an meinen Schülern ausprobieren. Dann noch Bücher und Hausaufgaben vergessen? Ha! Von wegen ...

WENN ES GIBT TOT MANN IN JAPAN ...

Hallo angerika, ich komme 10 minuten später.
Sorry, kaito

Nach Kaitos SMS konnte ich meine Uhr stellen. Jeden Dienstag-
und Donnerstagmorgen erschien sie auf dem Display meines
Handys, sobald ich es mir im Besprechungszimmer seiner Firma bequem gemacht hatte. Der Text der Nachricht war immer
gleich, allein die Minutenzahl variierte zwischen zehn und
zwanzig. In Wirklichkeit kam der junge Informatiker dann noch
einmal fünf Minuten später als angekündigt. Ohne Ausnahme.

Ich lehnte mich ans offene Fenster im fünften Stock, kaute
auf einer mitgebrachten Butterbrezel herum und betrachtete
den Wald rund um die Firma Pächtler, ein Softwareunternehmen, das eine halbe Stunde von meinem Zuhause entfernt
lag. Ein frischer Oktoberwind wirbelte Blätter von den Ästen.
Außer Vogelgezwitscher und dem gedämpften Motorenlärm
vorbeifahrender Autos war es herrlich ruhig. Tief saugte ich die
Morgenluft in meine Lungen. Irgendwo in der Nähe musste es
Kühe geben.

Wusch, wusch, wusch! Das Geräusch kam vom Flur. Es klang,
als würde ein riesiger Besen den Boden fegen. Das Wuschen
machte vor dem Unterrichtsraum Halt, jemand klopfte, und ein
verschlafenes Gesicht schob sich durch den Türspalt, gefolgt
vom Rest eines morgenschlappen Körpers.

Kaito warf ein heiseres »Guten Morgen« in den Raum. Seine

pechschwarzen Haare standen nach allen Seiten ab, die im Vergleich zum Oberkörper kurzen Beine steckten in neongrünen Joggingschuhen. Sein blaues Sweatshirt trug die Aufschrift: *Aufstehen, um zu essen. Essen, um zu schlafen.* Mein Blick rutschte von seinem Shirt zur Wanduhr. Ich war baff.

»Kaito! Du bist wirklich nur zehn Minuten zu spät, genau wie du geschrieben hast!«

»Natürlich«, sagte er. »Japaner sind immer pünktlich.«

»Hast du gerade so geschlurft?« Ich stand auf und demonstrierte das Wort *schlurfen*, während er die Deutschsachen aus seinem Outdoor-Rucksack auspackte.

»Ja, weil ich bin höflich«, sagte er. »Im Flur diskutieren drei Kollegen, ne? Ich möchte nicht sagen, machen Sie Platz. Also schluffen. Dann hören sie, ich komme.«

Coole Taktik. Die würde ich nach dem Kurs gleich ausprobieren. Ich schaute unter den Tisch auf meine Halbschuhe mit den dünnen Söhlchen. Hm, vielleicht müsste ich neben dem Schlurfen auch noch laut keuchen.

»Hattest du ein schönes Wochenende?«, zog ich eine typische Lehrerfrage aus dem Ärmel, um die erste Unterrichtsstunde der Woche einzuleiten.

»Hattest du ein schönes Wochenende?«, flüsterte Kaito vor sich hin, wobei er jedem Wort seine volle Aufmerksamkeit widmete. Er senkte den Kopf und überlegte. Offenbar bereitete er einen vollständigen Bericht vor. Ich war gespannt, was er erlebt hatte. Mein Schüler liebte Oldtimer und schleppte seine Frau regelmäßig zu Ausstellungen oder Messen, wo er das Taschengeld, das sie ihm zur Verfügung stellte, für Ersatzteile ausgab. Die schickte er dann nach Japan, um seinen antiken VW-Käfer aufzupeppen. Sein zweitliebstes Hobby war das Segelfliegen. Eine Flugshow in der Region ohne meinen Schüler? Undenkbar.

Kaito hatte in der Zwischenzeit seine Überlegungen abgeschlossen. Er verknotete die Hände auf dem Tisch und atmet tief aus. »Ja.«

Ja?

Wir schauten uns schweigend an, ich hob fragend meine Augenbrauen. Er hob seine.

»Okay, Kaito, das freut mich. Was genau hast du am Samstag gemacht?«

Er überlegte wieder. »Ikeaaaaa«, seilte sich das Wort langsam von seinen Lippen ab. »Und Sonntag habe ich gekocht.«

»Aha? Was hast du gekocht?« Mittlerweile kannte ich mich ganz gut aus, obwohl ich dem japanischen Essen lange skeptisch gegenübergestanden hatte. Roher Fisch! Igitt! Doch nach meinem ersten Sushi-Röllchen war ich von dem leichten Geschmack überwältigt. Sake Maki, Ebi Maki, Ikura, Maguro Temaki, eingetunkt in Sojasoße, mit etwas Ingwer als Beilage und einem wohltuenden grünen Tee. Und zum Abschluss ein Sesameis. Un-be-schreib-lich lecker!

»Cordon bleu!«, sagte Kaito.

»Es gibt Cordon-bleu-Sushi?«, fragte ich blöd.

»Es gibt Cordon-bleu-Sushi?«, flüsterte Kaito und versank in sich.

Ich nahm schnell eine Kopie aus meiner Mappe und holte ihn aus seinen Gedanken zurück, bevor er mich als absolute Kochniete enttarnte.

»Guck mal, was ich heute mitgebracht habe.« Ich reichte meinem Schüler das Blatt Papier.

»Oh, Text über Japan.«

»Richtig. Genau genommen über Tabus beim ... äh ... Essen.«

Na toll! Mit dem Themenwechsel war ich ja echt weit gekommen.

»Tabu ist Spiel oder?«

»Auch. Aber ein Tabu ist etwas, was man nicht machen darf oder worüber man nicht spricht.«

»Asso!«, stieß Kaito aus, was in der Bedeutung dem deutschen *Ach so!* ziemlich nahe kam. Mit großen Augen begann er zu lesen: »In Japan darf das Essen nicht mit den Stäbchen von einem Tischnachbarn zum anderen weitergegeben werden. Grund: Beim buddhistischen Begräbnis-Ritual, *kotsuage* genannt, nehmen je zwei Familienmitglieder die Knochen aus der Asche des Verstorbenen mit Stäbchen auf und legen sie in eine Urne.«

Nachdem wir unbekanntes Vokabular geklärt hatten, hellte sich die Miene meines Schülers auf.

»Kannst du den Text in deinen Worten erklären?«, bat ich ihn.

Kaito verschränkte die Arme vor der Brust und lehnte sich zurück, bevor er anfing, in seiner behäbigen Art zu sprechen. »Wenn es gibt tot Mann in Japan, wird er ge... ge...«

Lange Pause. Irgendwo musste das Wort doch sein. Ich wagte es nicht, seine Gedanken zu unterbrechen.

»Wird er ge... ge...«

Keine Lösung in Sicht. Ich beschloss, in seinen Irrtum einzugreifen.

»Ver...«, sagte ich aufmunternd. Das Wort *eingeäschert* kannte er noch nicht, das Wort *verbrannt* hingegen hatte er vor einer Woche gelernt. In Kaitos Blut floss aber die Hartnäckigkeit der alten Samurai.

»Ge...« Er stützte seine Ellenbogen auf den Tisch und fixierte mich mit zusammengelegten Fäusten.

»Ver...« Ich beugte mich nach vorne und hielt seinem Blick stand.

»Ge...« Kaitos Nasenflügel blähten sich auf.

»Ver...« Ich presste meine Zähne zusammen.

»Ge...«

»Ver...«

»Ge...«

Zeit, einzugreifen. »Verbra...«

»Ge... gefeuert!«

Der Pitbull und die Blume

»Angerika, ich muss in Gefängnis!« Kaito ließ einen Brief auf den Tisch fallen und vergrub das Gesicht in seinen Händen.

Ich faltete das Papier auseinander und verkniff mir ein Lachen. »Das ist doch nur ein Strafzettel! Du bist zu schnell gefahren, und jetzt musst du zehn Euro bezahlen.«

Kaito schaute auf. »Aber Kollege hat gesagt, ich muss einundvierzig Tage in Gefängnis, weil ich habe nicht sofort bezahlt.«

»*Der* Kollege hat gesagt, ich muss in *das* Gefängnis«, korrigierte ich. Den feixenden Kopf seines Kollegen konnte ich mir gut vorstellen. »Und warum genau einundvierzig Tage?«

Kaito fuhr mit dem Finger über eine Ziffer auf dem Strafzettel.

»Das ist Paragraf 41 der Straßenverkehrsordnung«, erklärte ich ihm.

»Straßenverwas?«

»Das ist eine Regel, die sagt, dass du nicht zu schnell fahren darfst. Dein Kollege hat nur Spaß gemacht.«

Kaitos Gesichtszüge entspannten sich. »Aber Kollege hat nicht gelacht, wenn er hat das gesagt.«

»DER Kollege«, korrigierte ich noch einmal. »Vergiss bitte die Artikel nicht.«

Kaito packte den Strafzettel weg und blies sich eine Haarsträhne aus den Augen. »Artikel sind unpraktisch. In Japan wir haben keine Artikel, keine Verbkonjugation, keine Plural.«

»Die Artikel auf Deutsch sind aber einfach. Sie beginnen alle mit dem Buchstaben *D*.« Ich grinste. Gemein, ich weiß.

Kaito knabberte an seiner Unterlippe. Armer Tropf. Den richtigen Artikel zu treffen war für alle meine Kursteilnehmer ein Glücksspiel. Zwar gab es in Kaitos Grammatikbuch einige Regeln für deren Verteilung, die aber für einen Großteil der Wörter nicht galten. Die Artikel musste er eben auswendig lernen, da führte kein Weg daran vorbei. Es sei denn ... Aus den Tiefen meines Gedächtnisses löste sich ein Gedanke, der zu einer ausgereiften Idee heranwuchs. Na klar! Die Mnemotechnik!

»Hey, Kaito, weißt du was?«

Mein Schüler legte den Kopf schief.

»Ja.«

Ach so, diese Floskel kannte er natürlich nicht.

»Nee, pass auf. Wenn jemand dich fragt ›Weißt du was?‹, musst du antworten: ›Was?‹. Alles klar?«

Kaito nickte.

»Also, Kaito, weißt du was?«

»Ja.«

Okay, das würden wir uns später noch mal vornehmen. Ich wollte jetzt die Mnemotechnik unbedingt an ihm ausprobieren. Ich legte Kaito Kärtchen vor, auf denen Einrichtungsgegenstände abgebildet waren, und half ihm, sie nach grammatischem Geschlecht in drei Spalten zu ordnen. Dann lenkte ich seine Aufmerksamkeit auf die maskulinen Gegenstände.

»Jetzt denk dir einen Hund, am besten einen Pitbull, einen John-Wayne-Hund«, sagte ich und ließ meine Oberarmmuskeln spielen. »Der Hund ist maskulin, genau wie die Objekte auf den Bildern.«

Ich tippte auf das erste Kärtchen, auf dem ein Teppich zu sehen war. »Stell dir vor: Der Hund kommt und macht Pippi auf den Teppich. Du verbindest die Bilder von Hund und Teppich in deinem Kopf. Jedes Mal, wenn du an das Wort *Teppich* denkst, erscheint automatisch auch der Hund. Also: der Hund – der Teppich.«

»Asso!« Kaito beugte sich tiefer über die Karten.

»Stuhl und Tisch: Stell dir vor, der Hund kommt und beißt Stuhl und Tisch kaputt. Der Hund – der Stuhl – der Tisch.«

»Ooooh.«

»Je absurder die Bilder sind, desto besser kannst du dir alles merken. Hast du verstanden?«, fragte ich ihn, nachdem ich jeden Begriff mit dem Hund vernetzt hatte.

»Hai«, bejahte Kaito auf Japanisch.

»Für die feminine Spalte nehmen wir als Referenz *die Blume*. Jetzt mach du mal.« Selbst geschaffene Fantasien blieben natürlich besser im Gedächtnis haften als von anderen Leuten vorgegebene.

Kaito zupfte an seinem Ohrläppchen. »Hmm ... schwierig.«

Ich wartete einen Augenblick, doch er starrte weiter vor sich hin.

»Soll ich dir noch einmal helfen?«

»Ja, bitte.«

»Die Tür«, setzte ich an. »Stell dir vor, du malst Blumen an die Tür, in Rot, in Gelb, in Rosa, was du möchtest. Also: die Blume – die Tür.«

»Hai.«

»Die Party: Du gehst auf eine Party und nimmst Blumen mit. Die Blume – die Party.«

»Hai.«

»Die Uhr: Du kaufst eine Uhr in Form einer Blume.«

Und so weiter. Kaito folgte mir aufmerksam. Mann, das machte echt Spaß. Mit dieser Technik konnte man herrlichen Blödsinn erfinden.

»Ich habe Frage«, sagte mein Schüler, als ich fertig war.

Das überraschte mich nicht. Vermutlich fand er die Mnemotechnik viel zu umständlich und zweifelte an deren Effektivität.
Die alten Griechen würden sich im Grabe umdrehen ob der Ver-
schmähung ihrer gedanklichen Meisterleistung.

Kaito schaute mich verwirrt an. »Was bedeutet *Blume*?«

Freitag, vier Monate später

»Was bringt man Japanern zum Abendessen mit?«, rief Marco
aus dem Abstellraum.

»Nimm einfach eine Flasche Wein.«

»Aber Japaner vertragen doch keinen Alkohol, oder?«

Mit einem halben Kilo Erdbeeren im Arm stiegen wir schließlich die drei Stockwerke zu Kaitos Dachwohnung im angrenzen-
den Stadtteil hoch. Sie lag in einer ruhigen Straße, umgeben von
Büschen und Nadelbäumen. Kaito öffnete uns die Tür.

»Danke, danke.« Mit beiden Händen nahm er die Erdbeeren
entgegen und verbeugte sich. Er lächelte uns an. Wir lächelten
zurück. Kaito macht keinerlei Anstalten, uns in die Wohnung
zu bitten.

»Wie geht's?«, fragte ich schließlich, um die Stille zu durch-
brechen.

»Gut.«

Ich nickte. Kaito auch. Marco auch. Eine junge Japanerin
erschien in der Tür.

»Das ist Kichi, meine Frau.«

Marco hielt ihre Hand fest und näherte sich ihrer rechten
Wange mit gespitzten Lippen. Kichi wechselte einen alarmierten
Blick mit ihrem Mann, Marco einen alarmierten Blick mit mir,
er ließ Kichis Hand los und stolperte rückwärts über die im Flur
stehenden Schuhe.

»Freut mich«, sagte Kichi mit hochrotem Kopf, eine Floskel,

die sie sofort als Nicht-Deutsche entlarvte, deren Wissen über Begrüßungen aus dem ersten Kapitel eines Deutschbuches stammte. Zwischen Deutschen selbst fiel ein Kennenlernen in der Regel anders aus: »Max, das ist Ina. Ina, das ist Max.« Hallo. Händeschütteln. Aber sich freuen? Keine Spur. Obwohl, innerlich vielleicht schon.

»Bitte Schuhe ausziehen«, sagte Kichi schließlich.

Wir stellten unsere Schuhe neben die der beiden Japaner – daraufhin wurde uns endlich Einlass gewährt. Die Wohnung war geräumig, Küche und Wohnzimmer bildeten eine Einheit, und über eine Wendeltreppe gelangte man auf eine Empore, wo der Fernseher stand. Davor lag eine Matratze.

»Dort schaue ich immer VDV.« Kaito deutete auf ein Regal, voll bis obenhin mit DVDs. »Japanische Dorama«, fügte er hinzu.

Ich zog eine hervor und erfuhr von Kichi, dass es sich um TV-Serien handelte.

»Manchmal schlafe ich auf Matratze ein.« Kaito kicherte. Kichi knuffte ihn in die Seite und verdrehte die Augen. Sie bat uns an den gedeckten Tisch, während sie sich an der Küchenablage zu schaffen machte und frische Misosuppe kochte. Alles andere war schon zubereitet und sah äußerst verführerisch aus: Sashimi, japanisches Gemüse, Tempura und natürlich Sushi. Wir begannen zu essen, und es schmeckte vorzüglich.

»Wie habt ihr euch eigentlich kennengelernt?«, fragte Marco und kämpfte mit den Stäbchen.

Die beiden Japaner erzählten von einer Party, von einer gemeinsamen Heimfahrt in Kaitos Auto, von einem vergessenen Regenschirm auf dem Rücksitz und von der Hochzeit, kurz bevor sie nach Deutschland kamen.

»Hochzeit in Japan ist sehr teuer«, sagte Kaito. »Braute und Bräutigermann heiraten in Schrein oder in Kirche, danach machen Party.«

Kichi holte ein Fotoalbum. Die Bilder zeigten die Trauungszeremonie in einem shintoistischen Schrein, Kichi im *Shiromuku*, dem weißen Kimono der Braut, und Kaito im schwarzen Kimono, dem mit Familienwappen geschmückten *Montsuki*, während sie vom Priester geweihten Sake-Reiswein entgegennahmen. Bei der anschließenden Feier waren neben Familie und Freunden auch die Kollegen und der Chef dabei.

»Kaito, ist das Bier in deiner Hand?« Wie war das noch mal mit Japanern und Alkohol?

»Ja, Bier geben ist Tradition bei Hochzeit. Ehepaar schüttet Bier in Gläser von Gäste und alle Gäste schütten Bier in Gläser von Ehepaar. Danach sind wir ein bisschen lustiger als Deutsche.« Er kicherte wieder.

»Wirft die Braut nach der Zeremonie auch einen Blumenstrauß über ihre Schulter? In Deutschland macht man das.«

»Wirklich?« Kaito übersetzte für Kichi, die nicht alles verstanden hatte. »Nein«, er schüttelte den Kopf, »bei uns gibt es nicht diese Literatur.«

»Welche Literatur?«

»Diese ... nee, wie heißt ... diese Ritual.«

Ach so.

Als die beiden kurz darauf das Geschirr vom Tisch räumten, steckten sie an der Spüle die Köpfe zusammen. Kichi sagte etwas auf Japanisch, Kaito brummte vor sich hin. Wie auf Kommando drehten die beiden sich plötzlich um. Kaito grinste wie ein frisch lackiertes Schaukelpferd.

»Freund von uns, Takeshi, heiratet nächste Woche in Japan. Wir wollen machen fröhliche Video. Mit uns und euch.«

»Mit uns?«

Kaito ging zum Sofa und kam mit zwei T-Shirts und einem handgeschriebenen Zettel zurück.

»Das ist Takeshi.« Er entfaltete ein Shirt, auf dem der Kopf eines jungen Japaners abgedruckt war, der aussah, als hätte er die Nacht durchgezecht. »I love«, prangte in großen Lettern über seinen Haaren. Kaito forderte uns auf, die T-Shirts anzuziehen. Auf dem Zettel standen zwei japanische Sätze, einer für mich und einer für Marco.

»Marcos Satz bedeutet: ›Herzlichen Glückwunsch zu eurer Hochzeit.‹ Angerikas Satz: ›Mit eurer Zusammenarbeit baut eine fröhliche und glückliche Familie.‹«

Hey, warum kriegte ich den schwierigen Part?

Eine Viertelstunde lang übten wir die richtige Aussprache, doch damit nicht genug. Kaito hatte sich auch eine filmreife Choreografie ausgedacht, die er sich wie folgt vorstellte: Während er sich mit seiner Videokamera auf das Wohnzimmersofa setzte, sollten Marco und ich an der Küchenspüle Position beziehen, dann Anlauf nehmen, nacheinander ins Wohnzimmer rennen, uns vor der Kamera auf den Boden schmeißen und mit ausgebreiteten Armen unseren Satz schreien.

»Takeshi, ofutariga chikarawo awasete ...«, brüllte ich also, sprintete los, stolperte über einen Läufer, landete direkt vor meinem Schüler und wedelte mit den Armen wie Kermit der Frosch in der Muppet Show. Kaito ließ die Kamera auf seine Knie sinken.

»Nein«, sagte er geduldig wie zu einem dreijährigen Kind. »Zuerst laufen, dann Fußboden, dann Arme und Satz.«

Also noch mal. Dieses Mal landete ich auf dem Boden wie ein Storch mit Übergewicht und schrie mit schmerzverzerrtem Gesicht meinen Spruch in die Kamera, und das auch noch falsch. Beim dritten Mal vergaß ich den Satz komplett. Beim vierten Mal biss ich mir beim Rennen auf die Innenseite meiner Wange. Nach dem fünften Mal fielen alle Hemmungen, die eine Lehrerin ihrem Schüler gegenüber haben konnte, und ich sank wie der Froschkönig vor der Prinzessin in die Knie, warf meine Arme von mir und schmachtete dem unbekannten Takeshi den Glück-wunsch entgegen. Kaito gefiel's.

Marco schaffte seinen Satz im ersten Durchgang und streckte mir heimlich die Zunge heraus. Erschöpft ließen wir uns nach dem Dreh auf die Couch fallen. Kichi servierte die Erdbeeren. Kaito steckte sich eine in den Mund und gab vibrierende Ge-räusche von sich. »Hmm, hmm.« Pause. »Hmm, hmm, ich habe vergessen Name von diese Früchte auf Deutsch.« Kichi überlegte mit, aber die Antwort wollte nicht kommen.

»Wie heißt denn die Substanz, in der sie wachsen?« Mein durch nicht vorhandene Japanischkenntnisse angeknackstes Sprachego kam wieder auf die Beine.

»Ah!« Kaito richtete sich schlagartig auf: »Erdbeben!«

Lockige Monster

Hallo angerika, wir treffen heute erst am nachmittag in neue gebäude. In mein alte gebäude gibt es mehrere probleme: kein mehr telefon, keine stühle, keine schränke, brabrabra ...

Kaitos neues Büro befand sich am anderen Ende des Firmenge-ländes. Als ich ankam, wartete er bereits auf dem Parkplatz auf mich. Der Eingang zum Gebäude war durch eine enge Drehtür versperrt, die sich nur bewegte, wenn man einen passenden Fir-menausweis dazu hatte. Und den hatte ich nicht. Kaito stellte sich zwischen die Türflügel und winkte mich zu sich. Das meinte er doch nicht ernst! Doch, meinte er. Ich quetschte mich hinter seinen Rücken, Kaito hielt seinen Ausweis vor den Sensor an der Außenmauer des Gebäudes, und die Tür begann sich zu drehen. Wir trippelten vorwärts wie zwei schüchterne Geishas, während der Trolley, der zwischen uns steckte, abwechselnd gegen seine

Waden und meine Schienbeine dotzte. Mannomann, wenn das mal gut ging.

Ging es nicht. Die Tür blieb stecken.

»Oh«, sagte Kaito. Einen Moment lang schien er ratlos, dann entdeckte er einen grünen Knopf an der Wand. Er drückte darauf, und die Tür setzte sich erneut in Bewegung. Allerdings rückwärts. Rückwärtstrippeln erforderte wesentlich mehr Konzentration, weil wir ja nicht sehen konnten, wohin wir trippelten. Ein kühler Luftzug streifte meine Wange. Dann streikte die Tür wieder. Der Spalt zur Straße war zu eng, da passte ich unmöglich hindurch. Kaito reichte mir seinen Ausweis. »Noch mal an Sensor halten, bitte.«

Ich drehte mich umständlich und streckte die Plastikkarte durch die Öffnung. Die Tür ruckte. Wir trippelten wieder vorwärts, bis die Tür zum dritten Mal steckenblieb.

»Oh«, sagte Kaito wieder.

Ich bekam einen Lachanfall. Kaito lachte auch, offenbar, weil ich lachte. Wir schaukelten uns gegenseitig hoch, bis wir kaum noch Luft kriegten. Andere Mitarbeiter der Firma strömten aus ihren Büros und steuerten auf die Tür zu.

»Asso, Feierabend!«

Kaitos Kollegen blieben vor der Drehtür stehen und begafften uns, die drolligste Erfindung, seit es den Homo sapiens gibt. Ich machte mich klein hinter dem Rücken meines Schülers und prustete völlig durchgeknallt in sein Hemd. Hoffentlich kannte mich hier keiner. Unter Kaitos Achselhöhle hindurch sah ich, wie eine Frau auf einen Knopf drückte. Ich bekam einen Stoß gegen den Po, und die Tür spuckte Kaito und mich in den Eingangsbereich des Gebäudes. Wir flüchteten vor den amüsierten Blicken der anderen in den Fahrstuhl.

»Aua.« Ich rieb mir mein Hinterteil. »Das hat mein Allerwertester nicht verdient!«

»Allerwertester?«

»Das hier«, ich deutete auf meinen Po. »Die Tür hat dagegen-geschlagen.«

»Allerwertester«, wiederholte Kaito. »Ist das normales Wort?«

»Na ja, es gibt viele Wörter dafür. Welches kennst du denn?«

»Arsch!«

Ich sollte mich mal dringend mit seinen Kollegen unterhalten.

Im Besprechungszimmer roch es nach frischem Anstrich. Kaitos Tasche lag schon auf dem Tisch. Er packte seine Bücher und einen Winterschal aus, den er sich umwickelte. »Mein Hals ist nicht so gut. Gestern war ich bei Party von Falsching.«

»Du meinst Fasching.«

»Ja, Fasching. Ich habe laut gesungen. Heute muss ich Halswärmer tragen.«

»Das ist ein Schal.«

»Kopf tut auch weh. Wie geschlagen mit Schraubendrücker.«

»Mit dem Hammer. Hast du bei der Party ein Kostüm getragen?«

»Ja, ich bin gegangen als *cheese*.«

»Als Käse?«

»Ah, Käse, oder?«, brach es aus Kaito heraus, und er begann zu singen: »Hier fliegen gleich die Löcher aus dem Käse und dann geht sie los unsere Polinese ...«

Ich traute meinen Ohren nicht! Die Integration schien Fortschritte zu machen. Ich schrieb *der Fasching, der Schal, der Hammer* und *der Käse* an die Tafel und schaute zu, wie Kaito die Wörter in sein Heft übertrug. Beim *i* machte er, wie alle meine japanischen Schüler, zuerst den Punkt und dann den Strich.

»Gibt es in Japan auch Fasching?«

»Nicht wie in Deutschland, aber wir haben *setsubun*. Findet statt am dritte Februar. Einige Leute tragen Masken von Mons-

ter. Wir hängen Kopf von Sardinen an die Tür und werfen auf
Monster mit …«, er musterte mich von oben bis unten, »… dir.«

»Mit mir?«

»Bohnen.«

Haha. Mein Name war immer gut für einen Scherz.

»Haben die Monster einen Namen?«

»Oni.« Kaito zeichnete eins auf ein Blatt Papier.

»Sie haben viele Muskeln und Locken. Sie sind nackt und tragen
Unterhose aus Fell. Sie sind nicht Freund von Mensch. Aber
wenn sie weggehen, Frühling kann kommen.«

Ich schaute sehnsüchtig aus dem Fenster. Unser Frühling ließ
lange auf sich warten. Ob die Oni auch hier zugange waren und
uns heimlich unterwanderten? Ich nahm mir vor, in Zukunft
nach lockigen Muskelpaketen in Fellunterhosen Ausschau zu
halten. Sollten sie nicht freiwillig verschwinden, könnte ich mich
ja auf sie werfen.

Samstagabend, vier Wochen später

»Alles Gute zum Geburtstag!« Kaum hatte ich das japanische Restaurant betreten, setzten meine Freunde alberne Hütchen auf
und tuteten mit Luftrüssel-Tröten. Marco half mir aus der Jacke,
während ich die schlichte Ausstattung des Lokals bewunderte.

An den beigefarbenen Wänden hingen nur vereinzelt Bilder von Tempeln und eine Japankarte. In dem Raum reihten sich lange niedrige Tische und gepolsterte Bänke aneinander. Eine Sushibar durfte natürlich auch nicht fehlen.

Aus dem Nichts schwebte eine Bedienung freudestrahlend auf uns zu.

»Pass auf«, sagte ich zu Marco und konzentrierte mich. Was hatte Kaito mir doch gleich beigebracht?

Die Dame kam vor uns zum Stehen und öffnete ihren Mund, doch ich war schneller: »Genki desu ka?« Ich lächelte breit.

Das Lächeln der Dame allerdings gefror auf ihrem Gesicht.

»Was hast du zu ihr gesagt?«, flüsterte Marco, als die Frau sich nicht mehr bewegte.

»Ich habe nur gefragt, wie es ihr geht?«, raunte ich zurück. Dachte ich jedenfalls.

Allerdings musste man laut Kaito mit der japanischen Sprache enorm vorsichtig sein, denn schon eine leicht veränderte Betonung konnte einem Wort eine andere Bedeutung geben. Oder hatte ich etwa das falsche Register gewählt? Offenbar machte es in Japan einen Unterschied, wer miteinander sprach, Mann mit Frau, Frau mit Kind, Angestellter mit Vorgesetztem, Alt mit Jung.

Nach weiteren spannungsgeladenen Sekunden erwachte die Bedienung aus ihrer Starre. »Ich bin Chinesin«, sagte sie.

Oh. Ich murmelte eine kurze Entschuldigung und folgte Marco mit kirschrotem Gesicht zu unseren Freunden an den Tisch. Kaito war zum Glück noch nicht da. Cathy rutschte ein Stück zur Seite, um mir Platz zu machen, doch Marco hielt mich zurück und tappte mit dem Fuß auf den Boden. Erst da bemerkte ich die Schuhe der anderen Gäste, die unter der Sitzbank fein säuberlich abgelegt waren. Großartig! Und ich trug ausgerechnet meine Snoopy-Socken.

»Auf dich«, rief Cathy, und wir stießen alle gemeinsam an, als Kaito und Kichi das Restaurant betraten. Sie warfen einen Blick auf die Bedienung und begrüßten sie. Auf Deutsch.

»Was ist das?«, fragte ich wenig später, als das Essen serviert wurde, und roch an Marcos Teller.

»Probier mal.« Er quetschte etwas, was wie eine Maultasche aussah, zwischen seine Stäbchen und reichte es mir. Kaito riss die Augen auf. Oh Gott, das japanische Begräbnisritual! Meine Hand zuckte zurück, und die Maultasche plumpste in eine Schale mit Sojasoße. Kaito kicherte hysterisch.

»Dann erklär doch mal«, forderte ich ihn auf.

Kaito legte Messer und Gabel beiseite und die Fäuste neben seinen Teller. »Wenn es gibt tot Mann in Japan, wird er ge... ge...«

Er schaute mich fragend an. Ich dachte gar nicht daran, ihm zu helfen. Schließlich hatte er mich gerade ausgelacht. So.

»Wird er ... ge... ge...«

Die Blicke meiner Freunde hingen an seinen Lippen. Ich tat so, als besähe ich mir das Muster auf der nicht vorhandenen Tapete.

»... ge... ge...« Kaitos Augenbrauen berührten fast seine Wimpern.

Und da war sie wieder, die Erleuchtung auf seinem Gesicht.

»Gebacken!«

Dienstag, beim Frühstück

Hallo angerika, heute kann ich leider nicht kommen.
Ich habe ganze sonntag japanische dorama geguckt. Ich habe seit gestern kopfschmelzen.

Hallo kaito! Kopfschmelzen? Guck mal im wörterbuch, was schmelzen bedeutet.

Oh, kopfschmerzen. Aber mein kopf ist so schwach, dass er schmilzt. :o)

Ich lachte und steckte das Handy wieder ein. Echt schade, dass er nicht kommen konnte.

ALBERTO UND DIE GEMÜTLICHKEIT DES SEINS

»Mehr Orecchiette?«

»Danke, Luca, ich bin pappsatt.« Außerdem wartete ja noch Eis als Nachtisch auf uns. »Ich muss sowieso bald los. Morgen früh beginnt ein neuer Kurs.«

»Oh, bevor ich vergesse, nächste Woche ich kann nicht machen Deutschunterricht. Meine Schwester kommt zu Besuch mit meinem Schwa... Schwa... mit ihrem Mann.« Er löffelte Vanilleeis in zwei Schüsseln und verzierte es mit Schokosoße.

Ha, das hatte ich gehört! »Schwa... was?« So leicht ließ ich ihn nicht vom Haken.

»Schwack... nee ... Schwager?« Er schob mir die kleinere Portion Eis hin, ich schob sie zurück und tauschte sie gegen die größere.

»Familie auf deutsche Sprache ist sehr kompliziert. Vater, Mutter und so ist okay, aber dann kommt Schwager, Schwägerin, Schwiegermutter, Schwiegervater, Neffe, Nichte, Onkel, richtig?«

»Onkel und was?«

»Wie was?«

»Wie heißt die Frau deines Onkels?«

Luca leckte Eis von seinem Löffel. »Simonetta, warum?«

Am nächsten Morgen

Sechs Kilometer Baustellenstau auf der Autobahn. Bloß nicht zu spät kommen, flehte ich, denn a) das machte einen schlechten Eindruck beim allerersten Termin und b) Zeit war Geld. Zwanzig Stunden waren mir im vergangenen Monat wegen Urlaub, Besprechungen, zu viel Arbeit oder Krankheit bereits abgesagt worden. Ich multiplizierte die verlorene Unterrichtszeit mit meinem Stundenhonorar, sah eine ganze Monatsmiete sich in Luft auflösen und flitzte die nächstmögliche Ausfahrt hinunter.

Nach der fünfzig Kilometer langen Fahrt schob ich zehn Minuten zu spät meinen Trolley durch das Tor eines Autoherstellers. Ich schaute mich um. Laut Frau Kleber sollte mein neuer venezolanischer Schüler hier auf mich warten. Dann sah ich ihn. Aus dem Hauptgebäude trat ein sportlicher Mann in wehendem Wintermantel und eilte durch die Rekordkälte von minus fünfzehn Grad auf mich zu. Hui, dachte ich. Vor einigen Jahren hatte der Venezolaner Juan Arango bei der WM-Qualifikation das Siegtor gegen Uruguay geschossen. Die eleganten Pässe, festen Waden und dunklen Locken des Stürmers blitzten vor meinem inneren Auge auf. Eine gewisse Ähnlichkeit mit meinem neuen Schüler war vorhanden, fand ich. Schnell fuhr ich mir mit der Zunge über die obere Zahnreihe, lächelte umwerfend, riss meine festgefrorenen Finger vom Trolleygriff los und streckte sie ihm entgegen. Der Mantel rannte an mir vorbei, ohne mich anzusehen. Enttäuscht schaute ich ihm hinterher, als eine Stimme in mein rechtes Ohr dröhnte.

»Frau Bohn?«

Neben mir stand Alberto Hernández. Seine heiteren Äuglein funkelten mich durch eine rechteckige Brille hindurch an. Der Qualitätsmanager unterragte mich um einen halben Kopf, trug

Blues-Brothers-Koteletten und allem Anschein nach liebte er grellbunte Hosen.

Na, dann mal los. Auf dem Weg zum Unterrichtsraum betrieb ich den üblichen Smalltalk: »Wie lange sind Sie schon in Deutschland?«

»Ein Monat.«

»Und wie lange bleiben Sie?«

»Vierundzwanzig Monat.« Er drückte auf den Fahrstuhlknopf.

»Wie lange haben Sie in Venezuela Deutsch gelernt?«

»Sechs Monat.«

Ich stellte erfreut fest: Die Zahlen saßen. Wir fuhren in den dritten Stock. Herr Hernández machte einen sympathischen Eindruck, und Sympathie, idealerweise gegenseitige, war in allen Sprachkursen sehr wichtig, denn immerhin musste ich mit meinen Schülern im Doppelpack über einen langen Zeitraum arbeiten. Mit Herrn Hernández offenbar sogar auf engstem Raum. Unser Besprechungszimmer war kaum größer als ein Aquarium. Wände und Tür bestanden aus Glas, und außer uns beiden passten gerade noch ein Tisch, zwei Stühle und ein Whiteboard hinein. Ich quetschte mich auf meinen Stuhl und packte die Bücher aus.

»Kommst du mit de *car*?«, fragte Alberto.

Ich stellte erschüttert fest: Das Wort *Auto* kannte mein neuer Schüler nicht, das höfliche Siezen beim ersten Kontakt ebenso wenig, und das war fast noch schlimmer.

»Ja«, antwortete ich. »Du auch?«

Das war der Beginn einer ganz speziellen Beziehung.

Ohne Worte

»Welche Endung hat regelmäßige Perfektformen?«, fragte ich Alberto und zeigte auf die Beispiele an der Tafel.

Mein Schüler rieb sich intensiv die Augen und schob dabei die Brille auf die Stirn, wo sie stecken blieb. Er starrte ans Whiteboard. Und schwieg.

»Alberto?«

Er riss die Augenbrauen hoch. Die Brille fiel zurück auf seine Nase. Er schlug die Arme über dem Bauchansatz zusammen und lehnte sich nach hinten.

»Guck mal«, erläuterte ich, »hat gewohn-t, hat gekauf-t, hat gefrag-t. Die Endung ist immer gleich.« Alberto schaute jetzt mich an. Dachte ich. Zumindest wies sein Kopf in meine Richtung. Seine Augen jedoch rollten weg, wie kleine Murmeln einen Hang hinunter.

»Alberto?«

Seine Pupillen pendelten sich ein. Für zwei Sekunden. Er zog die Arme kräftiger um seinen Bauch und grunzte. Ich schickte ihn Kaffee holen.

Vom Streichen und Bügeln

Alberto warf seine Aktentasche auf den Tisch, murmelte einen Gruß und befreite sich aus der Frühlingsjacke.

»Kannst du bitte das Licht anmachen?«, fragte ich ihn.

»Okay.« Er machte die Tür zu und hockte sich auf den Stuhl.

»Alberto«, wiederholte ich und konnte mir ein Grinsen nicht verkneifen, »machst du bitte das Licht an?«

»Lichtan?«

»Ja, machst du bitte das Licht« – Pause – »an.«

Alberto schoss so schnell hoch, dass ich unwillkürlich mit meinem Stuhl nach hinten rollte und gegen das Whiteboard prallte. Er schaute mich mit offenem Mund an: »Licht???« Dabei sah er so hilflos aus, dass mich sofort Muttergefühle überkamen. Ich hob den Finger gen Decke.

»Ah! Das Licht an!«, dämmerte es ihm endlich.

Was hatte ich denn bitte schön die ganze Zeit gesagt?

Er drückte auf den Lichtschalter und setzte sich wieder.

»Hast du deine Hausaufgaben gemacht?«

»Keine Zeit, keine Zeit«, grummelte er, packte geschäftig seine Unterlagen aus der Tasche und vermied es dabei, mich anzusehen. Ich thematisierte das Problem, indem ich ihm die Wichtigkeit von Hausaufgaben und nebenbei auch vom Vokabellernen verdeutlichte.

»Ich mache heute«, versprach er, »und schicke dir per E-Mail.«

Darauf wollte ich mich lieber nicht verlassen. Der Berg Hausaufgaben, der sich in der Zwischenzeit angesammelt hatte, hätte selbst Reinhold Messner vor eine immense Herausforderung gestellt. Zumindest die Perfektübungen sollten wir im Unterricht aufarbeiten. Alberto zückte seinen Stift und legte die Zungenspitze in den rechten Mundwinkel.

Seite 67, Übung 8: Bitte formulieren Sie Sätze im Perfekt

   1. Herr Müller streicht die Wohnung.
     (Gestern – seine Frau – Wohnung – streichen)

»Gestern hat seine Frau die Wohnung gestrichen«, sagte Alberto und schrieb den Satz ins Buch.

Sehr gut. Das Perfekt von *streichen* gehört zu den schwierigen unregelmäßigen Formen.

   2. Herr Baumann bügelt.
     (Gestern – seine Frau – bügeln)

Alberto sagte: »Gestern hat er seine Frau gebügelt.«

Ich prustete los. Zwischen unbeherrschten Schluchzern

brachte ich hervor: »Also ich ... hihi ... bügle immer ... T-Shirts oder Hosen!«

Mein Schüler guckte ins Buch und begriff, rupfte seine Brille von der Nase und stimmte ein Bariton-Gelächter an, das die gläsernen Wände zum Vibrieren brachte. Er haute mit der flachen Hand auf den Tisch, sein Gesicht lief rot an, Tränen kullerten seine Wangen hinunter.

»Äh, Alberto.«

Er machte eine bügelnde Handbewegung, hielt sich den vibrierenden Bauch und röchelte, als wäre ihm ein ganzes Fischskelett im Hals stecken geblieben.

»Du, Alberto.«

Er japste nach Luft und tastete nach seiner Brille. Mit einer leichten Kinnbewegung machte ich ihn auf die gaffenden Köpfe seiner Kollegen aufmerksam, die sofort wieder hinter den Aktenschränken abtauchten.

    3. Frau Schumann geht ins Theater.
      (Gestern – Herr Schumann – ins Theater – gehen)

»Gestern hat Herr Schumann ins Theater gegangen«, formulierte Alberto.

»Gehen«, ich winkelte den Arm mit erhobenem Zeigefinger an und streckte ihn dann von mir, »ist eine Bewegung von A nach B. Und Verben der Bewegung bilden das Perfekt mit ...?«

»Ah, ja. Herr Schumann *ist* ins Theater gegangen«, korrigierte er sich selbst.

»Machst du mal eine Liste von Verben der Bewegung?«, bat ich meinen Schüler nach Beendigung der Übung.

Alberto zückte ein Blatt Papier: »Gehen, kommen«, er stützte das Kinn auf seine Faust, »fahren, fliegen«, er schloss die Augen, »laufen, aufstehen, schwimmen ...«

Allmählich wurde seine Stimme leiser und die Schrift kleiner, und sein Kopf sank schneller auf die Tischplatte als die Titanic auf den Meeresgrund. Der Kuli senkte sich auf die Papierseite und zog eine krumme Linie bis an den unteren Rand.

Ich schickte Alberto Kaffee holen. Und für mich einen doppelten Espresso.

Mittwoch, drei Wochen später

Alberto war aus Venezuela zurück. Entspannt sank er auf seinen Stuhl und rollte ihn an den Tisch.

»Na, wie war dein Urlaub?«

»Gut, gut«, antwortete er und nickte.

Als er mit dem Nicken nicht mehr aufhörte, fragte ich weiter: »Was hast du den ganzen Tag gemacht?«

Hoffentlich die Perfektformen wiederholt, hoffentlich die Perfektformen wiederholt, hoffentlich die Perfektformen wiederholt …

Alberto faltete die Hände im Schoß und streckte die Beine von sich. »Nach Familie gehen, schlafen, einkaufen, essen …« Sein Blick malte Traumschlösser an die Tafel hinter mir.

Ich holte ihn zurück. »Alberto, du sprichst im Infinitiv.«

Er gluckerte verlegen und begann von vorne. »Wir gehen nach Familie, wir schlafen, wir einkaufen …«

Meine rechte Augenbraue zitterte. Ich unterbrach ihn. »Wann? Heute oder in den letzten zwei Wochen?« Bei *in den letzten zwei Wochen* warf ich mit der Hand Luft über meine Schulter, ein deutliches Zeichen dafür, dass ich Vergangenheitsformen erwartete.

Alberto staunte mich an, dann endlich verstand er. »Aha.« Er strich sich über die strubbligen Koteletten und setzte zum dritten Mal an. »Wir hat nach Strand gegeht, geschlaft und geeinkauft.« Er nickte wieder. Ich hingegen ließ mich gegen die Stuhllehne fallen und zählte meine Atemzüge.

Nun hatte ich ja gelernt, dass es verschiedene Lerntypen geben sollte, wie etwa den visuellen, den auditiven oder den kinästhetischen Typen. Sprich: Einige Menschen sollten sich neue Informationen besser durch Sehen, Hören oder durch Anfassen, Bewegen und Ausprobieren merken. Alberto schien genau genommen zu keiner dieser Kategorien zu gehören. Ob es so was wie den resistenten Typ gab?

Ich probierte es noch einmal mit einem Hörtext zum Thema Perfekt:

> Meike ist letzten Sommer mit ihrem Freund Max nach Griechenland gefahren. Sie haben jeden Tag im Meer gebadet, ausschließlich Fisch gegessen und viel Geld für Souvenirs ausgegeben.

Die Aufgabenstellung zum Hörtext gestaltete sich simpel: Waren die Aussagen im Buch richtig oder falsch?

Während Meike und Max von der Akropolis erzählten, sank Albertos Kopf langsam gleichzeitig nach vorne und nach unten. Ich bewunderte einen Moment lang die geniale Erfindung der Schwerkraft, kramte meine Wasserflasche aus dem Trolley, schraubte sie geräuschvoll auf, nuckelte ebenso geräuschvoll daran und knallte sie auf den Tisch. Albertos Kopf bewegte sich in Zeitlupe einen Zentimeter hoch. Meike und Max schwärmten vom griechischen Wetter, als sein Gesicht sich der Tischplatte näherte. Der Hörtext war zu Ende und ich drückte die Stopp-Taste. Der MP3-Player piepste. Alberto fuhr zusammen und verteilte hektisch seine Kreuze zwischen den Richtig- und Falsch-Kästchen im Buch.

»a) Meike und Max sind nach Ägypten gefahren«, nuschelte

er, sodass ich ihn kaum verstand, und nannte gleich die Lösung: »Richtig.«

Ohne meine Reaktion abzuwarten, kreuzte er weiter an: »b) falsch, c) richtig, d) richtig, e) falsch.« Er rieb sich die Stirn. Keine einzige seiner Antworten war korrekt. Ich schickte ihn Kaffee holen.

Stadt ohne Plan

Alberto erschien, natürlich ohne Hausaufgabe. Ich erlaubte ihm nicht erst, sich hinzusetzen. Bei der Wiederholung des Stoffes war dieses Mal Beschäftigungstherapie angesagt. Ich jagte ihn an die Tafel und bat ihn, den Auszug eines Stadtplans zu zeichnen, mit allem Drum und Dran. Das konnte er gut. Das machte ihm Freude. Das dauerte eine Ewigkeit. Alberto zog kunstvolle Linien, malte mehrere Kreisverkehre, Ampeln mit grünem Pfeil, Zebrastreifen, Bushaltestellen und einen Bahnhof. Ein Krankenhaus, Apotheken, ein Kino, eine Polizeistation, sogar einen Aldi, einen Lidl und einen Privatparkplatz für seine Lehrerin. Nach zwanzig Minuten war er fertig. Noch einmal so viel Zeit kostete es, der Zeichnung das Straßenvokabular zuzuordnen, denn Alberto hatte seine Wörter nicht gelernt. Als endlich alle Bezeichnungen am Whiteboard standen, brachte ich das sensomotorische Lernen ins Spiel.

»Was ist das?«, fragte ich und kreuzte die Unterarme.

Albertos Blick flog zur Tafel. »De Kreuzung.«

Ich faltete mein Ohr nach vorne. »Der, die oder das?«

Er guckte verschämt.

»Alle Wörter mit -ung am Ende sind …?«

Sein Gesicht hellte sich auf. »Die.«

»Gut. Und was ist das?« Ich stieß mit meiner rechten Faust gegen den linken Unterarm.

Alberto guckte wieder auf das Whiteboard. »De Sackgasse.«

»Die meisten Wörter mit -e am Ende sind ...?«

»Die«, sagte er brav.

Für jeden Straßenbegriff ließ ich mir eine Bewegung einfallen und ermunterte ihn, sie nachzumachen. So recht wollte er aber keinen Spaß daran entwickeln, sondern schaute alle paar Sekunden peinlich berührt durch die Glastür, an der ab und zu ein Kollege vorbeiging. Nach einem zweiten gestischen Durchgang entließ ich ihn an seinen Platz. Noch fünfundzwanzig Minuten Unterricht. Und mein Schüler war wach und aktiv. Im Geiste schüttelte ich mir selbst die Hand.

»Lern bitte das Vokabular bis nächste Woche«, ermahnte ich ihn und bewunderte unser Tafelbild. Keine Antwort. Als ich mich umdrehte, sackte Alberto soeben auf seinem Stuhl zusammen. Ich ging mir einen Kaffee holen.

Die Sache mit dem Output

Alberto hetzte durch den langen Gang auf unser Besprechungszimmer zu. Sein Oberkörper war leicht nach vorne geneigt, er lief praktisch auf den Fußballen, sodass es aussah, als würde er jeden Augenblick auf die Nase fallen. Wie immer war er zu spät, doch es gab noch ein weiteres Problem: Der Chef benötigte unseren Raum für eine Telefonkonferenz. Also hatte Frau Knolle, die Sekretärin der Abteilung, ein anderes Zimmer für uns gebucht.

»Ist aber vielleicht geschlossen«, konstatierte Alberto. Ich packte meine Sachen in den Trolley, und zusammen gingen wir zu Frau Knolles Arbeitsplatz. Alberto baute sich vor ihrem Schreibtisch auf. Ich stand etwas abseits und beobachtete zum ersten Mal, wie mein Schüler sich im Umgang mit deutschen Kollegen so machte. Er schob sein Gewicht von einem Fuß auf den anderen, während die Sekretärin ihn erwartungsvoll anblickte.

Alberto holte tief Luft. »Schlüssel«, brummte er.

Frau Knolle hielt sich an einer Büroklammer fest und guckte zu mir herüber. Ich versteckte mich hinter der Zimmerpalme. Nach der gleichen einsilbigen Wiederholung verstand sie endlich die subtile Bitte, und mit einem stolzen Ausdruck in Albertos Gesicht suchten wir das Besprechungszimmer im Erdgeschoss auf. Der Schlüssel passte nicht. Der Weg zurück nach oben war zu anstrengend, also ging Alberto zur Pforte, um den richtigen Schlüssel zu holen. Ich wartete lieber vor unserem Raum auf ihn. An der Pforte gab es keine Zimmerpalmen.

»Hausaufgabe?«, fragte ich, nachdem wir zwischen Computern und anderem technischem Gerät einen Platz am Fenster gefunden hatten.

»Ich hatte keine.«

Ich bewies Alberto das Gegenteil, was ihn nicht sonderlich beeindruckte. Während ich darüber sinnierte, ob ich das respektlos finden sollte, begann er, mir von seinem neuen Arbeitsprojekt zu erzählen. Dabei bohrte er mit dem Finger im Ohr und rollte, was immer er darin gefunden hatte, zu einem Bällchen zusammen. Als er mir die Probleme des Projekts schilderte, steckte er die Finger zwischen zwei Knöpfe seines mit Innenmuster verzierten Hemdes und kratzte sich an der haarigen Brust. Ich studierte akribisch die Funktionsweise der Tischsteckdose, als ich plötzlich mit dem Fuß gegen etwas Metallisches stieß.

Unter dem Tisch entdeckte ich ein kleines zylindrisches Gerät. Das gehörte zu einem Motor und hieß Anker, wie Alberto mir erklärte, nachdem er im Onlinewörterbuch nachgeschaut hatte. Auf einmal rannte er ohne ein Wort zu sagen hinaus, und als er wiederkam, trug er eine metallene Apparatur in seinen Händen, die er zwischen uns auf dem Tisch platzierte. Ich erkannte, dass darin ebenfalls ein Anker steckte. Mein technisches Verständnis war in diesem Moment in klare Kategorien eingeteilt: Ein sogenannter Anker steckte in einem anderen Gerät, und ich hatte keine Ahnung, wozu man so was brauchte. So weit schien meine Welt in Ordnung. Bis Alberto zu erklären begann.

»Benn du machst ...«

»Pass auf!« Ich entblößte die obere Zahnreihe und senkte sie auf meine Unterlippe. »Wwwwww«, sagte ich. »Wwwwenn.«

»Ja, wwwwenn du machst im Auto mit Schlüssel klick ...« Er machte eine drehende Handbewegung.

»Also, wenn du den Motor anmachst.«

»Ja, wenn de erste mit Schlüssel einschaltest, wir hawen ...«

»Haben!«

»... wwwir habbben Gewwwinde mit Elektrizität. Hier ist Polkern, hier Stahlstück und ein Magnetenfeld, machen diese move (er sprach das englische Wort für *Bewegung* deutsch aus: mowe), dann this come hier ...« Er zog eine der Komponenten nach vorne, und plötzlich fehlten ihm die Worte. Er rief wieder das Online-Wörterbuch auf.

»Hier sind Bindungen.«

Ich tippte auf meine Unterlippe. An dieser typischen B-W-Unterscheidungsproblematik der spanischen Muttersprachler mussten wir unbedingt noch arbeiten. Am Ende wohnte er noch in Waden-Bürttemwerg und trank lieber Wier als Bein.

»Ja, hier sind Wwwindungen«, fuhr Alberto fort und hob das Gerät hoch. »Wenn diese Stück kommt aus, dann ist hier die andere und machen klick. Wenn alles kommt – at the same time – wie sagen auf Deutsch?«

»Gleichzeitig.«

»Ja, gleitzeitig. Das hier mowen, und hier wir haben de Kontakt, und du siehst de Kupfer. De Welle rotieren und ...«

Er suchte wieder eine Vokabel im Internet, fand sechs mögliche Übersetzungen, wusste nicht, welche davon die richtige war und entschied sich schließlich für das Wort *Ritzel*.

»Wenn Ritzel kommt aus, dann fix. Wenn wir haben diese rotieren, wir haben diese klein rotieren, und danach rotieren de großer und de ganze Motor rotieren und dann Start. Alles klar? Ist einfach, oder?«

Bei mir rotierte nach diesen Erklärungen nur eins, und zwar die Windungen in meinem Gehirn. Benommen stellte ich mich an die Tafel, während Alberto auf der Tastatur seines Laptops herumtippte.

»Was machst du?«, fragte ich.

»Ich buche de Besprechungszimmer für übermorgen.«

Zuerst kam er mit Outlook nicht zurecht, dann endlich hatte er es geschafft. Er gab den Grund der Buchung in seinen Kalender ein. Deutschkur...

»Kurz schreibt man mit *C*, oder?«, fragte er und tippte, ohne meine Antwort abzuwarten, ein *S*. Inzwischen hatte ich die eben von ihm nachgeschlagenen technischen Vokabeln an die Tafel geschrieben.

»Dann gehen wir jetzt auf Seite 105«, kündigte ich an, nachdem er die Wörter auf seinen Notizblock gemalt hatte.

Alberto schob sein Buch an den Tischrand. »Wie war dein Wochenende?«

»Gut. Also Seite 105, Nummer drei, bitte.«

»Mein auch. Gut, sehr gut. Zu Hause, zu Hause. Machen Ordnung, kuchen, schlafen, lesen.«

Oh, lesen? Interessant. »Was hast du gelesen?«

»De Titel ich habe vergessen. Ist von schweizische, amerikanische und italienische.«

Hä?

»Wer hat das Buch geschrieben?«

»Ist von Dan Brown. Beißt du Dan Brown? Ich habe gelese ›El

código Da Vinci. Ich habe gelese pocket book. Es ist sehr williger. Und danach«, er zuckte mit den Schultern, »sehr gut. Ich kaufe alle Kollektione.«

»Schön. Dann gehen wir mal auf Seite 105.«

»Heute ist Tag von Independence in Venezuela.« Alberto setzte einen sentimentalen Ausdruck auf sein Gesicht.

»Der Unabhängigkeitstag?« Ich blätterte in meinem Buch vor zur geplanten Übung.

»Ja, Unhängigkeit von Spanien. Jetzt wir haben kein mehr König. System mit König ist sehr kompliziert. Viele Probleme.« Alberto kaute auf seinem Bleistift herum. »Zum Beispiel: Juan war König von Spanien. Nach Juan seine Sohn Felipe ist aktuelle König, oder? Problem: Felipe hat zwei Dokter. Könne nicht König ist.«

Mir schienen zwei Doktortitel aber doch eine gute Voraussetzung, um ein Land zu regieren.

»Kein Sohn. Nur Dokter«, meinte Alberto, bevor ich meinen Einwand erheben konnte.

Ach so. Ich notierte *Dokter* ≠ *Töchter* auf meinen Schreibblock.

»De law (englisch: Gesetz) sagt, wenn Sohn kommt, der ist ein Männer, er ist König. Bei Isabella zwei in 1800 es gibt de Möglichkeit. Deine Vater Fernando wechselt law und mujer (spanisch: Frau) kann Königin bekommen (denglisch: werden).«

Was hatte mein Vater jetzt mit dieser Geschichte zu tun? Außerdem hieß er Eberhardt.

Alberto war noch nicht fertig. »Normalerweise de näste König muss Carlos ist, Bruder von Fernando. Carlos sagen: ›Ich verstehe nicht diese neue law. Ich muss König bekommen.‹«

Und plötzlich befanden wir uns mitten in einem blutigen Bürgerkrieg. Ich schlug zugunsten der Arbeit am Vokabular einen Waffenstillstand vor und machte mir eine mentale Notiz, zum dritten Mal die Sätze mit Modalverben zu wiederholen. Während Alberto die neuen Wörter von der Tafel abschrieb, wirkte er sehr nachdenklich.

»Ich habe diese Jahre in Juni oder September ein wichtige Besprechung. Ich beiß nicht auf Englisch oder Deutsch.« Er kratzte sich am Kopf. »Näste Woche I ... ich mache eine Plan zum Vokabellernen. Ich muss habe schneller ... Output.«

Mir war, als hörte ich Engel singen. Nach monatelangem Unterricht und mehreren Standpauken erklärte sich mein Schüler bereit zu lernen! Diese Nachricht mussten wir (vorsichtig) feiern. Gemeinsam gingen wir Kaffee trinken.

PS Der mysteriöse Anker, den ich unter dem Tisch fand, entpuppte sich als Anlasser.

AUF DIE PLÄTZE
— FERTIG — REFLEXIV

»Wusstest du, dass heute, am 5. Oktober, der Welttag der Lehrer ist?« Ich stellte den Trolley in der Ecke des Flurs ab und bewunderte durch die offene Küchentür Marcos cremefarbenes Hemd. Der Duft von Zucchini und gewürzter Tomatensoße schwebte mir in die Nase.

»Äh, auf jeden Fall.« Marco legte den Kochlöffel beiseite, rupfte der Orchidee auf dem Fensterbrett eine Blüte aus und steckte sie mir ins Haar. Ich boxte ihn in den Bauch und plumpste an den Küchentisch.

»Den Tag hat die UNESCO ins Leben gerufen, um das Ansehen der Lehrer zu steigern.« Ich fischte das größte Zucchinistückchen aus der Pfanne und stopfte es mir in den Mund. »Mir würde es allerdings schon reichen, mein Ansehen bei manchen meiner Schüler zu steigern. Zum Beispiel bei Alberto.«

»Lernt er immer noch nichts?«

»Doch, doch. Heute hat er mir wieder erzählt, was er Neues über deutschen Fußball erfahren hat, aber sonst ...«

Zugegeben, ein bisschen schmeichelte mir so ein Lehrertag schon, auch wenn er wohl nur für Lehrer im Schuldienst gedacht war.

»Früher genossen die Lehrer eindeutig mehr Respekt«, bemerkte ich. »So wie heutzutage Ärzte, Manager oder Ingenieure. Ajay hat mir erzählt, dass es in Indien immer noch so ist. Ist dir überhaupt schon mal aufgefallen, wie viele verschiedene Arten von Lehrern sich auf der Welt tummeln? Allein in unseren

Volkshochschulen gibt es Lehrer für Zeichnen, Yoga, Schauspiel, Musik, Ikebana, Tanz, Nähen, Schnitzen, Schminken, Fotografieren, Stressbewältigung, Computer ...«

»Kochen«, sagte Marco mit bedeutungsvollem Blick und haute ein Ei in die blubbernde Tomatensoße.

»Willst du etwa sagen, dass ich nicht kochen kann?«

»Nö, nö. Dein Gemüse mit Couscous schmeckt hervorragend, außerdem dein ...« Auf Marcos Stirn bildeten sich angestrengte Denkfalten. »Dein ...«

Ich lenkte ab: »Heute habe ich übrigens meine neuen Visitenkarten von Sprechfit bekommen.« Ich wühlte nach der kleinen Pappschachtel in meiner Handtasche und holte eine Karte heraus. Marco schnappte sie mir aus der Hand und hielt sie auf Armeslänge von sich.

»Angelika Bohn«, verkündete er theatralisch und schwang dabei den Kochlöffel, an dem Tomatensoße hinunterlief. »Seit anderthalb Jahren die netteste und beste Deutsch...« Er verzog das Gesicht. »Du bist Deutschlehrerin, oder?«

»Natürlich, Lehrerin oder Dozentin. Das weißt du doch!«

»Warum steht dann da Deutschtrainerin?«

»Was?« Ich sprang auf und schnappte mir das Kärtchen zurück.

Tatsächlich. Ich verteilte weitere Visitenkarten auf dem Tisch. Auf allen stand dasselbe. Entgeistert sank ich auf den Stuhl und stellte mir folgende Situation vor:

Orthopäde: »Was machsen brufflich?«
Ich: »Ich trainiere Deutsch als Fremdsprache.«
Orthopäde: »Was?«
Ich: »Ich bin Trainerin für Deutsch als Fremdsprache.«
Orthopäde: »Na, dasisja komisch.«

Fand ich irgendwie auch. Ich schaute im Duden nach.

Trainer:
1. a) (Sport) jemand, der besonders Sportler(innen) trainiert.
   b) Tiertrainer
2. (österreichisch, schweizerisch) Trainingsanzug

Auch das Synonymwörterbuch half nicht weiter:

Synonyme zu Trainer: Betreuer, Coach, Sportlehrer, (Sportjargon) Meistermacher, Teamchef.

Nichts davon passte.

»Ob meine Kollegen an den staatlichen Schulen wohl auch Mathe, Physik oder Geschichte trainieren?«, wunderte ich mich. »Oder trainiert man neuerdings Klavier oder Zeichnen oder …«

»Oder abwechslungsreich kochen?« Marco rieb schmunzelnd Parmesankäse in die Pfanne.

Ich ließ die Visitenkarten wieder in der Pappschachtel verschwinden und deckte lieber den Tisch. Marco schmeckte die Tomatensoße mit Salz und Pfeffer ab.

»Vielleicht kommt der *Trainer* daher, weil du mit Alberto so viel über Fußball sprichst«, stichelte er und machte plötzlich einen Satz nach hinten. Zu spät. Eine große Kochblase platzte und beförderte einen Spritzer Tomatensoße direkt auf Marcos neues Hemd.

»*Porca miseria*«, schimpfte er und tupfte mit einem nassen Tuch auf dem Fleck herum. »Ich sollte umziehen, bevor ich koche.«

Nanu, was hörte ich da? Offenbar gab es noch Lücken bei den reflexiven Verben. Die musste er unbedingt wiederholen. Ob er noch seine alten Trainingsbücher besaß?

VIELE »Ü« MACHEN MÜH

Der Märzhimmel färbte sich abendrot, als ich zum zweiten Mal an diesem Montag auf die Serpentinenstraße einbog, die hoch zum Softwareunternehmen Pächtler führte.

»Galileo, Galileo, Galileo, Galileo«, schmetterten *Queen* mal mit hoher, mal mit tiefer Stimme aus dem Radio, und ich brüllte lauthals mit. Hörte mich ja keiner. Bisher war der Tag gut gelaufen, alle Kursteilnehmer hatten Fortschritte gemacht, und ich hatte etwas über japanische Dämonen namens Yôkai und die Ballspiele der mexikanischen Maya gelernt. Und darüber, dass es in der indischen Filmindustrie nicht nur Bollywood, sondern auch Tolly-, Molly-, Kolly- und Sandalwood gab. An Ajay war ein ausgezeichneter Lehrer verloren gegangen.

Vor mir tauchte ein Radfahrer im knallengen Rennfahreroutfit auf. Ich kroch im zweiten Gang hinter ihm her, die Kurven verboten jedes Überholmanöver. Die Beinmuskeln des Sportlers wölbten sich unter dem Stretchmaterial, die Straße stieg an, er hob sich aus dem Sattel und verlagerte sein Gewicht nach vorne. Einer der letzten Sonnenstrahlen fiel auf seinen Hintern und ... nee, oder? Ich fuhr etwas näher heran. Tatsächlich! Unter der abgewetzten Sporthose trug der Mann, nun ja, wie sollte ich es nennen, hellbraune Natur. Zugegeben knackige hellbraune Natur. Galt so was nicht als Exhibitionismus? Also wirklich!

Zweihundert Meter weiter oben wichen die Serpentinen einer breiten Allee, und die Autos hinter mir begannen zu drängeln. Ich blieb, wo ich war. Wer gab schon freiwillig den besten Platz im Kino auf? Einige Fahrer überholten uns hupend. Ach komm, nur noch fünf Minuten!

Fünf Minuten zu spät erreichte ich den Besucherparkplatz der Firma Pächtler und bahnte mir durch den Strom Feierabend machender Mitarbeiter einen Weg zum Haupteingang. Wie jeden Montag und Mittwoch um 18 Uhr erwartete mich mein chinesischer Schüler, Herr Yao, im Flur des Erdgeschosses. Als er mich sah, lief er mir entgegen. Ich entschuldigte mich für die Verspätung, Probleme auf der Straße, das Übliche, er wisse schon, tja, da könne man nichts machen, nicht wahr?

Herr Yao winkte ab. »Darf ich?« Behutsam löste er den Trolleygriff aus meiner Hand, führte mich den Flur entlang zum Besprechungszimmer und hielt mir die Tür auf. »Bitte, bitte.« Er bot mir einen Stuhl an und wartete, bis ich mich gesetzt hatte, bevor er ebenfalls Platz nahm. Er nahm seine Uhr vom Handgelenk und legte sie auf den Tisch.

»Eigentlich ich bin auch erst jetzt angekommen. Heute ich hatte wichtige Besprechung mit andere Produktmanager in Frankfurt. Aber leider das Ergebnis war nur.«

»Nur was?«

»Nein, nicht nur. Ich sagte, das Ergebnis war nur.«

»Nur?«

»Nein, nur.« Er formte einen Kreis in der Luft.

»Ach, null.«

»Genau.«

»LLLLL«, machte ich und klebte meine Zunge an den Gaumen. In der Regel stellte die Aussprache dieses Buchstabens für meinen Schüler keine Herausforderung dar. Nicht am Anfang oder in der Mitte eines Wortes. Nur am Ende.

»LLLLL«, machte Herr Yao und streckte mir die Zunge heraus. »Nächste Woche ich bin auch weg. Ich bin nicht da der vierte August.«

»Am vierten August?«

»Ja, und der fünfte. Und ich bin wieder weg der einundzwanzigste. Richtig?«

Bevor ich antworten konnte, hievte er seinen Rucksack auf den Tisch. Er kramte darin herum, ich hörte etwas rascheln, und zum Vorschein kam eine zusammengerollte Plastiktüte, aus der Herr Yao einen aus Schnüren geknoteten Fisch herausholte, der in den buntesten Farben leuchtete.

»Heute ist Ihr Geburtstag, bitte.« Herr Yao reichte mir das Geschenk und glitzerte dabei über das ganze Gesicht. »Das ist typisch aus meiner Heimat«, verriet er mir. »Fisch heißt auf Chinesisch *yú*. Aber *yú* bedeutet auch Wohlstand. Fisch ist gute Wunsch zu haben mehr Wohlstand und glückliche Dinge, als Sie brauchen.«

Ich schluckte den Kloß im Hals hinunter. Im Laufe unseres Deutschkurses hatten wir beim Erlernen des Datums unweigerlich über Geburtstage gesprochen, und Herr Yao hatte sich meinen sogar gemerkt. Ich ließ die herabhängenden Fransen über meine Finger gleiten und betrachtete den Fisch von allen Seiten. Der rollte mit seinen Plastikaugen.

»Wann haben Sie noch mal Geburtstag, Herr Yao?« Ich wollte mich gerne revanchieren, mit etwas typisch Deutschem natürlich. Aber was konnte das sein? Bier trank mein Schüler nicht, Schnitzel, Currywurst und Sauerkraut ließen sich schlecht als Geschenk verpacken, und außerdem gab es die in jedem Supermarkt zu kaufen. In Lederhosen würde Herr Yao ziemlich albern aussehen. Vom Dirndl ganz zu schweigen.

»Der sechste November.«

»Am sechsten«, korrigierte ich. Oder eine Kuckucksuhr? Ein Gartenzwerg? Weiße Socken und Sandalen?

»Herr Yao, was ist für Sie typisch deutsch?«

»Audi, BMW, Mercedes, Opel, VW«, kam es ohne Zögern.

Oh, so weit wollte ich jetzt nicht gehen. Es sei denn, der Fisch hielt sein Versprechen mit dem Wohlstand …

Herr Yao rückte seinen Stuhl näher an meinen, stützte die Ellenbogen auf die Knie und rieb sich das Kinn. »Eine Frage.«

»Bitte schön.«

»Ich bin Chinese, gell?«

Sollte man meinen.

»Meine deutsche Nachbarn haben meine Frau, meine Tochter und mich zum Abendessen eingeladen. Was kann ich schenken?«

»Nun, üblich ist eine Flasche Wein oder vielleicht ein Dessert.«

»Keine Blumen?«

Gute Frage. Brachte man in Deutschland Blumen zum Abendessen mit? Ich selbst hatte zu einem solchen Anlass noch nie welche verschenkt und auch nie welche bekommen, dabei mochte ich Blumen.

»Doch, doch«, sagte ich. »Blumen sind sehr gern gesehen, zum Beispiel Orchideen, weiße Orchideen. Oder Schokolade, viel Schokolade, am liebsten welche mit ganzen Haselnüssen. Alternativ könnten Sie auch Pralinen schenken. Haben Sie morgen Abend schon was vor? Ich veranstalte da ein Abendessen.«

»Huh?« Herr Yao riss die Augenbrauen hoch.

»Kleiner Scherz! Kaufen Sie einfach eine Flasche Wein. Was bringt man denn in China mit, wenn man eingeladen wird?«

Mein Schüler überlegte. »Nichts.«

»Ach so?«

»Aber es hängt natürlich von die Einladung ab. Wenn wir zum Beispiel Einladung zum Hochzeit bekommen, wir schenken Geld in einer rote Tute.«

»Tüte«, verbesserte ich. »Meinen Sie einen Briefumschlag?«

»Nein.« Er schüttelte den Kopf. »Es sieht nur wie ein Briefumschlag.«

Ich wartete. Nichts.

»Aus?«, schlug ich vor.

»Aus«, sagte er und zeichnete ein Rechteck, in das er zwei Enten und ein Symbol einfügte.

»Das sind aber keine normale Enten, sondern ganz besondere Sorte.«

Also, ich für meinen Teil kannte nur die heimische Stockente. Oder die Tafelente. Davon hatte ich mal im Biounterricht gehört. Und Ente süß-sauer.

»Sie heißen Mandarinenten«, erhellte mich Herr Yao. »In China sie sind Zeichen für Treue. Deshalb wir essen sie nicht. Das Bild zwischen die Enten bedeutet doppelte Gluck.«

Ooh, das war ja nett. »Glück«, korrigierte ich.

»Beim Abendessen wir bringen nichts mit, aber wir laden später die Gastgeber zu unsere Hause ein. Das wurde ich auch gern machen.«

»Wüüürde«, sagte ich und spitzte meine Lippen.

»Wööörde«, sagte Herr Yao.

Seltsam. Noch nie hatten chinesische Kursteilnehmer Probleme mit der Artikulation des *Ü* gehabt, immerhin gibt es diesen Laut auch in ihrer Sprache.

»Wie heißt noch mal *Fisch* oder *Wohlstand* auf Chinesisch?«, fragte ich.

»Yú.« Herr Yao sprach das *Ü* am Ende perfekt aus. »Warum?«

»Die Wörter *yú, Tüte, Glück* und *würde* haben alle denselben Vokal.«

»Yú, Töte, Glöck, wörde«, sagte Herr Yao.

In der Tat, sehr seltsam. »Sagen Sie bitte ein *I*.«

»Iiiiii.«

»Beobachten Sie dabei die Position Ihrer Zunge.«

»Iiiiii … iiiii. Zunge ist hinten oben.«

»Genau. Und jetzt spitzen Sie Ihre Lippen, so als wollten Sie den Buchstaben *U* sagen, aber behalten Sie die Zunge in derselben Lage.«

Oft hatten meine erwachsenen Schüler Hemmungen, solch akrobatische Gesichtsübungen zu machen. Nicht so Herr Yao.

Seine Lippen schoben sich vor und zogen sich zurück, vor und zurück, während er ihre Bewegung mit den Fingern betastete.

»Iiiiiüüüüü, iiiiiüüüüü, iiiiiüüüüü.«

Ein bisschen klang er wie die Sirene eines Polizeiwagens.

»Wunderbar«, lobte ich. »Das ist genau so, wie es …«

»Iiiiiüüüüü, iiiiiüüüüü.«

»Okay, das ist jetzt genug. Ich denke …«

»Iiiiiüüüüü. Gut so?«

»Sehr gut.«

»Oder wir gehen mit unsere Nachbarn ins Restaurant.«

»Was?«

»Die Einladung.«

»Ach so. Ja, warum nicht?«

»Oder ins Café.«

»Auch möglich.«

»Oder ins Park.«

»Natürlich. Dort kann man super spazieren gehen.«

»Ja, gell? Und Enten futtern.«

FEHLER MIT FOLGEN

In der Eingangshalle des Elektrotechnik-Unternehmens Polkrath, unweit der Firma Wallus GmbH, hing ein neues Gemälde, das fast die ganze Wand bedeckte. Leuchtend rote, gelbe und blaue Streifen flirrten in verschiedenen Nuancen über die Leinwand, kreuzten sich, liefen ineinander und verschmolzen zu frischen Farbtönen, in den Ecken ruhten vereinzelte braune Kleckse. »Regentropfen auf buntem Asphalt« stand auf einer Bronzetafel neben dem Bild. Der Künstler war mir unbekannt. Bunter Asphalt also. Dazu fiel mir nur Benzin auf nasser Straße ein. Ich trat einen Schritt zurück, um das Werk aus größerer Distanz zu betrachten – und knickte um. Ein Knopf an meinem Blazer sprang auf, und mein Slip unter der viel zu engen Hose rutschte zwischen meine Pobacken.

»Ziehen Sie sich bitte angemessen an, wenn Sie dienstags und donnerstags zu dieser Firma gehen. Das ist eine Krawattenhochburg«, hörte ich in meinem Inneren die Stimme von Frau Kleber. Ich stöckelte zu einer Sitzecke. Alarmiert durch das hölzerne Klackern meiner Schuhe verfolgte die Empfangsdame meine linkischen Bewegungen. Als sie endlich wegguckte, pulte ich hektisch den Slip aus meinem Po und ließ mich in Zeitlupe auf dem Polster nieder. Sofort schnappte mein Hintern wieder zu.

Ich beobachtete den Minutenzeiger der Wanduhr, der sich auf 17 Uhr vorschob, und wartete auf meinen rumänischen Schüler, der mich laut Vorschrift am Empfang abholen musste. Männer in Anzügen und Frauen in Hosenanzügen liefen an mir vorbei. Tja, deren Hinterteile guckten völlig unbeschwert aus der Wäsche.

Der Fahrstuhl kündigte seine Ankunft im Erdgeschoss mit einem lauten Bimmeln an, die Tür ging auf und entließ noch mehr Krawattenträger ins Foyer. Aus ihrer Mitte löste sich jemand, der genauso in die Gruppe passte wie ein Osterei auf den Weihnachtsteller. Mein Cosmin, wie er leibte und lebte. An seinen langen Beinen trug er eine dreiviertellange Jeans und Sportsandalen, sein athletischer Oberkörper steckte in einem schwarzen T-Shirt mit Schlangenmuster an den Ärmeln, darüber baumelte eine schwere Silberkette. Sein Haarschnitt erinnerte an Biene Majas Freund Willi.

»Hi«, sagte der junge Techniker und klopfte mir auf meinen verkümmernden Bizeps.

Der Fahrstuhl fuhr uns in seine Abteilung im fünften Stock.

»Wie war dein langes Wochenende in Rumänien?«, erkundigte ich mich.

»Super. Meine Mama hat lecker gekocht, denn am Samstag hatte mein Papa Geburtstag.«

»Hast du ihm etwas geschenkt?« Selbstverständlich fragte ich aus Interesse, doch haben Lehrerfragen oft ein verstecktes Ziel. Das Verb *schenken* zieht sowohl ein Akkusativ- als auch ein Dativobjekt nach sich. Und von beiden Fällen hatte Cosmin am Anfang des Kurses zwar eine entfernte Ahnung gehabt, konnte sie aber nicht richtig anwenden, obwohl er schon sechs Jahre Deutsch in der Schule gelernt hatte. Stundenlang drillte ich ihn, lieferte immer wieder neue Aufgaben zu dem Thema und übte mit ihm den richtigen mündlichen Gebrauch.

»Natürlich«, sagte er und ließ mir den Vortritt aus dem Fahrstuhl. »Ich habe ihm einen Rasenmäher geschenkt.«

Volltreffer! Am liebsten hätte ich ihn umarmt, doch mein

Blazer spannte mehr als verdächtig über meiner Rückenpartie. Von der Spannung an meinem Hintern ganz zu schweigen.

»Im September fahre ich noch einmal nach Rumänien für zwei Wochen. Ich habe dir gesagt, dass ich gehe mit meiner Freundin nach Karpaten, oder?«

»Dass?«

»Oh, dass ich mit meiner Freundin nach Karpaten gehe.«

Diese verflixten dass-Sätze. Was hatte ich nicht alles versucht? Trotz anhaltender Korrekturen, trotz Hausaufgaben zu diesem Thema, trotz Spielen mit Kärtchen, nichts, nichts, nichts. Ich sah nur noch eine Lösung: Ich musste ihn dort packen, wo es wehtat.

»Ab heute kostet dich jeder falsche dass-Satz einen Euro«, kündigte ich an, als wir das Besprechungszimmer erreichten.

»Echt? Ich wusste nicht, dass es gibt solche Unterrichtsmethoden.« Cosmin lachte und haute sich sogleich auf den Mund.

Ich suchte eine leere Seite in meinem Notizblock und zog einen Strich. Ein Euro reichte für eine Eiskugel. Mindestens drei sollten in dieser Stunde aber rausspringen.

»Was hat dein Vater zu deinem Geschenk gesagt?«

»Er hat gesagt, dass … Er hat gesagt, er freut sich, auch wenn er etwas anders gewünscht hatte.«

»Und was?«

»Nichts Materiell. Er wollte, dass wir … Er wollte die ganze Familie beim Geburtstag dabeihaben, aber nicht alle waren frei.« Er streckte die Beine von sich und griente breiter als die Diddl-Maus.

Na warte, dich krieg ich.

Cosmin hatte eine ausufernde Fantasie und erzählte gerne Geschichten, kreierte Welten, entwickelte Charaktere und ließ sie mit Vorliebe wilde Abenteuer bestehen. Das würde ich jetzt schamlos ausnutzen. Ich legte meinen Blazer ab, krempelte die

Blusenärmel hoch und schrieb folgende Wörter an die Tafel: Hugo, Radiergummi, Orange, Baum, Trommel, Zeitschrift, Wald, Amseln.

»Wie wäre es, wenn du mir eine Geschichte mit diesen Wörtern erzähltest?«, forderte ich ihn heraus und rieb mir in Gedanken die Hände. Cosmin ließ sich nicht zweimal bitten.

»Es war Frühling 2005. Es war warm draußen. Hugo hat sich entschieden, wandern zu gehen, weil das Wetter so schön war. Er hat dabei genommen einen Radiergummi, eine Orange, eine Trommel und eine Zeitschrift, weil er in dem Wald ein bisschen lesen wollte und ein bisschen korrigieren, darum der Radiergummi. Unterwegs hat er noch viele Amseln gesehen, die zum Meer geflogen sind. Vor dem Wald hat er ein sehr interessantes Baum gesehen, die besonders sehr hoch war. Dieses Baum war auf einem Fluss, wo man sehr viele Forellen sehen könnte.«

»Könnte oder konnte?«, unterbrach ich ihn. Auch einer seiner Lieblingsfehler.

»Konnte. Er ist mit seinem Hand im Wasser ... wie sagt man, wenn man so macht?« Er pendelte mit der Hand von links nach rechts.

»Er hat seine Hand im Wasser bewegt.«

»Er hat seine Hand im Wasser bewegt, und plötzlich hat er eine Forelle gefangen. Er hat sie raus vom Wasser genommen, und er hat die Augen von diesem Fisch angeguckt und sie waren schielen.«

»Die Forelle hat geschielt?«

»Ja, die Forelle hat geschielt. Danach hat er gezählt, wie viele Forellen in diesem Fluss waren, und es waren fünfundzwanzig. Unglaublich!«

»Was ist mit der Forelle in seiner Hand passiert?« Wo waren bloß die dass-Sätze?

»Die hat er auf das Baum geworfen, weil es eine schielende

Forelle war.« Cosmin schob seine Pupillen mehrmals gegen die Nasenwurzel und fuhr fort: »Aber es war ein magischer Fisch. Er hat gesagt: ›Wirf mich wieder ins Wasser und ich werde dir drei Wünsche erfüllen.‹ Hugo machte es und sagte dann seine drei Wünsche.

Der erste Wunsch: Er will ein Schloss haben voll mit Geld und Gold. Der zweite Wunsch: Er will eine schöne Frau haben. Der dritte Wunsch: Er will unsterblich sein. Der Fisch hat gesagt: ›Okay, du wirst auch das haben.‹

Es war sehr schön für eine Weile, aber dann ist die Frau gestorben und nach zweihundert Jahren war das Geld auch gegangen. Hugo wollte Selbstmord machen, aber er war unsterblich. Dann ist er wieder zum Fluss gegangen und hat den gleichen Fisch gefunden mit dem schielenden Guck.

›Na, wie geht's?‹, fragte der Fisch.

Hugo wollte den Fisch jagen und töten, weil er verrückt war. Aber der Fisch war sehr schnell im Wasser und Hugo konnte ihn nicht festhalten. Der Fisch sagte: ›Ja, du wolltest immer mehr Sachen haben, du warst nie zufrieden.‹

Jetzt weint Hugo und sagt: ›Ich will mein Leben wiederhaben, wie es war und mit meiner Frau leben bis zum Ende.‹

Der Fisch sagt: ›Das kann ich leider nicht erfüllen.‹ Und er dreht sich um und geht weg. Und Hugo ist dazu ... wie sagt man *doomed*?«

»Verdammt.«

»Und Hugo ist dazu verdammt, in die Eternität allein zu leben in seinem Schloss. Und sein Gesicht hat sich auch geändert. Er ist ein Biest geworden. Die Leute haben sich seit immer gefragt: ›Woher kommt dieses Biest von *Die Schöne und das Biest*?‹ Und dieses Biest war Hugo.«

Cosmin stand auf, verbeugte sich nach allen Seiten und winkte einem unsichtbaren Publikum.

»Fantastisch«, applaudierte ich und schrieb ihm neues Vokabular und zu korrigierende Fehler an die Tafel.

»Du hast gehofft, dass ich werde dass-Sätze benutzen, oder?«

Ich drehte mich zu Cosmin um, schenkte ihm mein attraktivstes Siegerlächeln und machte einen weiteren Strich in meinen Notizblock.

Mein Schüler fasste sich an die Stirn. »Oh nein, ich glaube nicht, dass ich habe das gesagt. Oh Gott, schon wieder!«

Ich setzte mich zu ihm und malte pfeifend Strich Nummer drei auf das Papier. »Wie spät ist es?«

Cosmin zog seine Lippen mit einem unsichtbaren Reißverschluss zu und hielt mir das Handy vor die Nase.

»Sieh an, wir haben noch fünfundvierzig Minuten.« Ich lehnte mich zurück und verschränkte die Hände hinter dem Kopf. »Sag mal, was kostet eigentlich ein Smartphone?«

Ein Gutsel für Italien

Als ich an einem Septemberfreitag nach Hause kam, sprang Marco auf mich zu und versperrte mir den Weg ins Wohnzimmer.

»Was versteckst du da?« Ich täuschte links an und schlüpfte rechts an ihm vorbei.

Er packte mich am Hosenbund, zog mich zurück und hielt mir die Augen zu. »Alles Gute zum zweiten Jahrestag, patatina«, flüsterte er und schob mich ins Wohnzimmer. Ich erspähte gerade noch einen gedeckten Tisch, bevor er mich zu sich herumwirbelte und mir einen langen Kuss auf die Lippen drückte. Mmm, wenn das Essen genauso schmeckte ...

Marco rückte mir einen Stuhl zurecht und hob den Deckel vom Topf. Heißer Dampf entwich, darunter garten Seezunge, Lachs, Scampi und Tintenfische, verziert mit Orangen- und Zitronenscheiben. Als Beilage gab es gebratene Auberginen und Zucchini, dazu meinen Lieblingsweißwein, einen Greco di Tufo.

»Heute hatte ich einige Probleme im Büro«, sagte Marco und verteilte das Essen auf unseren Tellern. »Aber reden wir über etwas anderes.«

»Wie du willst.«

»Das neue Museum, das wir gebaut haben, ist zwanzig Zentimeter zu breit geworden. Aber lassen wir das Thema.

»Gut.«

»Seit Tagen schon beraten die Bauarbeiter, wie sie den Fehler korrigieren können. Typisch, jedes Mal, wenn es ein Problem gibt, machen meine deutschen Kollegen so.« Er boxte mehrmals mit der rechten Faust gegen die linke Handfläche. »Immer mit dem Kopf gegen die Wand. Aber wir Italiener machen so.« Er öffnete seine Faust, schlängelte sie an der linken Handfläche vorbei und lachte. »Ich habe einfach die Behörden nach einer Genehmigung für den zu breiten Bau gefragt. Problem gelöst.« Er presste etwas Zitronensaft auf den Tintenfisch. »Aber ich will nicht über die Arbeit reden.«

»Okay.«

Nach der Panna cotta nahm Marco meine Hände in seine, fuhr mir mit den Daumen die Handrücken entlang und räusperte sich. »Weißt du, ich habe nachgedacht. Über unsere Zukunft.«

Mir blieb fast das Herz stehen. War das der große Augenblick? Der Moment, in dem in Filmen die rührselige Geigenmusik einsetzte und die vor Glück leuchtenden Gesichter der Protagonisten in Großaufnahme eingefangen wurden?

»Warte, warte.« Ich strich mir die Haare glatt, setzte mich aufrecht hin und vergrub meine Hände wieder in seinen.

– Klappe, die erste! –

Kaum zu glauben! Waren wir wirklich schon zwei Jahre zusammen? Es kam mir vor wie gestern, als Marco mich zum Fischessen in die Kantine seiner Firma eingeladen hatte, und dann zum Fischessen ins Fischrestaurant *Die Kiste*, bis er schließlich Shrimps bei sich zu Hause kochte und mich damit völlig von seinem Charme und seiner Begeisterung für Essen aus dem Meer überzeugte. Was waren das noch für Zeiten, als er mein Schüler war und ich seine Lehrerin? Nicht zu fassen, wie schnell die Zeit doch verging.

»Ciccina, hörst du mir überhaupt zu?«

»Oh, entschuldige …«

– *Klappe, die zweite!* –

»Ich habe mir überlegt, dass es an der Zeit ist umzuziehen«, sagte Marco.

»Umzuziehen?« Vielleicht in den Hafen der Ehe?

»Ja, ich fände es besser, mit dir in einem Haus zu wohnen anstatt in einem Gebäude.«

Die sanften Geigen in meinem Kopf verstummten. Ich schaute mich um. Unsere Wohnung war schön, hell, mit hohen Decken, aber auf Dauer doch etwas zu winzig für uns.

»In einem Haus hätten wir keine direkten Nachbarn und viel mehr Privatsphäre.« Marco wackelte mit den Ohren. Dann griff er in seine Hosentasche und zauberte ein kleines, hübsch verpacktes Quadrat hervor.

Klein und quadratisch? Ich zerrte das Geschenkpapier herunter und zum Vorschein kam eine in Samt gehüllte Schachtel. Ich meine, eine Schachtel! Also doch. Genau wie im Film. Das war exakt die Szene, bei der ich immer in Tränen der Rührung ausbrach, lange bevor die Glückliche den Ring überhaupt zu Gesicht bekam. Außerdem heulte ich auch, wenn Liebende sich stritten, wenn Streitende sich versöhnten und wenn Lassie nach Hause kam. Innerlich schluchzend klappte ich den Deckel auf und blickte verzückt auf ...

»Ein geschnitztes Schaf?«

»Unglaublich oder?«

Das konnte man wohl sagen. Marco nahm das Tierchen aus der Verpackung und drehte es zwischen seinen Fingern hin und her. »Das ist echte Handarbeit aus einer limitierten Schnitzereiserie. Das gibt es nur ein Mal, und zwar auf der ganzen Welt.«

Faszinierend. Und weiter?

»So wie dich!« Er wuschelte mir durch die Haare.

Och, wie süß! Ich gab ihm einen Kuss, heulte kurz und zog

einen Briefumschlag aus meiner Gesäßtasche. Ich hatte nämlich auch etwas für ihn.

»Einen Monat Klavierunterricht!« Marcos glänzende Augen wanderten zwischen dem Gutschein und seinem Keyboard aus Jugendtagen, das in der Wohnzimmerecke vor sich hin welkte, hin und her. Mehrfach hatte er den Wunsch geäußert, Stücke von Clementi oder Puccini spielen zu können. Oder wenigstens die von Beethoven.

»Ich habe auch einige Lehrer in der Nähe gefunden.« Aus dem Umschlag holte ich einen Zettel mit Adressen und Telefonnummern. »Die kannst du die nächsten Tage mal ...«

»Da rufe ich gleich an.« Marco rannte raus und kam mit dem Telefon zurück.

Was, jetzt? Wo es gerade so romantisch war?

Ich schnappte mir den Zettel. »Mach's doch lieber morgen.«

»Nein jetzt.«

»Morgen.«

»Jetzt.«

Marco griff nach dem Papier, ich versteckte es hinter meinem Rücken, er drohte mir mit dem Finger, ich drohte ihm mit der Faust, er pikste mich in den Oberarm, ich pikste ihn in die Schulter, er zerrte mich vom Stuhl und drückte mich bäuchlings auf den Fußbodenläufer. Mit den Knien pinnte er meine Arme fest und rupfte mir den Zettel aus der Hand. »Gewonnen!«

»Lass mich los!« Ich strampelte mit den Beinen.

»Nö«, sagte er und setzte sich auf meine Wirbelsäule. »Als Erstes probiere ich die Nummer von Brunhilde Paul. Wenn du aufhörst zu zappeln, mache ich auch den Lautsprecher an.«

»Hallo?«, meldete sich eine männliche Stimme am anderen Ende der Leitung.

»Guten Abend. Spreche ich mit Herrn Brunhilde?«, fragte Marco mit der Betonung auf *Brun*.

Hihi. Ich hielt ganz still. Rache ist süß.

»Nein, hier ist Herr Paul«, sagte die Stimme mit einem nur notdürftig unterdrückten Kichern.

»Oh, Entschuldigung, dann habe ich mich verwählt«, stotterte Marco und legte auf. Er setzte sich neben mich und kratzte sich am Kopf. »Hm, vielleicht hast du die Nummer falsch aufgeschrieben.«

Ich guckte so betroffen wie möglich und hockte mich auf seinen Schoß. »Sieht ganz so aus.«

»Und was jetzt?«

»Lustig, dass du fragst.« Ich verschränkte meine Hände hinter seinem Nacken, er kraulte mir die Schulterblätter. Und dann passierte es. Genau wie im Film. Es klingelte an der Tür.

»*Chi diavolo* ...?« Marco rappelte sich auf und stolperte in den Flur. Er öffnete die Tür, und eine Stimme donnerte in unsere Wohnung: »Ha, Grüß Gottle! I hoff, i stör net.«

Herr Neubauer? Unser Vermieter, der vierzig Kilometer weit weg wohnte? Was machte der denn hier? Und dann erschien er im Wohnzimmer mitsamt seinem beachtlichen Oberkörpervolumen.

»Ah gut, Sie hän scho gesse«, bemerkte er mit einem hungrigen Blick auf den Esstisch. »Oh, und Weißwein hat's au gebbe? Also wenn Sie mich froge, den mag i viel lieber als den rote, viel, viel lieber. Gell?«

Marco schenkte uns allen ein Glas ein. Ich bot Herrn Neubauer einen Platz an.

»Noi, noi, i bleib net lang. I war bloß grad in der Gegend und wollt emol nach dem Rechte gucke. Isch alles in Ordnung?«, fragte er und fiel auf das Sofa. »Eigentlich bin i nur komme, um zu sage, ha Sie wisse doch, die Inflation und so, da könne mir ja nichts für, aber i muss Ihne leider die Miete erhöhe.«

Marco verschluckte sich an seinem Wein.

»Um Himmels wille! Net verschrecke«, kreischte Herr Neubauer und kramte eine Tüte Bonbons aus seiner Jackentasche. »A Gutsel?«

»Ein gutes was?«, hustete Marco.

»I moin doch a bomboo.« Herr Neubauer wedelte mit der Packung. Marco schüttelte den Kopf und rieb sich den Hals.

»Ach, und wo i schon emol do bin, näkscht Woch fahre mir in Urlaub. Falls also was isch, mir sind net do.«

»Fahren Sie wieder an den Bodensee?«, fragte ich, um etwas zu fragen.

»Ha noi.«

»Hanoi in Vietnam?«, fragte Marco.

»Ha noi, mir fahre dieses Jahr an de Titisee. Isch emol was anders.« Er nahm ein Bonbon aus der Tüte und schälte es aus dem Papier. »Sodele, jetzt will i euch net länger uffhalte. I gang jetzt emol wieder.« Ächzend drückte er sich an der Armlehne des Sofas hoch, das Bonbonpapier segelte auf den Boden. »Alla, dann bis bald, gell? Mei Fraa fragt sich bestimmt scho, wo i bleib. Apropos Fraa, kennt ihr den? 's Friederle kommt von der Schul hoim und secht: ›Mama, i derf im Theater mitspiele, und zwar als schwäbischer Ehemoo.‹ Secht sei Mudder: ›Was? Do ruf i glei a, warum du koi Sprechroll kriagt hasch!‹«

Herr Neubauer wieherte los und haute Marco seine Pranke ins Genick. Wir stimmten in sein Gelächter mit ein, Marco hielt sich am Türrahmen des Wohnzimmers fest, ich mich an Marcos Hosentasche.

Herr Neubauer hörte so abrupt auf zu lachen, wie er angefangen hatte. »Der war gut, gell?« Er schnäuzte sich in ein Stofftaschentuch, schüttelte uns die Hand und verschwand im Treppenhaus.

Marco schloss die Tür und massierte nachdenklich seine Wangenmuskeln. »Was hat er gesagt?«

»Keinen Schimmer.«

Marco zog mich sanft zu sich. »Also doch ein Haus?«

»Nur wegen der steigenden Wohnungsmiete natürlich.«

»Selbstverständlich. Äh, wo waren wir vorhin stehengeblieben?«

Ich zeigte auf den Läufer hinter dem Esstisch. Marco machte unerwartet einen Ausfallschritt nach vorne, ich kippte um, er schnappte mich vom Boden weg, trug mich ins Schlafzimmer und schloss die Tür.

– Klappe, die letzte! –

AUF UND ZU

»Aber dann wir hawen die ganze nächste Woche kein Deutsch!«

Die Neuigkeit, mit der ich Venezolaner Alberto gerade überfallen hatte, wirkte stärker als jeder Kaffee. Er saß kerzengerade am Tisch und krallte sich an dessen Kante fest.

»Ich kann leider nichts machen«, erklärte ich ihm. »Eine andere Sprachenschule hat mir einen Intensivkurs angeboten, der dauert täglich von neun bis achtzehn Uhr. Den muss ich unbedingt annehmen.«

Oder präziser ausgedrückt: Den wollte ich unbedingt annehmen, denn ganztägige Intensivkurse kamen einer Schatzgrube gleich. Sie ermöglichten ein stabiles Einkommen, fanden an einem einzigen Ort statt, wodurch ich meine Stunden unzerstückelt abarbeiten konnte und früher Feierabend hatte. Für die Zeit mussten regelmäßige Schüler eben zurückstecken.

Alberto griff in die Brusttasche seines Hemdes und holte einen Kuli hervor, den er in seine Einzelteile zerlegte. Dabei guckte er so bekümmert, dass ich fast Schuldgefühle bekam.

»Ach Mensch, Alberto, was denkst du jetzt?« Auch wenn die Unterrichtspause seinem stagnierenden Lernprozess nichts anhaben würde, wollte ich die Gefühle meines Schülers nicht verletzen.

Alberto schaute mich an, als hätte ich ihn unerwartet aus einem Paralleluniversum herausgebeamt. Die Feder des Kugelschreibers hüpfte in hohem Bogen aus seiner Hand und prallte gegen die Glastür. Er legte den Kopf schief. »Ich bin Hunger.«

Absoluter Anfänger

»Ihr Intensivschüler heißt Leandro Parenti, kommt aus Italien, ist Testmanager beim Handelsunternehmen Bruback und absoluter Anfänger.« Die Dame am anderen Ende der Telefonleitung gehörte zu dem überregionalen Sprachinstitut Locutus mit Sitz in Bayern, von dem ich hin und wieder Aufträge annahm. »Die erste Woche ist, wie gesagt, intensiv«, fuhr sie fort. »Danach übernimmt ein zweiter Lehrer den regelmäßigen Unterricht. Ist unser Päckchen inzwischen bei Ihnen angekommen?«

Ich begutachtete das Chaos, das auf dem Wohnzimmerboden verteilt herumlag: sechsseitiger Honorarvertrag, Formulare zum täglichen Eintragen des Unterrichtsinhalts, Formulare für den Lehrer zur Endevaluation des Teilnehmerniveaus, Formulare für den Teilnehmer zur Evaluation des Lehrers und des Kurses, Hinweise zum Ausfüllen dieser Formulare, Unterschriftenlisten, Unterrichtsbücher und Informationsbroschüren der Firma Bruback.

»Geht der Intensivkurs wirklich nur eine Woche?«, vergewisserte ich mich.

»Natürlich. Warum fragen Sie?«

Keine Logik

Die Unterrichtsräume der Firma Bruback befanden sich im vierten Stock eines neu errichteten Bürogebäudes und boten eine tolle Aussicht auf das Zentrum der Stadt, das historische Rathaus und die restaurierte Kirche. Die Ausstattung meines Zimmers ließ nichts zu wünschen übrig, im Gegenteil: Das Whiteboard neben der Tür glänzte, an der Decke summte ein Beamer, in der Ecke warteten ein Tageslichtprojektor, ein Computer und eine Stereoanlage mit unübersichtlicher Anzahl von

Knöpfen auf ihren Einsatz. Zwischen den Wänden staute sich die Schwüle eines ungewöhnlich warmen Septemberwochenendes. Ich machte die Fenster weit auf, lauschte den Kirchenglocken und beobachtete, wie die Geschäfte mit den morgendlichen Sonnenstrahlen ihre Türen öffneten.

Als ich mich umdrehte, saß ein stattlicher Mann mit teerschwarzem Haar und akkurat gezupften Augenbrauen auf einem der Stühle und musterte meine Hüften. Ich überschlug schnell die Menge an Süßigkeiten, die ich in letzter Zeit verdrückt hatte, fühlte mich eine Sekunde lang schuldig und setzte mich dann über Eck neben meinen neuen Schüler.

»Guten – Morgen!«, sagte ich betont langsam und reichte ihm die Hand. »Ich – heiße – Angelika – Bohn. Und – Sie?«

Wichtig ist, dass ein Sprachlerner hören kann, wo ein Wort anfängt und wo es aufhört.

Herr Parenti legte seine frisch manikürten Hände nebeneinander und sah mich an, als würde ich Klingonisch sprechen.

»Ich – heiße – Angelika – Bohn«, wiederholte ich und reichte ihm erneut die Hand.

Er ergriff sie, zog mich näher zu sich und schaute mir prüfend in die Augen. »Alles gut?«

»Ja – danke. Mir – geht – es – gut. Und – wie – geht – es – Ihnen?«

Herr Parenti verschränkte die Arme und nickte, als hätte er etwas Beunruhigendes begriffen. »Mein Name ist Leandro. Ich bin super, aber ich möchte ein Kaffee trinken vor das Kurs.«

»Waaa...? Ich dachte, Sie hätten in Italien noch kein Deutsch gelernt!«

»Italien? Ich komme aus Portugal und lerne ich dort zwei Monaten.«

Na, herrlich! Somit war ich nicht richtig vorbereitet und hatte einen achtstündigen Unterrichtstag vor mir. Ich schickte

Leandro zum Kaffeeautomaten und rief die Schule an. Ach so, ein Missverständnis, haha, ja, verstehe, die Praktikantin, nein, nein, kein Problem, ich improvisiere. Leandro kam mit zwei Plastikbechern Kaffee zurück. Dankbar nahm ich einen davon entgegen, bereits meinen zweiten an diesem Morgen. Und das war Marcos Schuld. Bevor er in mein Leben getreten war, hatte Kaffee in meinem Haushalt keine Rolle gespielt. Zum Frühstück trank ich brav meine Milch oder Saft. Doch dann fing ich an, regelmäßig einen Schluck von Marcos Espressi zu nehmen. Tja, wie sagt man so schön? Man gewöhnt sich an alles.

»Leandro, machen Sie bitte das Buch auf Seite 49 auf.«

»Das Buch machen?«

Ich hatte also recht mit meiner Vermutung. Die trennbaren Verben waren für ihn noch Neuland.

»Das Buch aufmachen«, sagte ich und klappte zur Verdeutlichung langsam den Buchdeckel des Lehrwerks hoch.

Leandro schaute mir fasziniert zu, stand auf und öffnete das Fenster. »Das Fenster aufmachen?«, fragte er.

»Genau. Sie machen das Fenster auf.«

Er ging zur Tür. »Ich mache die Tür auf?«

»Richtig.«

Er schloss sie wieder. »Ich mache die Tür …?«

»Zu.«

Leandro bewegte die Tür vor und zurück. »Auf, zu, auf, zu, auf, zu.«

Mir wurde schwindlig.

Endlich ließ er die Tür zufallen und setzte sich wieder hin. »Auf, zu«, wiederholte er. »Keine Logik.«

Im Buch lasen wir einige Beispiele zu trennbaren Verben, dann übten wir die Betonung auf der ersten Silbe.

»*Auf*machen, *zu*machen, *auf*stehen, *an*rufen, *ein*kaufen, *mit*kommen«, stieß er aus und zog den Kragen seines Hemdes auseinander, sodass seine glatte Brust voller zur Geltung kam.

Ich verfolgte an seinem linken Ohr vorbei die dunklen Wolken, die über den Himmel wanderten, als es plötzlich donnerte und dicke Regentropfen gegen unser Fenster schlugen.

»Soll ich das Licht aufmachen?«, fragte Leandro.

»Das Licht anmachen.«

Leandro drückte den Lichtschalter und betrachtete die Zimmerlampe. »Und jetzt mache ich das Licht zu?« Er betätigte erneut den Schalter, und es wurde wieder dunkel.

»Nein, Sie machen das Licht aus.«

»Was? Aufmachen, zumachen, anmachen, ausmachen?« Leandro sank benommen auf seinen Stuhl. »Es gibt wie viele Kombination mit *machen*?«

»Och, nicht so viele.« Nur noch: mitmachen, abmachen, einmachen, vormachen, hermachen, hinmachen, losmachen, wegmachen, nachmachen, klarmachen, vermachen. Das verriet ich ihm allerdings nicht.

»Aber das macht alle kein Sinn!«

Tja, wo stand denn geschrieben, dass Sprache immer Sinn machen muss? Wäre das der Fall, wäre sie nur halb so spannend. Wir übten die vier verschiedenen Verben, bis der Unterschied saß.

»Wann stehen Sie am Samstag auf?«, initiierte ich eine kleine Konversation zu unserem Thema.

»Ich stehe um zehn Uhr auf.«

»Und was machen Sie danach?«

»Ich dusche und esse. Dann kaufe ich im Supermarkt ein. Am nächste Samstag suche ich Kollegen be.« Leandro schüttelte ungläubig den Kopf. »Ich suche Kollegen be?«

Das war zu erwarten. »Ein Präfix ist nur trennbar, wenn es eine Bedeutung hat«, erklärte ich ihm. »Also Präfixe wie *auf*, *aus*, *an* oder *zu* sind deutsche Wörter, genau genommen Präpositionen. *Be* hat aber keine Bedeutung und kann deshalb nicht alleine stehen.« Ich verdeutlichte ihm den Unterschied an der Tafel.

»Noch Fragen?«

»Kaffeepause?«

Also gut. Das Gewitter war vorbei, die Luft draußen frisch. In der Pause würde ich kräftig durchlüften.

»Das ist alles sehr kompliziert«, bemerkte Leandro. »Vielleicht holen wir morgen diese Grammatik wieder. Ist auch möglich, wir setzen ein Text über?«

Ach herrje, die Ausnahmen!

»Keine Panik. Deutsch ist nicht so schwierig«, log ich auf dem Weg zum Kaffeeautomaten, als mir plötzlich einfiel: »Verflixt, ich habe vergessen, in unserem Raum das Fenster aufzumachen.«

Leandro erstarrte, in seine Stirn gruben sich tiefe Furchen. Er hob die Hände gen Flurdecke. »Vergessen, das Fenster aufzumachen? Was jetzt? Auf oder zu?«

SCHÜLERFISCHER WIDER WILLEN

»Sau? Was für 'ne Sau?«

»Nein, ich steck im Stau!«, schrie Marcos Stimme aus dem Telefonhörer. Blödes Funkloch! Es hörte sich an, als wäre er sehr weit weg. Was er im Grunde auch war, nämlich auf einer belgischen Autobahn, auf dem Nachhauseweg aus Brüssel, wo seine Firma ein neues Geschäftshaus für eine deutsche Firma bauen ließ.

Er rief etwas von »Lkw-Unfall, nichts geht mehr, Hotel nehmen, hier übernachten«, ich meckerte über die Aussicht, noch einen Abend ohne ihn zu verbringen.

»Aber es ist samabend!«, schrie Marco wieder.

»Was?«

»Ich sagte, es ist Samstagabend! Geh aus und amüsier dich.«

»Wie? So ganz allein?«

»Du liegst mir doch ständig in den Ohren, dass du neue Freunde finden willst. Das ist deine Chance.«

Es rauschte und zischte in der Leitung, und bevor die Verbindung zusammenbrach, sagte Marco etwas, was ich als »Jetzt lass die Sau raus« interpretierte. Vielleicht hatte er auch »Jetzt fahr ich aus dem Stau raus« gesagt, aber zu spät. Sein Vorschlag setzte sich in meinen Kopf und gewann zunehmend an Attraktivität.

Warum sollte ich es eigentlich nicht tun? Ich war schon ewig nicht mehr alleine ausgegangen. Marco und ich hatten einen festen Freundeskreis, mit dem wir uns regelmäßig trafen.

Meistens verabredeten wir uns in Restaurants, wo wir so lange quatschten, bis der Besitzer demonstrativ die Wanduhr anstarrte. Ab und zu besetzten wir eine Bar oder fielen in Biergärten ein.

So schön es auch war, Zeit mit unseren Freunden zu verbringen, mir fehlten einfach neue Kontakte. Ich holte meinen Laptop und erstellte eine schriftliche Evaluation der Veranstaltungen in meiner Gegend.

Angebot	Kommentar
Backzirkel	zu mehlig
Museumsnacht	da kann man nur leise quatschen
Rockkonzert	da kann man nur laut quatschen
Kino/Theater	da kann man gar nicht quatschen
Speed-Dating	hmm … nee, war nur Spaß!
Siebtes internationales Treffen	**Bingo!**

Das war genau das Richtige! Menschen aus aller Welt in lockerer Atmosphäre begegnen, stand in der Beschreibung. Das tat ich zwar schon in meinem Job, aber da stieß die Kommunikation aufgrund mangelnder Deutschkenntnisse oft an ihre Grenzen. Bei diesem Treffen konnte ich frei von der Leber auf Englisch schwatzen, wozu ich in letzter Zeit kaum die Gelegenheit gehabt hatte. Plus: Ich würde in einem multinationalen Umfeld sein, ohne die allwissende Lehrerin geben zu müssen. Knaller! Ich schob den Laptop zur Seite und hopste aufgeregt vom Sofa. Internationale Welt, ich komme!

Was sollte ich bloß anziehen?

Die Bar, in der das Treffen stattfand, bewarf mich beim Eintreten mit grell leuchtenden Strahlen. An der Decke pulsierte eine Discokugel, die mich an die peinliche Zeit erinnerte, in der ich mit brennbarem Alkohol im Glas auf den Tanzflächen der Diskotheken den Moonwalk vorgeführt hatte.

Das Licht streifte in Intervallen eine Masse eng beieinanderstehender Gestalten, die sich gegenseitig an den Ohrläppchen hingen. Was vermutlich an der Technomusik lag, die aus riesigen Lautsprechern drang.

Von der Bar stürmte ein gelockter Mann auf mich zu und drückte mir ein Glas Sekt in die Hand.

»Hey yo, willkommen«, brüllte er auf Englisch. »Dich habe ich hier noch nie gesehen.«

»Heute ist auch mein erstes Mal!«

»Was?« Sein Ohr berührte fast meine Lippen.

»Mein erstes Mal!«, spuckte ich ihm aufs Trommelfell.

»Bombig! Wenn du neue Freunde suchst, bist du hier goldrichtig.«

Das klang vielversprechend. Wir prosteten uns zu, während sich unsere Köpfe dezent zur Musik bewegten, wie die zweier altersschwacher Tauben beim Sonntagsspaziergang. Wir tauschten Informationen über Namen, Nationalitäten (er hieß Andrej und war Slowake) und, unter wesentlich mehr akustischen Schwierigkeiten, über unseren Musikgeschmack aus.

»Und was machst du beruflich?«, fragte er, nachdem wir ausgiebig über das letzte Album von Sting gefachsimpelt hatten.

»Ich unterrichte Deutsch als Fremdsprache.« Vergnügt prostete ich ihm zu und kippte den Rest meines Sekts in mich hinein. »Und du?«

Andrej riss zuerst die Augen auf und dann den Mund. Das sah ja witzig aus! Marco würde ihn bestimmt ebenfalls mögen.

»Echt? Das ist ja cool!« Er rückte ein Stückchen näher und wechselte plötzlich ins Deutsche. »Meine deutsche Kenntnis ist nämlich sehr schlechte. Gebst du auch private Kursen?«

Ach, nö! Eigentlich suchte ich ja Freunde, nicht wahr?

»Nee du, das tut mir leid. Ich bin im Moment voll ausgelastet.«

»Schade. Vielleicht in einige Monat?«

Also, ich plädierte für Abendessen. Oder Kino? Oder Billard spielen?

»Ja, möglicherweise.«

Andrej rief mir noch etwas zu, was ich nicht verstand, machte auf dem Absatz kehrt und verschwand in der Menge. Ich stellte mich in eine Ecke und schmollte in mein leeres Glas. Deutsch, du meine wunderbare Muttersprache, meine Arbeit, mein Lebensunterhalt. Meine Freizeitbeschäftigung? Plötzlich tauchte Andrej aus der Menschenmasse wieder auf.

»Das ist Mayumi!« Er schob eine zierliche Japanerin an meine Seite. »Sie ist auch neu hier.« Er reichte uns noch je eine Cola und machte sich aus dem Staub. Mayumi nippte verlegen an ihrem Getränk.

Wir suchten uns ein Plätzchen im hinteren Teil des Raumes und vertieften uns in ein intensives, auf Englisch geführtes Geschrei über ihr Studienjahr in London und meines in Kanada. Mir fiel auf, dass sie beim Trinken den kleinen Finger abspreizte. Genau wie ich.

»Was machst du denn beruflich?«, fragte Mayumi und stieß noch mal mit mir an. Ich horchte einen Moment in mich hinein, wie es wäre, nur für einen Abend Bankangestellte, Metzgerin oder Kauffrau zu sein. Oder arbeitslos.

»Ich unterrichte Deutsch als Fremdsprache«, kam es dann doch aus mir heraus. Unwahrheiten waren kein gutes Fundament für eine neue Freundschaft. Ich hielt die Luft an.

»Wie schön! Ich mache gerade einen Deutsch-Intensivkurs«, sagte Mayumi und begann, mir von ihrer Heimatstadt Yokohama zu erzählen.

Mann, war die sympathisch!

Gleich am nächsten Tag verabredeten wir uns vor einem gemütlichen Café am Marktplatz, neben einem Wasser speienden Götzen, der herumtollende Kinder besprühte. Wir setzten uns in die noch warme Oktobersonne, Mayumi bestellte einen Caffè Latte und ich einen Latte macchiato, dazu zwei Stück Käsekuchen. Um uns herum zwitscherten die Vöglein, und es war, als würden wir uns schon eine Ewigkeit kennen. Wir sprachen über Gott und unsere Welten, ich malte mir aus, wie wir in Zukunft durch die Stadt schlenderten, Klamotten kauften, Pyjamapartys à deux mit Chips und Schokoeis veranstalteten. Hoffentlich wollte sie das auch. Also, sollte sie mich jetzt fragen, ich würde nicht *Nein* sagen.

»Kann ich dich etwas fragen?« Mayumi griff unter den Tisch nach ihrem Rucksack.

»Ja, ich will«, hauchte ich mit glänzenden Augen.

Mayumi hielt mitten in ihrer Bewegung inne. »Echt? Das ist toll.« Aus ihrem Rucksack holte sie ein Buch hervor und schob es neben meinen halb gegessenen Kuchen. »Kannst du mir sagen, was du über dieses deutsche Lehrwerk denkst? Du kennst dich doch aus.«

Verflixt. Ich brauchte schleunigst einen Ausweg.

»Duuu?« Ich faltete die Serviette zu einem immer kleiner werdenden Quadrat. »Eigentlich bin ich Metzgerin von Beruf.«

»Was?«

»Äh, Metzgerin?«

Mayumi lachte los, und ich stellte fest, dass sie dabei ihren Kopf in den Nacken warf. Genau wie ich.

Na schön. Ich studierte die Kapitelangaben im Inhaltsverzeichnis. »Nun, die Progression ist ziemlich langsam«, bemerkte ich und erschrak über meinen professionellen Ton. »Jedes Thema wird intensiv bearbeitet. Wenn du rasch begreifst und zu Hause lernst, könnte dir schnell langweilig werden.«

»Langweilig ist mir nicht. Aber im Kurs kommt man nicht zum Sprechen. Dafür gibt es zu viele Leute.« Mayumi setzte einen flehenden Welpenblick auf.

Ich versenkte mein Gesicht in der Latte-macchiato-Tasse und ließ es dort.

»Ich könnte schneller vorankommen, wenn jemand einmal oder zweimal pro Woche mit mir Deutsch sprechen und mich korrigieren würde.«

Deutlicher ging es nicht. Vor meinem inneren Auge zerfiel meine neu begonnene Freundschaft mit Mayumi zu Staub, unsere potenziellen Einkaufsbummel und Pyjamapartys verwandelten sich in Unterrichtsstunden, unsere lockeren englischen Gespräche in stockende, korrekturbedürftige deutsche Dialoge. Ich richtete mich auf, wischte mir den Kaffee von der Nase und sah Mayumi fest in die Augen. Vielleicht konnte ich diese düstere Zukunft doch noch abwenden. Mayumis Gesicht schimmerte vor Hoffnung, und das genügte, um meinen inneren Kampfgeist sofort zu verweichlichen. »Also eigentlich ...«

Mayumi fiel mir um den Hals und wechselte ins Deutsche. »Danke, du bist toll! Und ich kann dir einiges japanisches Wörter unterrichten.«

»Oh, echt?«

»Wenn du möchtest.«

»Ja, klar!«

Mayumi ruckelte am Teller. »Das ist *osara*.«

»Und das?« Ich hob die Tasse.

»*Kappu*.«

»Und das?« Ich deutete auf einen Vogel.

»*Tori*. Kann wir jetzt ein bisschen Deutsch ...?«

»Und das?« Ich tippte auf den Tisch.

»*Teburu*.«

»Und das?« Kaito würde vielleicht Augen machen!

DER STOLZ EINES VATERS

»Gibt es Familienfeste in Japan?«, fragte ich Kaito gegen Ende der Unterrichtsstunde.

»Natürlich, wir haben zum Beispiel *Koinobori*. Das ist Fest für Jungen. Wir hängen Koi-Fisch aus Plastik oder Stoff vor Haus. Fische für Eltern und Fisch für jede Junge in Familie.«

Ist ja toll. Beim Thema »Fisch« fiel mir ein, dass Mayumi mir am Wochenende im Restaurant einen tollen Satz beigebracht hatte.

»Hey, Kaito, weißt du was?«

»Ja.«

»Sono sakana wa resutoran ni itte wain wo nomimashita.«

Kaito war schwer beeindruckt. Er starrte auf seine Füße. »Fisch geht ins Restaurant und trinkt Wein?«

Ach! Endlich verstand ich, warum Mayumi beim Aufschreiben des Satzes so gekichert hatte. Gut, vielleicht hätte ich nicht kurz davor behaupten sollen, dass die Serviette, die der Kellner vergessen hatte neben ihren Teller zu legen, auf Deutsch Handtuch heißt. Aber ich hatte meinen Spaß. Der Kellner übrigens auch.

Ich nahm den Fahrstuhl hinunter zum Eingang der Firma Pächtler, wo Herr Blecha auf mich wartete, ein neuer Schüler aus Tschechien, den ich jeweils nach Kaitos Kurs unterrichten sollte. Niveau Mittelstufe, hatte Frau Kleber mich aufgeklärt. Nach der Begrüßung führte der Gruppenleiter mich die Treppe hinunter ins Untergeschoss, wir durchwanderten dunkle Flure und bogen um unzählige Ecken, bis wir zu einer rostigen Metalltür kamen, neben der sich leere Kartons stapelten. Herr Blecha ließ mir den Vortritt, duckte sich unter dem Türrahmen hindurch und folgte mir ins Besprechungszimmer. Seine zwei Meter Körperlänge neigten sich so harmonisch wie ein schmaler Baumstamm in lauer Sommerluft, nur dass von lauer Sommerluft in diesem Zimmer keine Rede sein konnte.

Ich schaute mich fröstelnd um. Der Unterrichtsraum glich mehr einer Gefängniszelle als einem Ort, an dem Wissen weitergegeben und empfangen werden sollte. Von den kahlen Wänden bröckelte der Verputz, der Geruch von Schimmel hing in der Luft, Kabel schlängelten sich von einem fleckigen Teppich hinauf auf den einzig vorhandenen Tisch. Letzterer wackelte im Rhythmus der Klopfgeräusche aus der Etage über uns. Durch schmutzige Fensterscheiben zwängte sich die Wintersonne in den Raum, außerdem das Echo vorbeieilender Schuhsohlen. Zum perfekten Gruselszenario fehlten nur noch zwei bleiche Kinder mit starrem Blick, die sich gehässig lachend in Luft auflösten.

Ich setzte mich vorsichtig auf den Stuhl und schob die Kabel an die Kante des Tisches. Mein tschechischer Schüler schaute mir aufmerksam zu.

»Treffen wir uns immer hier zum Deutschkurs?«, fragte ich und hoffte inständig auf ein entrüstetes »Nein, wo denken Sie hin!«

Herr Blecha zuckte mit der Nase. »Das ist unser Besprechungszimmer«, antwortete er, wobei er jede Silbe in seinem Mund hin und her schob, bevor er sie durch die langsam sich teilenden Lippen in die Welt hauchte. »Für immer.«

Panisch warf ich einen Blick zur Tür und stellte erleichtert fest, dass sie nur angelehnt war. Mein Schüler setzte eine steinerne Miene auf. »Fangen wir an?« Dann drückte er seine Mundwinkel nach oben, von Lachfalten an den Augen keine Spur.

»Äh, natürlich.« Ich holte meine Bücher aus dem Trolley und schlug die vorbereitete Lektion auf. Als erste Übung sollte Herr Blecha Fragen zu gegebenen Antworten formulieren.

Aufgabe: Der Zug von Berlin nach Köln fährt <u>von Gleis sieben.</u>

Herr Blecha: »Von welchem Gleis fährt der Zug von Berlin nach Köln?«

Langsam wickelte er ein dünnes Kabel um seinen Zeigefinger, bis dessen Spitze rot anlief. Ich schluckte schwer und rutschte mit dem Stuhl ein Stück nach hinten.

Aufgabe: Die Ankunft des Zuges ist <u>um 17 Uhr</u> in Köln.

Herr Blecha: »Wann ist die Ankunft des Zuges in Köln?«

»Richtig«, kommentierte ich. »Aber könnten Sie hier anstatt des Wortes *Ankunft* auch ein Verb benutzen? Verben machen nämlich die Sprache lebendiger.« Mein Blick glitt von seiner bleichen Haut zu der angeschwollenen Fingerkuppe.

»Ach so, Verben machen die Sprache lebendiger? Können Sie das an die Tafel schreiben?«

Ich stellte mich so hin, dass ich ihn im Auge behalten konnte, und kritzelte den Merksatz an das Whiteboard, als sich vor meinem Auge ein winziger schwarzer Punkt von der Decke abseilte.

»Eine Spinne!«, quiekte ich, schnappte mir den Stuhl und hielt mir damit das Biest vom Leibe.

»Was ist eine Spinne?«, fragte Herr Blecha, der nicht im Geringsten erschrocken aussah.

»*Das* ist eine Spinne!« Ich deutete auf das gemeine Geschöpf, das wie bei *Mission Impossible* mitten in der Luft hängen geblie-

ben war und mich anstierte. Mein Schüler setzte langsam seine
Brille auf, erhob sich vom Stuhl und trat mit zusammengeknif-
fenen Augen neben mich.

»Ach«, sagte er und »oh«, kratzte sich an der Schläfe, nahm
die Spinne in seine Handfläche und spazierte zurück zu seinem
Platz. Das Tier krabbelte an seinen Fingern hoch und runter. Ich
bemühte mich, nicht hinzuschauen und vervollständigte ange-
ekelt den Satz an der Tafel. Als ich mich Herrn Blecha wieder
zuwandte, war seine Hand leer.

»Wo ist die …?«

Er fuhr sich mit der Zunge über die Lippen und sann nach.
»Was ist das Verb von *Ankunft*?«

»Was denken Sie?« Wo war die Spinne, verflixt? Ich musste hier
raus, wie lange noch? Ich schaute auf die Wanduhr. Sie war tot.

»Ankunften?«

»Was? Nein, das Verb heißt *ankommen*.« Ich schrieb es an die
Tafel.

»Aaaah.« Herr Blecha sann weiter über die richtige Lösung
für seine Aufgabe nach. »Wann kommt die Ankunft in Köln an?«

Ich bat ihn, die Sache noch einmal zu überdenken. Doch es
half nichts. Ich zeichnete einen Bahnhof an die Tafel, in dem
ein Zug ankam, was allerdings aussah wie ein Stoppelfeld mit
aneinandergeklebten Strohballen auf Rädern.

»Aaaah«, sagte Herr Blecha wieder. »Wann kommt der Zug in Köln an?«

Na, da sag noch mal jemand etwas gegen meine Zeichenkünste.

»Der Zug, oder?«, fragte er auf einmal.

»Bitte?«

»*Der* Zug? Nicht *den* Zug oder *dem* Zug. Zug ist erstes Fach, nicht wahr?«

»Erster Fall, ja. Der Zug ist das Subjekt.«

Ein hölzernes Krachen ließ mich zusammenfahren. Eines der Fenster war aufgeflogen, was zur Folge hatte, dass die Zimmertür zuschlug.

»*Der* Zug, also auch *der* Luftzug«, stellte Herr Blecha fest und tippte mit dem Fingernagel im Sekundentakt auf die Tischplatte. Immer und immer wieder. Uaaaah!

Mein Blick sprang zurück zur Uhr. Die tickte jetzt. Neben Herrn Blechas pochendem Finger tauchte die kleine Spinne auf. Mein Schüler beobachtete sie nachdenklich. Sein Magen knurrte.

»Heute Abend möchte ich eine Restauration besuchen. Am liebsten deutsche Küche.«

Ich empfahl ihm schnell ein typisch schwäbisches Lokal und ging zum nächsten Thema über, dem technischen Vokabular, angefangen mit den Wörtern rund um den Computer. Das klappte ziemlich gut. Die Tastatur, das DVD-Laufwerk, der Bildschirm, der Lautsprecher ...

»Und was ist das?« Er rollte das Kabel wieder um den Finger, hob es in die Höhe und zeigte auf dessen Ende.

»Ein Stecker«, sagte ich. »*Der* Stecker.«

»Und das?« Er wies mit der roten Fingerspitze zur Wand.

»Eine Steckdose.«

»Ahaaaa?« Mit offenem Mund stützte er sich auf den Tisch. »Steckdose ist feminin und Stecker muskulatur?«

Wir weiteten das technische Vokabular auf Autos aus. Zur Einleitung betrachtete Herr Blecha ein Bild im Buch, auf dem ein junges Paar an einem Käfer lehnte.

»Das sind wir mit unserem ersten Auto. Wir waren sehr stolz darauf«, las er die Bildunterschrift.

Er hielt inne. »Was bedeutet *stolz*?«

»Wenn ich zum Beispiel ein wichtiges Projekt gut zu Ende bringe, dann bin ich stolz.« Ich streckte die Nase in die Höhe und ließ meine Brust anschwellen.

»Ach sooo.« Herr Blecha holte das Foto eines etwa dreijährigen Mädchens aus seinem Geldbeutel. Er strich mit den Fingern darüber. »Ich bin auch stolz auf meine Tochter.« Sein zärtlicher Blick rührte mich zu Tränen, und für den Bruchteil einer Sekunde sah ich in dem Mann nicht meinen Schüler, sondern einen liebevollen Vater, der seine Tochter im Arm herumwirbelte, mit ihr lachte und herumtobte, ihr eine Kette aus Gänseblümchen flocht und an ihrem Geburtstag half, die Kerzen auf der Torte auszupusten. Der Mann, der keiner Fliege etwas zuleide tun konnte.

Plötzlich schossen seine Hände auf mich zu. Ich brachte gerade noch einen erstickten Aufschrei zustande, bevor Herr Blecha mein Buch an sich riss und es zuknallte. Dann machte er es wieder auf und legte es vor mich hin. An der Stirn des Mannes, der an seinem Käfer lehnte, klebte die plattgedrückte Spinne wie ein drittes Auge. Entsetzt richtete ich meinen Blick auf meinen Schüler, doch der schaute seelenruhig an mir vorbei auf die Zeichnung mit dem Bahnhof, dem Zug und dem Merksatz.

»Verben machen die Sprache lebendiger«, murmelte er. »Jaaaa, kann ich auch sagen, ich stelze auf meine Tochter?«

DER KOLLEGE, DAS UNBEKANNTE WESEN

Meine Kollegin Cathy ließ wie immer auf sich warten. Ich saß in meinem Auto vor ihrem Wohnhaus und trommelte mit den Fingerknöcheln auf das Lenkrad. Cathy lebte schon drei Jahre in Deutschland, aber von deutscher Pünktlichkeit hielt sie genauso viel wie von einem Loch im Zahn. Spätestens in einer Viertelstunde sollten wir im Restaurant erscheinen, zu dem Abendessen, das Frau Kleber jeden Januar für die Lehrer von Sprechfit veranstaltete. Das schafften wir nie. Ich wählte gerade ihre Telefonnummer, als sie aus dem Haus hetzte, die Beifahrertür fast aus den Scharnieren riss und auf den Sitz plumpste.

»Angie, wir sind spät dran!«

Ach.

Cathy warf ihre Handtasche auf den Boden und zog die Knie an. »Ich sag's dir, diese Woche, eine reine Katastrophe!«

»Was ist denn ...?«

»Montag: Die einzige mir bekannte Straße zur Firma Polkrath ist gesperrt. Keine Umleitung ausgeschildert. Kurs gewungenerdingsbums ... wie heißt das?«

»Gezwungenermaßen?«

»Genau, abgesagt. Dienstag: Herr Ziegler sagt ab, als ich auf dem Besucherparkplatz ankomme. Mittwoch: Auto ist den ganzen Tag in der Werkstatt. Alle Kurse abgesagt. Donnerstag: Siebzehn Kilometer Stau auf der Autobahn. Morgenkurse abgesagt. Gerade eben: Tippe monatliche Rechnung in den Computer, führe jeden Kurs auf, rechne gemachte Stunden aus, scanne Unterschriftenlisten ein. Und rate mal!«

Computer stürzt ab?

»Computer stürzt ab!«

Armes Tierchen.

Cathy drehte sich zu mir. »Ganz ehrlich, Angie, denkst du in solchen Momenten auch manchmal daran, das Handtuch zu schleudern?«

»Niemals«, antwortete ich und zwinkerte ihr zu.

Das griechische Restaurant, das Frau Kleber für das Abendessen ausgewählt hatte, lag in einer ruhigen Seitenstraße, drinnen jedoch ging es zu wie auf einem orientalischen Basar. Frau Kleber hatte gleich den ganzen hinteren Raum für unser Treffen gemietet, in dem sich etwa dreißig Kollegen um ein Buffet scharten und schnatterten, was das Zeug hielt. Viele der Gesichter kannte ich nicht. Offenbar hatte sich auch innerhalb des letzten Jahres an der Schule einiges getan, neue Lehrer waren dazugekommen, andere hatten sich klammheimlich verabschiedet.

Einsame Wölfe konnte man uns nennen. Wir huschten von Firma zu Firma, Kollegen bekamen wir dabei kaum zu Gesicht. Wenn der Zufall es wollte, liefen wir uns in der Schule beim Kopieren über den Weg, aber für mehr als ein »Hallo, wie geht's?« reichte die Zeit selten aus.

Cathy und ich setzten uns zu einigen mir bekannten Lehrern an den Tisch und bald unterhielten wir uns angeregt über unser aller Lieblingsthema: die Schüler.

»Meine Slowenin hat gesagt, sie habe deutsche Würze, anstatt Wurzeln«, sagte meine Kollegin Antje und knabberte giggelnd an einem Souvlaki-Spieß.

»Wisst ihr, was mein Italiener behauptet hat?«, warf Merle ein. »Dass es ihm morgens schwerfällt, sich aufzustehen.«

Unsere italienische Kollegin Carla wieherte am lautesten. »Ja, bei uns heißt das *alzarsi*, übersetzt also tatsächlich *sich aufstehen*, das ist reflexiv.«

Englischlehrerin Harriet schaltete sich ein. »Heute Mittag hat mein Herr Pichle gesagt: ›*My wife has become a baby.*‹ Sie ist ein Baby geworden!« Sie gackerte los und schlug auf den Tisch, dass die Gläser klirrten.

»Ich habe meinen drei deutschen Managern ein elektronisches Wörterbuch zum Ausprobieren überlassen«, erzählte Cathy. »Dreimal dürft ihr raten, was für schamlose Wörter die nachgeschlagen haben.«

»Oh Mann, natürlich. Das Gerät hat eine automatische Speicherfunktion!« rief Harriet, und wir platzten fast vor Lachen.

Weitere Anekdoten folgten, bis wir erschöpft gegen unsere Stuhllehnen sanken. Bald diskutierten wir über Sprache, worüber sonst?

»Nächsten Monat fliegen wir nach Québec«, sagte Französischlehrerin Louanne. »Die sprechen einen sehr komischen Dialekt dort.«

Bei dem Wort *fliegen* ließ sie ihre Hand durch die Luft schweben, und bei dem Wort *sprechen* ahmte sie mit den Fingern einen Schnabel nach.

»Was genau ist der Unterschied« – ich bewegte meine Hände in einer senkrechten Bewegung aneinander vorbei – »zwischen Standardfranzösisch und Québécois?«

»Der ist groß.« Louanne streckte ihren Arm nach oben.

Ja, die lieben Kollegen. Selbst wenn man den Ton abstellen würde, uns Sprachenlehrer könnte jeder anhand der pädagogischen Gesten enttarnen.

»Ach übrigens«, sagte Louanne plötzlich. »Hast du Kurse bei der Firma Polkrath?«

Klar hatte ich die, genau wie Cathy. Dort unterrichtete ich

meinen Rumänen Cosmin, inzwischen auch einen sehr netten Spanier und einen Argentinier.

»Ist echt doof, dass du deine Schüler bald abgeben musst.«

»Ich muss was?«

»Hast du deine E-Mails heute nicht gelesen? Die Firma hat uns durch eine günstigere Schule ersetzt.«

»Sie hat was?« Mein Blick flog zu Cathy, die wie versteinert dasaß.

»Noch etwas zu trinken?«, fragte der Kellner.

Ich versank in meinem Stuhl. »Bringen Sie mir ein Bier.«

Cathy zupfte den jungen Mann am Ärmel: »Für mich eine Cola. Mit drei Stuss Wodka.«

DIE LUSTIGE LISTE

Kaito verließ Deutschland. Nach zwei Jahren gemeinsamen Deutschunterrichts packte mein Lieblingsschüler seine Koffer, um nach Japan zurückzukehren. Ich verspürte einen Druck in der Magengegend, als ich unser Besprechungszimmer zum letzten Mal betrat. Kaito kam wie immer zu spät. Aus einer Papiertüte zauberte er Muffins und zwei Becher Kaffee hervor.

»Was war für dich das Interessanteste an deinem Aufenthalt in Deutschland?«, wollte ich von ihm wissen, nachdem wir die Muffins verschlungen hatten.

Diesmal überlegte Kaito nicht lange. »Die Frauen.«

»Die Frauen?«

»Ja, deutsche Frauen sind natürlich, tragen nicht viele Schminke. Sie sind sportlich, direkt und«, er warf eine Faust nach vorne, »energisch!«

Wer hätte das gedacht? Wir ließen Kaitos Erlebnisse in Deutschland Revue passieren, sprachen über Zukunftspläne, lachten wie so oft ohne erkennbaren Grund miteinander. Ich lobte sein mittlerweile sehr gutes Deutsch, er schenkte mir zum dritten Mal ein Paar handgefertigte Stäbchen.

Dann war der Kurs vorbei. Zum Abschied reichte ich ihm die Hand. Er hielt sie einen Moment länger als nötig, drehte sich um, »schluffte« den Flur hinunter und verschwand noch ein letztes Mal winkend hinter einer Ecke.

Da ging er nun hin mit all seiner unfreiwilligen Komik, mit seinen kreativen Wortspielereien, mit seinem verschlafenen

Gesichtsausdruck und mit seiner Frau Kichi, die mir ebenso ans
Herz gewachsen war wie er. Keine SMS mehr, dass er Verspätung hatte, nie wieder Gespräche über japanische Sitten, keine
Besuche mehr im Firmencafé während des Unterrichts. Und nie
wieder Abendessen zusammen.

Als Marco am Abend nach Hause kam, lag ich zusammengekau-
ert auf dem Sofa.

»Erinnerst du dich, als Kaito anstatt nach Frankfurt-Hahn
zum Frankfurter Flughafen gefahren ist, weil er nicht wusste,
dass es sich um zwei verschiedene Orte handelt?«

Marco setzte sich zu mir. »Du vermisst ihn jetzt schon, nicht
wahr?«

»Und weißt du noch, als ihm das Wort *Schwiegertochter* nicht
eingefallen ist und er Kichi stattdessen als schwierige Tochter
seiner Eltern bezeichnet hat? Oder als er dachte, ein Schlafanzug
sei ein formelles Kleidungsstück zum Schlafen?«

Marco rubbelte mir über die Augenbrauen. »Schokolade?«

Kopfschüttelnd streckte ich meinen Arm aus. »Laptop.«

Auf Marcos Stirn bildeten sich Sorgenfalten. Schokolade
auszuschlagen war kein gutes Zeichen. Ich richtete mich auf,
platzierte den Computer auf meinen Knien und rief die lustige
Liste auf.

Die lustige Liste war eine Sammlung witziger Situationen und
Sprachverirrungen aus meinen Deutschkursen, zudem einiger
skurriler Erfahrungen meiner Schüler während ihres Aufent-
halts in Deutschland.

Ich gab Kaitos Name in die Suchfunktion ein.

»Ach ja, guck mal. Als wir die Urlaubsklamotten lernten, dachte Kaito, der Badeanzug würde in Baden-Baden hergestellt. Und
dann wunderte er sich darüber, dass der Bikini, den nur Frauen
tragen, einen männlichen Artikel hat.«

»Wir werden bestimmt mit ihm in Kontakt bleiben«, versuchte Marco mich zu trösten. Ich zog geräuschvoll die Nase hoch. Würden wir das? Ich scrollte durch meine Notizen. Unzählige Namen flogen über den Bildschirm. Wie viele Schüler hatte ich in den letzten drei Jahren wohl unterrichtet? Manche belegten nur mehrwöchige Intensivkurse, andere blieben wenige Monate, doch die meisten begleitete ich jahrelang, bis sie in ihre Länder zurückgingen. Vom größten Teil hörte ich nie wieder, einige meldeten sich anfangs noch sporadisch, bis der Kontakt schlussendlich im Sande verlief. Wie ihr Leben wohl verlaufen sein mochte, nachdem sie Deutschland verlassen hatten?

Auf zwanzig Seiten war die lustige Liste bereits angewachsen. Zwanzig Seiten, die bunte Geschichten erzählten, von Begegnungen mit fremden Kulturen, vom Gedankenaustausch, vom voneinander Lernen und miteinander Lachen.

»Alle weg«, sagte ich traurig und klappte den Laptop zu.

Marco zupfte an seinem Kinnbart. »Dafür sind sie ein Teil deiner Erinnerungen und du bist ein Teil ihrer. Wenn sie an die Jahre in Deutschland denken, bist du sofort für sie präsent.«

Also gut, ein bisschen tröstete mich das. Ich rollte mich gerade auf Marcos Schoß zusammen, als eine SMS einging.

Konnichiwa angelika!
Übrigens, kichi und ich würden uns freuen, wenn ihr uns in japan besucht!! Vielleicht nächstes jahr?
Viele grüße, kaito

Ich strahlte wie eine Herde Smileys, und ein Freudenträchen tropfte aus meinem Auge.

»Na, siehst du?«, sagte Marco. »Jetzt ist alles wieder in Ordnung.«

Ich fiel ihm um den Hals. »Zu neunzig Prozent.«

»Kann ich etwas zu den übrigen zehn beitragen?«

»Och.«

Marco stand auf. »Welche willst du?«

»Vollmilch mit Nuss, bitte.«

AUFBRUCH NACH BRÜSSEL

Mein spanischer Schüler, Herr Costa, rückte am Freitagvormittag seine Brille zurecht und blätterte hastig durch das Kursbuch, bis er seine Hausaufgabe gefunden hatte. Er beugte sich über die Übung, strich mit dem Finger unter dem ersten Satz entlang und murmelte eine Probeversion in seinen Oberlippenbart, bevor er laut vorlas. »Thomas spiel-t Klavier.«

Ich brummte meine Zustimmung. Das Lehrbuch lag locker auf meinem Schoß, ich lehnte mich entspannt zurück und genoss die herbstliche Morgenruhe im Unterrichtsraum der Firma Wallus GmbH.

»Ich koch-e eine Suppe.«

Die gute alte Verbkonjugation. Da musste jeder neue Schüler durch. Verglichen mit anderen grammatischen Themen war sie allerdings ein Klacks, mit einer Ausnahme …

»Ihr sammel-n Briefmarken.«

Ich stand schon am Whiteboard, denn diese Antwort hatte ich erwartet. Die Verwendung der zweiten Person Plural bereitete fast allen Deutschanfängern Schwierigkeiten. Ich zeichnete einen Hamburger an die Tafel.

»Oben und unten haben wir im Plural immer die Endung -en«, erläuterte ich, »aber hier in der Mitte ist die Endung -t.« Ich klatschte einmal in die Hände, was das zwischen den beiden Brötchenhälften plattgedrückte *T* verdeutlichen sollte. Herr Costa schlug sein Heft auf und malte meine Zeichnung ab. Noch verhielt er sich etwas steif, immerhin war es erst unsere dritte Stunde. Doch bald würde sich diese Schüchternheit legen, wie sie es immer tat. Ich setzte mich wieder hin und schaute liebevoll meinen treuen Hamburger an. Wie oft war er schon aus meinem Stift geflossen? Während meine Schüler ihn anfangs noch für eine offene Tupperschüssel hielten, hatte er mittlerweile seinen eigenen künstlerischen Ausdruck gefunden. Inzwischen sah er richtig lecker aus, fand ich.

»Meine Nachbarn heiß-en Johannes und Klaudia«, fuhr Herr Costa fort.

Ich lehnte mich wieder nach hinten und überflog die Übung. Für den Rest der Sätze waren keine Probleme zu erwarten. Meine Gedanken schweiften zum nahenden Wochenende ab. Der neue Film mit Tom Hanks war angelaufen, den wollten Marco und ich unbedingt sehen. Oder sollten wir doch lieber mit Cathy und ihrem neuen Freund in den Jazzclub gehen?

Mein Magen juckte. In letzter Zeit tat er das öfter, immer im Unterricht. Obwohl, ein Jucken war es nicht, mehr eine kribbelnde Unruhe, so als würden Brennnesseln drin wachsen. Oder Kakerlaken.

»Sandra wohn-t in Berlin.«

Ich kratzte mich über dem Bauchnabel. Am Sonntag könnten wir alle zusammen nach Straßburg fahren. Natürlich nur, wenn der Regen endlich aufhörte.

Herr Costa hatte fertig vorgelesen und folgte der Bewegung meiner kratzenden Hand mit Interesse. Ich steckte sie in meine Hosentasche. »Gehen Sie jetzt bitte auf Seite fünfzehn zu

Nummer eins«, sagte ich automatisch, ohne ins Buch zu gucken, denn das kannte ich in- und auswendig. Unser nächstes Thema waren die Ländernamen. Ich ließ meinen Schüler die richtige Aussprache auf der CD hören und das Gehörte wiederholen. Dann ordnete er den Ländern die Amtssprachen zu.

»In Frankreich sprechen die Leute Französisch. In Portugal sprechen die Leute Portugiesisch …«

Dieses verflixte Jucken! Meine Aufmerksamkeit fiel auf einen Vogel, der genau vor unserem Fenster einen Wurm aus der Erde zog. Wie niedlich. Dem war bestimmt nie langweilig. Langweilig? Die Kakerlaken in meinem Magen liefen Amok. Oh Gott, das war es: Mir war langweilig!

»Marco, wie kann mir langweilig sein? Ich meine, ich habe tagtäglich mit den verschiedensten Menschen zu tun, ich tue nichts lieber, als mit ihnen zu kommunizieren, sie zu unterrichten. Langeweile? Das geht doch nicht!«

Marco drückte mich auf das Sofa. »Beruhige dich. Ich muss dir etwas Wichtiges erzählen.«

Ich sprang auf und rannte wie ein aufgeputschtes Eichhörnchen durch das Wohnzimmer. »Ist das etwa der Anfang vom Ende? Ein Prozess, der voranschreitet? In dem Job gibt es keine Aufstiegsmöglichkeiten, keine neuen Aufgaben, keine Herausforderungen …«

Marco schob mir einen Stuhl gegen die Kniekehlen. Ich fiel nach hinten, und er stellte sich mit ausgebreiteten Armen vor mich. »Darf *ich* mal was sagen?«

Ich entwischte unter seinem rechten Arm hindurch. »Ich mache den Job doch gern. Was, wenn sich die Freude daran ins Gegenteil verkehrt? Muss ich dann eine andere Arbeit suchen? Was, wenn die mir nicht gefällt? Womöglich brauche ich einfach einen Tapetenwechsel. Vielleicht sollte ich anderswo unterrichten, an der Uni oder im Ausland. Aber Ausland geht nicht, weil du bist hier und ich meine: Das-ist-doch-nicht-möglich!«

»Fragolina?«

»Was?«

Marco gab mir einen Schubs, und ich landete auf dem Sessel. Bevor ich aufspringen konnte, hopste er auf meinen Schoß, nahm mich in den Schwitzkasten und drückte mir die Nase zu.

»Übrigens, was ich sagen wollte: Ich bin nach Brüssel versetzt worden. Im Januar geht's los.«

»Brüzl? Aber da gibds doch dur Pobbes zub essen!«

Die nächsten Monate surfte ich im Internet, suchte nach Sprachinstituten und Universitäten in Brüssel, schrieb Blindbewerbungen, druckte sie auf blitzweißem Papier aus und schickte sie dann doch per E-Mail ab. Alle auf einmal. Drei Wochen vor dem Umzug nahm ich schweren und gleichzeitig leichten Herzens Abschied von Frau Kleber und meinen Schülern. Der Weihnachtsurlaub konnte kommen! Eine Woche vor dem Umzug hatte ich immer noch keine Reaktion auf meine Bewerbungen. Ich versuchte mich abzulenken und packte die Umzugskisten zum fünften Mal ein und aus.

»Bist du aufgeregt?«, fragte mich Marco am Tag vor der Abreise.

Wir saßen auf zwei Umzugskartons im Wohnzimmer und knabberten an den Resten eines Take-away-Salates.

»Aufgeregt? Kannst du dir überhaupt vorstellen, wie das ist, in einem anderen Land zu leben, inmitten fremder Kultur, Sprache und Menschen?«

»Nö, die Erfahrung habe ich nie gemacht.« Marco kullerte mit den Augen.

»Und dann natürlich der neue Job.« Ich schob mir eine grüne Scheibe, wahrscheinlich Gurke, in den Mund. »Falls ich einen kriege. Was wenn die niemanden …?«

Mein Handy klingelte.

»Frau Bohn? Hier spricht Frau Moltke vom Brüsseler Sprachinstitut À propos.«

Ich bohrte meine Finger in Marcos Oberschenkel. Mein Trauminstitut! Frau Moltke stellte mir einige Fragen zum Lebenslauf, ich erkundigte mich nach den beruflichen Bedingungen. Die Arbeitsauslastung klang vernünftig, das Honorar auch, die Kurse fanden hauptsächlich bei einer großen internationalen Firma statt, alle im selben Gebäude. Rumfahrerei ade! Brüssel bonjour!

»Es gibt nur einen Haken an der Sache«, sagte Frau Moltke.

»Aua!« Marco trennte meine Finger von seinem Bein.

»Die Kurse beginnen schon in vier Tagen, also am kommenden Montag.«

Ach so, wenn es weiter nichts war. Mit meiner Erfahrung würde ich die Teilnehmer auch kurzfristig übernehmen können.

»Hier sind die Eckdaten, damit Sie eine Vorstellung haben. Die Kurse bewegen sich auf dem Niveau Anfänger bis Fortgeschrittene und dauern je vier Monate, Teilnehmer gibt es in jedem Kurs etwa fünfzehn.«

Ich drückte das Telefon fester an mein Ohr. »Sagten Sie fünfzehn?«

»Steht auf unserer Internetseite nicht, dass wir überwiegend Gruppenkurse von circa fünfzehn Leuten unterrichten?«

»Also nicht direkt …«

»Na, dann ist ja alles in bester Ordnung«, flötete Frau Moltke und legte auf.

Ich ließ das Handy an meiner Wange hinuntergleiten. »Marco,

wie viele Einzelmenschen befinden sich in einer Gruppe von fünfzehn?«

»Äh, fünfzehn?«

Da soll mich doch der Teufel holen!

TEIL II

BRÜSSEL

Ein Hoch auf die deutsche Bürokratie

»Um Himmels willen, Kindchen, geht es Ihnen gut? Sie sind ja ganz blass um die Nase!«

Ehrlich gesagt war der Zustand meiner Nase in diesem Moment mein kleinstes Problem. Ich stolperte die wackligen Stufen im Vorraum des Sprachinstituts À propos hinauf – direkt in die Ärmchen einer Frau mit mausgrauer Dauerwelle, die mich sofort in ihr Büro führte und mir ein Glas Wasser einschenkte. Mit zitternden Gliedmaßen sank ich auf den Stuhl vor ihrem Schreibtisch.

»Frau Mo... Moltke?«, pfiff es aus meinen Lungen.

»Frau Bohn, sind Sie das? Was ist Ihnen denn zugestoßen?« Sie setzte die runde Brille auf, die an einer Schnur um ihren Hals hing, beugte sich nach vorne und musterte mein Gesicht.

Mit einer anklagenden Geste deutete ich aus dem Fenster. Auf der vierspurigen Hauptstraße, an der das Institut lag, rasten Fahrzeuge vorbei, wechselten halsbrecherisch die Spur, hupten, als gäbe es kein Morgen.

»Ich steige aus dem Auto meines Freundes, warte an Fußgängerampel, kein Verkehr weit und breit, dann Polizist auf Motorrad, hält an Kreuzung und hebt Arm.« Meine Worte überschlugen sich. »Ich verstehe nichts, Ampel wird grün, ich über die Straße, plötzlich von oben langes schwarzes Auto, flankiert von vier Polizisten, rast auf mich zu, sooo nah an mir vorbei!« Ich streckte Frau Moltke das leere Wasserglas hin, und sie schenkte nach.

»Ach, Kindchen, das war nur eine Eskorte. Zurzeit findet ein

EU-Gipfel statt, und in dem Wagen saß bestimmt ein wichtiger Politiker. So was ist hier an der Tagesordnung.«

Tagesordnung? Da, wo ich herkam, waren Weinberge und zwitschernde Vögel an der Tagesordnung, zugegeben, auch Staus und Baustellen oder ab und zu Unfälle, aber keine von Polizisten umrahmten Limousinen, die arglose Fußgänger anfielen. Ich nahm mir vor, in Brüssel nie wieder eine Straße zu überqueren, vor allem nicht bei Grün.

»Na dann, an die Arbeit«, zwitscherte Frau Moltke und schob einen Zentner Lehrbücher über den Tisch auf mich zu. »Wie ich bereits am Telefon sagte, geben wir hauptsächlich Kurse bei dem internationalen Technologiekonzern Paddle & Roll Inc., etwa eine Viertelstunde mit der Metro von hier entfernt. Ein Unterrichtsjahr ist in viermonatige Semester unterteilt. Jeder Kurs findet zweimal pro Woche statt und dauert jeweils zwei Stunden. Am Ende eines Semesters sollten die Teilnehmer dann selbstverständlich das angestrebte Sprachniveau erreicht haben.«

»Und wie können sie das nachweisen?«

Frau Moltke hob eine Augenbraue. »Na, durch das Bestehen eines Examens.«

Ein Examen? So richtig mit Fragen und Noten? Ich dachte an Alberto und Co., die ein Jahr und länger auf Anfängerniveau gezeltet hatten, ohne jemandem in der Firma Rechenschaft über ihren mangelnden Fortschritt ablegen zu müssen. Ein Examen hätte ihnen sicherlich Feuer unter dem Hintern gemacht.

»Aus welchen Berufssparten kommen die Leute?«

»Aus allen. Sekretärinnen, Projektleiter, Manager, was Sie wollen.«

»Und die Teilnehmer begleite ich, wie in Deutschland auch, mehrere Jahre lang, nicht wahr?«

»Jahre?« Frau Moltke schlug die Hände vor den Mund. »Gott bewahre! Neues Semester, neue Gruppen. So können Sie nämlich Ihre Witze recyceln.« Sie zwinkerte mir zu. »Zwischen den Semestern gibt es im Sommer übrigens zwei Monate lang Intensivkurse. Hier ist Ihr Stundenplan. Im nächsten Semester habe ich Sie für sechs Gruppenkurse eingeteilt, die direkt bei der Firma Paddle & Roll Inc. stattfinden. Außerdem könnten Sie bei uns im Haus zwei Individualschüler unterrichten. Wenn Sie wollen, natürlich.« Sie stand auf und ging zur Tür. »Kommen Sie?«

»Wohin?«

»Gott, Kindchen, sind Sie neugierig!«

Frau Moltke führte mich in den ersten Stock des Gebäudes, zeigte mir das Sekretariat und die Küche, anschließend die Unterrichtsräume, die Bibliothek und das angrenzende Lehrerzimmer in der zweiten Etage. Ehrfürchtig betrachtete ich das schiefe Treppengeländer und die Risse in den Wänden, die antiken Regale und die abgegriffenen Bücher und atmete die staubige Weisheit ein, die sich in den Räumen festgesaugt hatte. Irgendwie fühlte ich mich wie auf Hogwarts. Hoffentlich kam nicht gleich ein fast kopfloser Geist mit Puffärmeln um die Ecke.

»Das dort ist das Reich von Herrn Krüger, dem Leiter des Instituts.« Frau Moltke wies auf eine geschlossene Bürotür am Ende des Korridors weit hinter der Bibliothek. »Der ist aber oft auf Reisen.«

Hammer! Genau wie Professor Dumbledore!

Zurück in ihrem Büro packte Frau Moltke meine Lehrbücher in eine riesige Plastiktüte. »Übrigens, es wäre besser, wenn Sie sich heute noch beim Rathaus anmeldeten. Ab nächster Woche werden Sie keine Zeit mehr dafür haben.« Sie beschrieb mir den Weg zum zuständigen Amt und brachte mich zur Eingangstür.

»Na dann, Kindchen!« Sie drückte mir mütterlich den Oberarm. »Willkommen in Brüssel.«

Ich öffnete die Tür zur Straße und wurde von einer Abgaswolke erschlagen.

Brüssel – Hauptstadt Belgiens und gleichzeitig Europas! Der Ort, an dem alle wichtigen politischen Entscheidungen getroffen wurden. Eine Million Einwohner tummelten sich auf diesem Fleckchen Erde, das der Legende nach im sechsten Jahrhundert entstanden und mittlerweile auf neunzehn Gemeinden angewachsen war. Mit dem Auto hatte man in dieser Stadt schlechte Karten, mit der Metro hingegen gute Chancen, dort anzukommen, wo man hinwollte.

Auf dem Weg zur nächsten Station lief ich an barocken und klassizistischen Gebäuden vorbei, bewunderte eigenwillige Jugendstilbauten mit ihren Ornamenten und geschwungenen Formen. An Wohnungsfenstern hingen belgische Flaggen, mit denen die Bürger gegen eine mögliche Trennung des niederländisch-sprachigen Flanderns von dem französisch-sprachigen Wallonien protestierten, sowie hin und wieder Zu-Vermieten-Schilder für Menschen auf Wohnungssuche. *Zu vermieten* heißt auf Französisch *à louer*, auf Niederländisch allerdings *te huur*. Hihi, das musste ich unbedingt Marco zeigen!

Marcos und mein neues Domizil lag am Stadtrand, umgeben von zurzeit kahlen Bäumen, in der Nähe eines Parks mit zwei Seen. Marcos Firma hatte das niedliche Häuschen für uns ausfindig und bereits vor unserer Ankunft bezugsfertig gemacht.

Der Abschied von Deutschland war kurz und schmerzhaft verlaufen, doch hatte sich der Trennungsschmerz auf der langen Autofahrt in blanke Neugier verwandelt. Ein anderes Land, fremde Menschen, eine neu zu entdeckende Kultur – wie aufregend!

Ah, da war die Metrostation. Ich stieg die Treppe in die schwach beleuchteten Gänge hinunter, beobachtete ein Kind beim Lösen einer Fahrkarte und machte es ihm nach. Und jetzt wohin? Mehrere Metros fuhren von dieser Station ab, jede zu einem anderen Ziel. Akribisch studierte ich die Haltestellen auf den Informationstafeln, Menschen strömten an mir vorbei, in das Stimmengewirr mischte sich das Quietschen einfahrender Bahnen. So wie es aussah, musste ich nach links die Treppe hinunter. Ich benachrichtigte Marco und suchte mir ein freies Plätzchen auf dem Bahnsteig. Die Metro kam. Und was für ein lautes Ungetüm!

Der Mann, neben dem ich im Wagen zu stehen kam, hatte eine Glatze. Dafür sprossen Haare in Form von Büscheln aus seiner Achselhöhle, genau auf meine Nase zu. Trotz der Januartemperaturen von minus fünf Grad trug er nur ein T-Shirt, darüber eine ärmellose Weste aus Kunstfell. Er hielt sich an der Halteschlaufe über seinem Kopf fest, mit der anderen Hand schob er ein matschiges Sandwich, das Zwiebelgestank verströmte, in seinen Mund.

Ich schaute mich nach einem Fluchtweg um. Schwierig. Rechts und links, hinten und vorne pressten sich Menschen an mich. Langsam wurde die Luft stickig. Ich atmete stoßweise. Die Bahn jagte durch dunkle Schächte, bremste, nahm wieder Fahrt auf, lud mehr Fahrgäste ein als aus. Die nächste Haltestelle war meine.

»Pardon, pardon«, rief ich in die Menge, eines der wenigen französischen Wörter, an die ich mich aus Schulzeiten noch erinnern konnte. Um mich herum löste sich eine Menschentraube und bugsierte mich zur Tür. Ich nahm die Rolltreppe hinauf ans Tageslicht.

»Da bist du ja endlich.« Marco gab mir einen Kuss und ließ mich an einem heißen Kakao nippen, den er im Stationscafé geholt hatte. Zehn Gehminuten später kamen wir beim Rathaus an, fünf Minuten später standen wir wieder auf der Straße. Wie wir erfahren hatten, lag unser Haus nicht mehr im Stadtbereich Brüssel, sondern ganze zwanzig Schritte außerhalb und gehörte somit zum Regierungsbezirk Flandern.

»Puh.« Marco pustete warme Luft in seine Hände. »Noch einen Kakao?«

»Wie wär's, wir entern gleich das Café?« Bei den Temperaturen hätte ich in Heißgetränken baden können.

»Jetzt sei nicht albern, das ist doch selbst in Belgien strafbar! Oder?«

Das flämische Rathaus befand sich in einer schmalen Seitengasse. Wir klopften an die Tür des Einwohnermeldeamtes, traten in das Großraumbüro, liefen vorbei an dem Schild *bevolking* und folgten stattdessen der Aufschrift *vreemdelingen*, was wohl Ausländer bedeutete.

»*Bonjour!*«, rief ich der einzigen freien Sachbearbeiterin entgegen.

Die Dame musterte mich mit einem misstrauischen Blick.

»*Dag!*«, sagte sie schließlich mit Nachdruck. Sie trug eine blaue Bluse, ein blaues Halstuch und – ich legte meine Riesentüte auf den Boden und linste unter den Tisch – einen blauen Rock und blaue Stiefeletten. Wäre sie blond gewesen, hätte sie glatt als Zweitbesetzung für Schlumpfine durchgehen können. Mithilfe der englischen Sprache nahm sie unsere Personalien auf und legte uns dann ein Dokument vor. Sie pochte mit einem blauen Fingernagel auf das Kästchen für die Unterschrift. Ich besah mir das Formular eingehend. Der Text war auf Niederländisch.

»Was ist das?«

»Ein administratives Papier.«

»Das sehe ich. Was steht da drauf?«

»Das ist nichts Verbotenes«, blaffte sie mich an.

»Ja, aber haben Sie das Dokument vielleicht auf Englisch?«

Schlumpfine schüttelte den Kopf.

»Oder auf Deutsch?« Immerhin war Deutsch, neben Französisch und Niederländisch die dritte offizielle Sprache Belgiens. Die Dame presste die Lippen zusammen. Ihr Gesicht lief dunkelrot an, ein Ton, der überhaupt nicht zu ihrem Outfit passte.

»Wenn Sie deutsche Dokumente haben wollen, müssen Sie in den Osten Belgiens gehen!« Sie warf ihren Arm in eine Himmelsrichtung, die wahrscheinlich besagten Osten bezeichnete. Marco und ich wechselten einen erschrockenen Blick, kritzelten unsere Namen auf das Papier und flüchteten aus dem düsteren Amt hinaus in die Wintersonne. Auf den kalten Stufen des Rathauses ließen wir uns nieder.

»Marco, was ist da drin gerade passiert?«

»Wer weiß? Hoffentlich haben wir mit der Unterschrift keine Zeitschrift abonniert.«

»Oder kriminelle Machenschaften zugegeben.«

Marco streckte die Arme aus und mimte einen Zombie mit Grabesstimme. »Oder unsere Seelen verkauft.«

Wir prusteten los. Ich dachte an meine Schüler in Deutschland, an ihre Probleme mit Fahrschulen, Versicherungen und diversen Behörden, an die Telefonanrufe, die ich auf ihren Wunsch hin getätigt, an Briefe, die ich für sie aufgesetzt hatte. Ob so was auch auf uns zukommen würde? Würden wir von selbstständigen Erwachsenen zu hilflosen Individuen mutieren und ständig auf die Unterstützung anderer angewiesen sein?

»Gott sei Dank, sprechen hier selbst die Bäcker Englisch«, sagte Marco.

Stimmt, das erleichterte die Sache. Zumindest so lange, bis wir die Landessprache(n) beherrschten.

»Ist trotzdem nicht einfach, oder?« Marco haute mir scherzhaft den Ellenbogen in die Rippen. Ich knuffte zurück.

»*Excuseer, mevrouw.*« Eine alte Dame tippte mit ihrem Gehstock an mein Schienbein. »*Kunt u mij zeggen ...*« Sie sah meinen hilflosen Blick und hielt inne. »*Vreemdelingen?*«

Als ich nickte, tätschelte sie mir verständnisvoll die Wange, wühlte in ihrer Handtasche, drückte uns je ein Bonbon in die Hand und ging ihres Weges. Perplex schauten wir ihr nach.

»Nee, einfach ist es nicht.« Das Bonbon schimmerte golden im Sonnenlicht. Ich steckte es mir in den Mund und schnappte mir auch Marcos, bevor er die Finger darüber schließen konnte. »Aber irgendwie doch ganz lustig.«

SELBSTZWEIFEL

Ommmmm, ommmmm. Es half kein bisschen. Seit Stunden kriegte ich kein Auge zu. Stattdessen rollte ich im Bett hin und her, malte mir den Unterricht am nächsten Morgen in verschiedenen Schwarztönen aus und versuchte dabei, Marco nicht aufzuwecken.

»Kannst du nicht schlafen?«

Mist.

Er rutschte auf meine Seite und massierte mir den Nasenknochen. »Jetzt sei doch nicht so nervös, du besitzt mehr als genug Unterrichtserfahrung. Und die Gruppen schaffst du bestimmt mit links.«

»Aber bisher habe ich nur selten Gruppen unterrichtet und dann höchstens vier Teilnehmer zusammen, nicht ganze fünfzehn!« Das musste man sich mal geben. Fünfzehn! Das waren drei mal fünf Leute. Fünfzehn Köpfe, die beschäftigt werden wollten. Fünfzehn Münder, die Fragen stellen konnten. Und das Allerschlimmste: dreißig Augen, die mir auf den Hintern starren würden, während ich etwas an die Tafel schrieb. Ich beschloss, nur noch Schwarz zu tragen. Das kaschierte.

»Was, wenn ich eine so große Gruppe nicht leiten kann? Oder die Teilnehmer mich nicht ernst nehmen? Was, wenn ich nicht auf alle Fragen eine Antwort weiß? Und wie soll ich mich überhaupt geben? Kumpelhaft? Nett? Streng?«

»Jetzt mach dir keine Sorgen.« Marco rüttelte an meiner Oberlippe. »Denk an all die Schüler in Deutschland, die du erfolgreich unterrichtet hast. Wie mich, zum Beispiel. Ich finde, du kannst stolz von dir sein.«

»Marco?«

»Hm?«

»Wie stehen die Chancen, dass morgen früh die Welt untergeht?«

Am nächsten Morgen fiel die Metro aus. Ich hetzte die Hauptstraße hinunter zum Busbahnhof, warf mich zwischen zwei sich schließende Bustüren und suchte mir einen Sitzplatz hinten am Fenster. Während der Fahrer lauthals mit anderen Verkehrsteilnehmern schimpfte, blätterte ich noch einmal durch die Notizen für meinen ersten Kurs in Brüssel, eine einfache Mittelstufe. Die Fahrt im Berufsverkehr ging schleppend voran, bis wir eine Busspur erreichten und der Fahrer aufs Gas trat. Mit etwa siebzig Stundenkilometern raste er an Häusern, Wohnblocks und einem Tempo-50-Verkehrsschild vorbei, nahm in einem Kreisverkehr die falsche Ausfahrt, fluchte, bremste und vollführte ein waghalsiges Wendemanöver.

Eine halbe Stunde später wankte ich aus dem Bus und schlug den Weg zu meiner neuen Arbeitsstätte ein.

Die Gebäude der Firma Paddle & Roll Inc. standen in einer breiten Straße mit modernen Bürogebäuden aus Glas und einer imposanten Baustelle. Ich brauchte erst einmal dringend Koffein. Die Türen des Schulungsgebäudes mit der Nummer 17 öffneten sich automatisch und führten in einen warmen Empfangsraum mit glänzenden Fliesen und einer Sitzgarnitur aus braunem Leder. Ich ließ die Fahrstühle links liegen und folgte einem Pfeil zum Firmencafé.

An langen Tischen mit Holzstühlen nippten vereinzelte Menschen an Getränken oder knabberten an Croissants. Der Geruch von frischem Kaffee schwebte durch die Luft. Ich setzte mich in eine Ecke, schüttete einen Cappuccino mit Pappbechergeschmack hinunter und beobachtete die eintrudelnden Leute, die sich in einer immer länger werdenden Schlange anstellten. Männer in Anzug und Krawatte, elegante Frauen, in Rock oder Kostüm, sie bewegten sich kerzengerade und selbstbewusst und erweckten den Eindruck, als hätten sie das Geheimnis des Erfolgs eigenhändig erfunden. Ich schaute an mir hinunter. Schwarze Jeans, lila Pulli und mit Lammfell gefütterte Halbschuhe. Wenigstens wanderte Snoopy nicht wie gewöhnlich über meine Socken. An diesem Tag war es Tweety.

»Ist hier noch frei?« Ein Mann in meinem Alter ließ eine Ledertasche auf den Boden fallen, genau neben seine ausgelatschten Turnschuhe. Ein grauer sowjetischer Mantel bedeckte seinen Körper bis zu den Fußknöcheln, ein dunkler Pferdeschwanz lugte unter einer runden Kappe hervor, auf der Hammer und Sichel prangten.

»Bist du eine neue Lehrerin?«, fragte er in akzentfreiem British English und setzte sich neben mich.

»Und du Doktor Schiwago?«, rutschte es mir heraus. Klasse, jetzt hielt er mich für völlig übergeschnappt.

Der sowjetische Mantel lachte los, dabei zog er die Luft nach innen, wodurch er wie eine knarrende Tür klang. Er stellte seinen Kaffee auf den Tisch, befreite ein Sandwich aus einer Plastikfolie und rupfte mit den Zähnen ein Stück heraus.

»Ich bin Tim.« Er reichte mir seine mit Mayonnaise bekleckerte Hand. Wir hakten die kleinen Finger ineinander. »Englischlehrer«, fügte er hinzu.

»Angelika. Deutsch.« Ich richtete meine Augen wieder auf die Anzugträger. »Wie sind die denn so?«

»Och, brav wie Lämmchen. Im Grunde Menschen wie du und ich. Nur besser angezogen.« Tim zwinkerte mir zu und stieß seinen Kaffee um.

Sein Wort in Gottes Ohr. Ich warf einen Blick auf die Uhr und atmete tief durch. »Dann werd ich mal.«

»Du willst jetzt schon hoch?« Tim schob sich das letzte Stück Sandwich in den Mund. »Ist doch noch Zeit für ein zweites Frühstück.« Er leckte sich die Finger. »Aber klar. Erster Tag und so. Hey, falls du aufgeregt bist, kenn ich einen guten Trick. Stell dir die Leute ...«

»Ja, ich weiß, nackt vor.«

»Quatsch! Ich denk mir ihre Augenbrauen weg. Probier das mal, es sieht zum Schießen aus!«

Auf dem Weg durch das enge Treppenhaus zu den Unterrichtsräumen im dritten Stock drängten sich ungeduldige Sprachkursteilnehmer an mir und meinem Trolley vorbei. Was war der aber auch ungewöhnlich schwer! Neben den Büchern und üblichen Unterrichtsmaterialien schlitterte eine Tupperdose Kartoffelsalat und eine Thermoskanne Pfefferminztee darin herum. Und ausgerechnet zu Semesterbeginn war der Fahrstuhl kaputt. Ich wünschte Murphy und seinem Gesetz die schlimmsten Plagen an den Hals.

Durch die Tür, die vom Treppenhaus in die dritte Etage führte, trat ich in einen mit grünem Teppich ausgelegten Flur. Kursteilnehmer liefen hin und her und studierten den Belegungsplan, der neben den Unterrichtsräumen an der Wand hing.

Montag 8-10 Uhr: Französisch Niveau A1 (Anfänger) las ich im Vorbeigehen, Englisch Niveau C1 (Fortgeschrittene), Italienisch Niveau A2 (Anfänger mit Vorkenntnissen).

Dann fand ich, was ich gesucht hatte. Deutsch Niveau B1 (einfache Mittelstufe) stand auf dem Schild neben der vorletzten Tür. Darunter strotzte in roten Druckbuchstaben mein Name: Professeur Angelika Bohn.

Donnerwetter! Professeur? Sofort schoss ich fünf Zentimeter in die Höhe. Wenn das mal nicht wichtig klang.

Jetzt aber toi, toi, toi! Ich schubste die angelehnte Tür auf, Kopf hoch, Brust raus, und trat ein. Zu verkrampft. Der Trolley blieb im Türrahmen hängen. Sein Griff rutschte mir aus der Hand, und der Koffer landete krachend der Länge nach auf dem Boden. Ich fuhr herum, mein Oberkörper knickte nach unten, und sofort fühlte ich dreißig Pupillen an meinem Hintern kleben. Vor meinem inneren Auge blinkte in leuchtenden Lettern der Werbespruch eines bekannten Herstellers von Haarpflegeprodukten: *Because you never get a second chance to make a first impression.* Na toll!

Mit Füßen aus Blei stakste ich zum Lehrertisch. Durch meine nervös flatternden Augenlider bemerkte ich ein Regal, das die Wand links neben dem Whiteboard einnahm. Darauf saßen ein Fernseher, ein DVD-Player und ein Laptop. Rechts hing eine Deutschlandkarte. Ich stellte meinen Trolley ab und holte meine Bücher und die Anwesenheitsliste hervor. Die Kursteilnehmer an den im Halbkreis angeordneten Tischen verfolgten jede meiner Bewegungen.

»Guten Morgen!«, piepste ich und konzentrierte mich zwischen zwei Männern hindurch auf einen dunklen Fleck an der Wand. »Ich heiße Angerika, ich meine Angelika, Angelika Bohn.« Oh Gott! Ich schnappte mir einen Stift und kritzelte meinen Namen ans Whiteboard. Keiner der fünfzehn Teilnehmer sagte etwas. Es war so leise, dass ich meinen hyperventilierenden Atem hören konnte. Ruhig bleiben. Ommmmm, ommmmm ... Ich folgte Tims Ratschlag und dachte mir alle Augenbrauen im Raum weg. Nichts. Irgendwie sahen die Leute jetzt einfach nur furchtbar krank aus.

Ich leitete die Vorstellungsrunde ein, prüfte währenddessen die Anwesenheit meiner Schüler, klärte administrative Dinge und wandte mich danach schnurstracks dem Unterrichtsstoff zu.

»Nehmen Sie bitte ein Blatt Papier und machen Sie sich Notizen über eine unglaubliche Geschichte. Die Geschichte kann wahr oder falsch sein. Ihre Kollegen müssen das später durch Fragen herausfinden.«

Ich gab den Kursteilnehmern ein Beispiel und ließ sie dann arbeiten. Für sie war diese Übung eine gute Gelegenheit sich kennenzulernen. Für mich war es eine Möglichkeit herauszufinden, ob alle das richtige Niveau für diesen Kurs besaßen.

»Achten Sie speziell am Anfang auf die Kenntnisse der Firmenmitarbeiter«, hatte Frau Moltke mir eingeschärft. »Sollten sie nicht adäquat sein, können Sie den Teilnehmer einen Kurs zurück- oder im besten Fall auch hochstufen. Noch Fragen, Kindchen?«

Mal schauen. Ich stellte einen Stuhl mitten zwischen die Tische und bat Dániel aus Ungarn nach vorne, um sein Erlebnis vorzutragen.

»Grüß Gott.« Der Mittzwanziger lupfte seine Baseballkappe und winkte in die Runde. »Meine unglaubliche Geschichte beginnt mit eine Reise, eigentlich mit eine verpasste Reise«, erzählte er. »Ich möchtete nach England fliegen, aber das Flugzeug von Brit Air flog nicht, und musste ich viele Stunden am Flughafen warten. Brit Air hat sich später entschuldigt und mir zehn kostenlose Fliegen geschenkt. Ich habe die Fliegen aber nie benutzt und gibt es Brit Air jetzt nicht mehr.«

»Stimmt diese Geschichte oder nicht?«, fragte ich die Klasse, nachdem ich notwendige Korrekturen vorgenommen hatte. »Stellen Sie bitte Ihre Fragen.«

Schweigen.

»Jemand zu Hause?«, rief Dániel und wedelte mit seinem Blatt Papier.

Nichts. Ulla knabberte an ihren Haarspitzen, James pflückte seinen Radiergummi auseinander, Pilar baute einen Turm aus Papierkügelchen.

»Oh nein«, scherzte ich und hob abwehrend die Arme. »Nicht so viele Fragen auf einmal.«

Außer Dániel lachte niemand, und ich fühlte mich wie eine Jungfrau im Zirkus, die langsam zersägt wird. Was nun? So etwas Ähnliches wie einen Anstarr-Wettbewerb? Wer hielt das Schweigen länger aus? Meine Schüler oder ich?

Eindeutig meine Schüler. Ich wählte einen Namen aus der Teilnehmerliste.

»Laurent?«

Ein schlaksiger junger Mann schaute auf.

»Haben Sie vielleicht eine Frage zu der Geschichte?«

»*Comment?*«

»Haben Sie eine Frage zu Dániels Geschichte?«, wiederholte ich.

Laurent kratzte sich am Daumennagel. Seine Nachbarin beugte sich zu ihm und flüsterte etwas auf Französisch.

»Non. Nein«, antwortete er schließlich und versteckte Mund und Kinn hinter seinen Händen.

Also gut, Plan B. Ich teilte die Klasse in Gruppen von je drei und ließ sie sich gegenseitig ihre Geschichten erzählen und diese besprechen. Währenddessen verschanzte ich mich hinter meinem Tisch, tat so, als hörte ich nicht zu und zweifelte leise vor mich hin. Vielleicht waren Gruppenkurse letzten Endes doch eine Nummer zu groß für mich.

Ich wünschte mir Kaito, Ajay oder Luca herbei. Mit ihnen waren die Gespräche problemlos verlaufen. Außer natürlich in solchen Momenten, in denen sie selbst geschrobene Texte vorgelesen, Mittag-spause gemacht oder Yoga getanzt hatten. Stets waren sie jedoch für meine Korrekturen bedanklich gewesen.

Heimlich schaute ich in die Runde. Meine Schüler unterhielten sich angeregt. Nur Laurent schien Schwierigkeiten zu haben. Seine Erzählung war gespickt mit französischen und englischen Wörtern. Und sie war kurz. Genau zwei Sätze lang. Noch zwanzig Minuten. Zum Abschluss ließ ich die Teilnehmer ihre Geschichten in ganzen Sätzen niederschreiben, um sie zu Hause zu korrigieren.

»Das Kurs hat Spaß gemacht«, sagte Ulla, als ich die Gruppe zurück ins Büro entließ.

Echt?

»Finde ich auch.« Pilar schulterte ihren Rucksack. »Ein guter Anfang.«

Nee, im Ernst?

Laurent drückte sich an den beiden Frauen vorbei.

»Laurent, bleiben Sie bitte noch ein bisschen hier?«

»*Oui, au revoir*«, sagte er und hastete zur Tür.

»Laurent?« Ich winkte ihn zu mir und wartete, bis alle Kursteilnehmer den Raum verlassen hatten. Dann setzte ich mich auf meinen Tisch. Wie sollte ich das Unvermeidliche nur formulieren?

»Laurent, ich denke, also, ich finde, jetzt, meiner Meinung nach, ne, ist Ihr Deutsch nicht, äh, optimal für diesen Kurs. Vielleicht, möglicherweise ist es besser für Sie, wenn Sie in einen, nun ja, Anfängerkurs gehen? Was meinen Sie?« Ich hielt die Luft an.

Laurent studierte meinen Wangenknochen.

»Verstehen Sie mich?«

Sein Blick glitt zu meinen Ohrläppchen. Ich wiederholte meine Aussage auf Englisch, und jetzt endlich schaute er mir in die Augen. Die schüchterne Miene wich einem erstaunten Ausdruck, dann zogen sich seine Pupillen im Zorn zusammen. Instinktiv rutschte ich weiter von ihm weg.

»Die beiden Anfängerkurse habe ich schon gemacht«, antwortete er ebenfalls auf Englisch.

»Wann?«

»Vor einem Jahr.«

»Vielleicht ist es doch vernünftiger, wenn Sie den letzten Kurs wiederholen. Mir scheint, Sie hatten einige Schwierigkeiten, dem Geschehen heute zu folgen.«

»Hatte ich nicht.« Er stemmte die Fäuste in die Seite.

»Doch, hatten Sie«, sagte ich vorsichtig. Innerlich machte ich mich bereit, laut schreiend die Flucht zu ergreifen, falls es notwendig sein sollte.

»Hatte ich nicht«, wiederholte er und steckte die Hände trotzig in die Jackentaschen.

»Sie sind also der Meinung, dass Sie den Kurs schaffen können?«, fragte ich wieder auf Deutsch. Der Trick gelang. Laurent verstand nicht, was er auf dem Niveau hätte verstehen sollen, und blickte mich düster an. Ich musste hier schleunigst raus. Ich hüpfte vom Tisch und packte meine Bücher in den Trolley. Laurent stand immer noch da, als wäre er festgefroren. Ob es einen schlechten Eindruck machte, schon am ersten Arbeitstag nach Hilfe zu rufen?

»Hey, alles klar?« Tim lehnte lässig in seinem kommunistischen Outfit im Türrahmen. Den schickte der Himmel! Laurent wirbelte herum und stürmte an Tim vorbei in den Flur. Mein Kollege runzelte die Stirn. »War wohl ein fulminanter Start, was?«

Ich seufzte dramatisch und wischte das Whiteboard sauber.

»Tim, was machst du montags und mittwochs zwischen acht und zehn?«

»Warum?«

»Hast du Lust, meinen Deutschkurs zu übernehmen?«

»Sehr witzig. Komm mit, ich zeig dir was. Das wird dich aufheitern.«

BABEL, DIE ZWEITE

»Hier entlang.« Tim schob mich durch den langen Flur, vorbei an leeren Klassenzimmern und nach Licht dürstenden Korridorpflanzen. Plötzlich blieb er stehen und hob den Finger. »Hörst du das?«

Ein zartes Stimmengewirr drang an meine Ohren und schwoll zu einem expressiven Crescendo an, als wir um eine Ecke bogen und uns in einem Raum wiederfanden, in dem es von Menschen nur so wimmelte. Sie drängten sich aneinander vorbei, hockten auf Tischen entlang der Wand oder kämpften um einen Platz an den verstaubten Computern. Einige kramten in ihren Rucksäcken, andere fischten Kopien aus einem Holzschrank, in dem ein Chaos aus Büromaterial und umgefallenen Ordnern herrschte.

»Das«, sagte Tim und lachte wieder knarrend, »ist unser Lehrerzimmer. Oder wie wir es nennen: der Raum der düsteren Geheimnisse.«

Düster ja. Aber mit Raum wie in Weltraum mit unendlichen Weiten und dergleichen hatte das Zimmer nicht viel gemeinsam. Es entsprach eher der Größe eines geräumigen Badezimmers, und die Luft war genauso schwül wie nach einem heißen Dampfbad. Ich erdrängelte mir einen Weg zum Fenster und riss es auf. Sofort betäubte mich das Rattern des Presslufthammers von der Straßenbaustelle.

»Fenster zu!«, schrie es hinter mir im Chor in mindestens acht verschiedenen Sprachen.

Ich gehorchte erschrocken, drehte mich um und schaute in verständnislose Gesichter.

»Hey, alle mal herhören!« Tim fuchtelte mit den Armen. »Das hier ist Angelika, eine neue Deutschlehrerin.«

»Ach so, Kartoffel, Bahnhof, Schwarzkopf.« Ein dunkelhaariger Kollege in verwaschenem Pulli hob seine Hand von der Computertastatur und winkte mir zu.

»Das ist Davide, ein Italienischlehrer«, erklärte Tim.

»Mit dem du nur reden sollst, wenn du habst viel Zeit«, raunte mir von rechts eine Kollegin auf Deutsch zu und wechselte dann ins Englische. »Ich bin Florence, Französischlehrerin. Übrigens eine der wenigen echten Belgier hier.«

»Kein Wunder, die Belgier sprechen ja auch kein richtiges Französisch. Ich bin Patrick, echter Franzose und stolz darauf.« Ein blonder Hüne schüttelte mir lachend die Hand.

»Die drei Leute an der Tür, die sich so ausdrucksstark unterhalten, sind übrigens Spanier«, sagte Tim. »Wenn du mal einen von ihnen im Café suchst, geh einfach zu dem Tisch, wo am lautesten diskutiert wird.«

Eine junge Frau mit Kurzhaarschnitt schlüpfte an den Spaniern vorbei ins Zimmer. Tim zog sie an sich. »Und das ist die Wichtigste überhaupt. Darf ich vorstellen, Maja, meine Freundin.«

»Von Beruf Deutschlehrerin«, fügte sie hinzu. Wie sich herausstellte, arbeitete Maja genau wie ich für À propos.

Nachdem alle sich vorgestellt hatten, schaute ich mich mit schwirrendem Kopf um. Die meisten Namen wusste ich schon nicht mehr, aber eines war deutlich: Ich hatte Kollegen! Und zwar welche, die im selben Gebäude unterrichteten, die ich nicht nur ein Mal pro Jahr, sondern täglich zu Gesicht bekommen würde, mit denen ich mich über Kurse, Schüler und das eigenwillige Brüsseler Wetter austauschen konnte. Ich fühlte mich geborgen wie ein Mäuslein im stickigen, aber warmen Nest.

»Für diese Firma arbeiten ungefähr fünfzig Lehrer«, sagte Maja.

»Fünfzig? Wie sollen die denn hier reinpassen?«

Meine Kollegin winkte ab. »Keine Sorge, die Kurse finden nicht alle gleichzeitig statt.«

Italiener Davide überließ mir seinen Platz am Computer. »Nicht vergessen, nach jedem Kurs solltest du den durchgenommenen Unterrichtsstoff ins Firmensystem eintragen und in die Mappe heften.«

Ach ja, richtig.

»Oder du sparst deine Kräfte und machst es einmal im Monat, so wie ich.« Er schaltete den Drucker ein, der einen Berg Blätter ausspuckte. »Übrigens, am Wochenende schmeiße ich eine Party bei mir zu Hause. Alle Lehrer sind eingeladen!«

»Er hat Geburtstag«, flüsterte Belgierin Florence.

»Ja, das Älterwerden.« Davide setzte sich auf einen der Tische, drehte sich eine Zigarette und schickte seinen Blick auf eine lange Reise. »Woher kommen wir, wohin gehen wir? Was ist der Sinn unseres bescheidenen Lebens? Schon als ich klein war, fiel mir auf, dass die Welt …«

Florence sah mich vielsagend an. »Wie ich bereits erwähnte, bei Davide brauchst du vieeel Zeit.«

Während der Italiener an seiner philosophischen Abhandlung arbeitete, tippte ich die geforderten Informationen ins Firmensystem, druckte anstatt einem versehentlich zehn Exemplare aus und heftete eines davon in die Teilnehmermappe. Fertig!

Bis auf Tim, Maja, Florence und Davide waren inzwischen alle Lehrer wieder ausgeflogen. Ich schaute mich nach einem Mülleimer um.

»Halt, halt! Kopien werden in diesem Zimmer auf spezielle Weise entsorgt.« Florence nahm die Papiere an sich, knüllte sie zusammen und legte sie auf den Tisch. »Bereit?« Sie holte aus und beförderte eine Kopie zielsicher in den Papierkorb neben der Tür. Die anderen applaudierten.

»Jetzt du.«

Ich machte es Florence nach, doch mein Papier landete im offenen Schrank. Noch einmal. Konzentration. Ich hypnotisierte den Mülleimer mit meinem Blick, spannte meinen Oberarm an und holte aus.

»Entschuldigung.« Ein Gesicht erschien im Türrahmen.

»Achtung, Schüler!«, zischte Florence. Davide hüpfte vom Tisch, griff sich ein Lehrbuch und blätterte es geschäftig durch. Tim kritzelte etwas in eine Teilnehmermappe, Maja gab vor, den Schrank aufzuräumen, während Florence die ineinander verschlungenen Computerkabel entwirrte. Ich schnappte mir einen Stapel weißes Papier aus dem Drucker und stanzte Löcher hinein.

»Entschuldigung«, sagte die Stimme im Türrahmen noch einmal.

»Ja?« Wie auf Kommando wandten wir uns gleichzeitig dem Firmenmitarbeiter zu und setzten einen gescheiten Gesichtsausdruck auf.

»Können Sie mir sagen, wo ich Zimmer Nummer 341 finde?«

»Natürlich«, sagte Tim in einem Ton, als hätte er alles Wissen dieser Welt gepachtet. Er erläuterte den Weg im Detail und fügte seiner Beschreibung eine ad hoc angefertigte Zeichnung hinzu. Dankbar machte der Mann sich auf den Weg zu seinem Kurs. Tim schaute ihm hinterher und zählte stumm an den Fingern rückwärts. Drei, zwei, eins. »Okay, die Luft ist rein.«

Wir atmeten erleichtert auf und ließen uns auf Tische und Stühle fallen.

»Kann es sein, dass du ihn auf einen riesigen Umweg geschickt hast?« Maja zupfte vorwurfsvoll am Pferdeschwanz ihres Freundes.

»Ich?« Tim machte unschuldige Augen. »Ernstzunehmende Lehrer machen so was doch nicht.«

Lachend griff Florence sich eine zusammengeknüllte Kopie vom Tisch und ging in Position. »Also, Kartoffelkopf? Wer gewinnt?« Unter den anfeuernden Rufen der anderen pfefferte sie ein weiteres Papier in den Mülleimer.

Na warte, Frittentante!

STOLPERSTEINE

»Und wohin gehört das?« Ich guckte hinter dem Fernseher hervor und hielt ein Kabel in die Höhe.

»Rechts unten in die Buchse.« Marco packte unsere CDs aus einem der letzten Umzugskartons und schichtete sie alle durcheinander in den CD-Ständer. Darum würde ich mich später kümmern. Ich setzte mich auf den Boden, strich die Anleitung für den Fernsehanschluss glatt und betrachtete die Zeichnungen. »Wenn du mich fragst, also, hm, das kommt darauf an ...«

»Piccina, versuch's mal andersrum«, sagte Marco und ließ seinen Kopf kreisen.

Ach so. Ich drehte das Papier um 180 Grad, aber das machte die Sache nicht besser. Alles, was ich sah, waren Stecker, verschieden geformte Anschlüsse, bunte Pfeile, eine Antenne, Steckdosen. Die französischen und niederländischen Erklärungen neben den Bildern halfen nicht weiter.

Marco stieg über mich hinweg, verankerte das Kabel in einer Buchse und schaltete das Gerät ein. »Geht doch.«

Eine Quizsendung erschien auf dem Bildschirm.

»Blabla ... *oui* ... blaba ... *absolument* ... blablabla ... haha ... haha ... hahaha«, sagte der Moderator.

Worüber er sich da amüsierte, wusste der liebe Himmel. Nach einem Monat in Brüssel verstand ich immerhin Satzfetzen, aber nicht mehr. So viel zu meinen sechs Jahren Schulfranzösisch. Meiner alten Lehrerin Madame Lefou hätten sich die lackierten Zehennägel aufgerollt, wenn sie das gewusst hätte.

Marco verfolgte mit konzentriertem Gesichtsausdruck die Handlung der Quizshow. Dann fasste er sich an die Stirn und fiel auf die Couch. »Den ganzen Tag Französisch! In der Arbeit, zweimal pro Woche im Sprachkurs, auf der Straße, im Radio, im Fernsehen.« Er rieb sich die Schläfen. »Hey, wie wär's mit einer Kopfmassage?«

»Gute Idee.« Ich hüpfte neben ihn, legte meinen Kopf auf seinen Oberschenkel und schloss die Augen. Marco fing an, mit dem Bein zu wippen. »Wie läuft *dein* Französischkurs?«

»Wu... wu... wunderbar.« Vor drei Wochen war ich in einen bunt zusammengewürfelten Konversationskurs eingestiegen, den Florence bei sich zu Hause unterrichtete. Jeden Dienstag kämpfte ich mit einem Neuseeländer, einer Kroatin, einem Letten und einer anderen Deutschen um den ersten Platz im Schneckentempo-Sprechen. Mit ein bisschen mehr Mühe schaffte ich es locker auf den goldenen Thron.

Marco zappte durch das unverständliche Fernsehprogramm.

»Wenigstens haben wir trotz Sprachproblemen die administrativen Sachen erledigt.«

Wurde ja auch Zeit. Nach der Anmeldung beim flämischen Einwohnermeldeamt hatten wir den französischen Mietvertrag unterzeichnet, alle notwendigen und eine überflüssige Versicherung abgeschlossen und nach drei sprachlich turbulenten Besuchen beim Handyanbieter endlich den Tarif bekommen, den wir haben wollten.

Marco schaltete den Fernseher aus. »Hast du den Strafzettel mittlerweile bezahlt?«

»Mache ich morgen.« Wer hätte ahnen können, dass an Bordsteinen mit durchgezogener gelber Linie Parkverbot besteht? Oder, dass ohne Vorfahrtsschild auch auf Hauptstraßen rechts vor links gilt? Oder, dass Zebrastreifen oft in Verbindung mit Fußgängerampeln auftauchen?

Marco kratzte an meiner Stirn. »Tut es dir im Nachhinein leid, dass wir nach Belgien gezogen sind?«

Auf keinen Fall. Trotzdem, ich vermisste die sprachliche Lockerheit im Umgang mit anderen Menschen, das spontane Gespräch mit der Buchverkäuferin, den unschuldigen Flirt mit dem Cafékellner, den fetzigen Schlagabtausch mit rücksichtslosen Verkehrsteilnehmern, Käsespätzle.

Es klingelte an der Tür. Hoffentlich der Pizzaservice.

»Ich hole schon mal Teller und Wein«, sagte Marco und flitzte in die Küche.

Mit der heißen Familienpizza kehrte ich ins Wohnzimmer zurück und schlug den Deckel des Kartons auf. Ein säuerlicher Geruch biss mir in die Nase.

»Marco, was genau hast du bestellt?« Ich pflückte einen der auffälligen, roten Flecken vom Pizzateig. Schmeckte verdächtig nach Obst, nach … aufgetauten Kirschen?

Marco steckte seinen Kopf aus der Küche. »Pizza mit Schinken, Champignons und ganz vielen Kirschtomaten. Darauf habe ich bestanden, die magst du doch so gerne.« Er schmatzte mit den Lippen. »Lecker, ne?«

DEUTSCHE SPRACHE — EINFACHE SPRACHE

»Angelika, was ist deine lieblingste Sprache?«, fragte Jaime aus Chile mitten in meiner Erklärung des Genitivs. Auch eine weitverbreitete Masche unter Kursteilnehmern. Sie hieß Ablenkungsmanöver von lästigem Unterrichtsstoff. Ich liebte sie. In der Regel begegnete ich ihr in den frühen Nachmittagsstunden, wenn meine Schüler nach dem Mittagessen schlapp über ihren Tischen hingen. So wie auch in meinem dritten Kurs an diesem Donnerstag, bei warm-gewittrigen Apriltemperaturen.

Die vierzehn Teilnehmer meines Anfängerkurses mit Vorkenntnissen gehörten zu der redseligen Sorte Mensch. Sie scherzten, lachten, stellten Fragen und diskutierten lebhaft mit mir und miteinander. Ein solcher Kurs lieferte mir mehr Energie als jedes Aufputschmittel und entschädigte zusätzlich für die Stille in anderen Gruppen. Wie die in meiner einfachen Mittelstufe rund um Ulla, James und Pilar. Die waren unterdessen zwar etwas aufgetaut, aber immer noch reserviert, Dániel ausgenommen. Und das Tolle war: Es lag nicht an mir! Das hatte ich endlich raus. Des Rätsels Lösung hieß Schüchternheit. Manche Menschen fühlten sich innerhalb von Gruppen eben gehemmt und schwiegen lieber. Kam mir irgendwie bekannt vor. Ob es bei À propos Tische gab, unter denen man sich verkriechen konnte? In zwei Tagen war Lehrerkonferenz.

»Meine Lieblingssprache?« Gute Frage. Wäre ich sieben Jahre alt gewesen, wäre meine Antwort eindeutig ausgefallen: Englisch. Seit dem Augenblick, als ich Bobby Ewing das erste Mal mit seinem fiesen Bruder J. R. auf Englisch hatte streiten hören, war ich der Sprache verfallen. Von Bobby ganz zu schweigen. Seine Kommentare quittierte ich mit einem begeisterten *yes, yes, yes*, doch sobald J. R. den Mund aufmachte, strafte ich ihn mit einem missbilligenden *no, no, no*.

Von Bambi lernte ich dann meine ersten richtigen Wörter, *bird*, *butterfly* und *flower*. Jeden Abend vor dem Schlafengehen hielt ich mir die Nase vor dem Spiegel zu und übte diese Vokabeln auf American English. Was für ein Schock, als mir in der Schule die britische Variante aufgedrängt wurde! Dafür rächte ich mich während des Studiums bitter. Ich wählte amerikanische Literatur, Aussprache und Schreibweise. Um schließlich für ein Austauschjahr nach Kanada zu gehen. Wo alles noch mal anders war.

Hätte Jaime mir die Frage am Anfang meiner Lehrerkarriere gestellt, hätte ich folgende Antwort gegeben: Italienisch, die Sprache der Liebe. Melodisch, einladend, ausdrucksstark in jeder Lebenslage, unschlagbar, besonders in aufgebrachten Momenten.

Inzwischen sah die Sache jedoch anders aus. Ich lehnte mich ans Whiteboard und schmierte mir prompt etwas von der Genitiv-Deklination an den Ärmel. »Deutsch«, sagte ich. »Ganz klar.«

Zugegeben, ein bisschen hatte es gedauert, bis die Struktur der deutschen Sprache, ihre Regel- und Unregelmäßigkeiten, ihre Rätsel und Kuriositäten mein Linguistenherz für sich einnehmen konnten. Doch dann entdeckte ich meine Freude an Wörtern wie *aufhören*, *gefallen* und *verstehen*, die nichts mehr mit der Bedeutung der Verben *hören*, *fallen* und *stehen* zu tun hatten. Ich verliebte mich in zusammengesetzte Substantive, die einen neuen Sinn ergaben, wie *Kohldampf*, *Erbsenzähler* oder *Nesthäkchen*. Ich genoss es, für jemanden Kastanien aus dem

Feuer zu holen, Süßholz zu raspeln oder blauzumachen. Rein sprachlich, versteht sich. Ich las mit wachsender Begeisterung Mark Twains seitenlange Hommage an die deutsche Grammatik und Ausdrucksweise. Den Titel *Die schreckliche deutsche Sprache* hatte er bestimmt ironisch gemeint.

Mit dieser Antwort waren meine Schüler offenbar nicht einverstanden.

»Aber Deutsch ist die am komplizierteste Europa-Sprache.« Jaime legte den Handrücken an seine Stirn, um den Schwierigkeitsgrad zu unterstreichen.

»Ach ja?« Ich legte den Stift weg und wanderte durch den Raum. »Haben Sie schon mal versucht, Finnisch oder Ungarisch zu lernen? Mit ihren fünfzehn und mehr Fällen? Wir haben nur vier. Unter anderem ...«, ich deutete an die Tafel, »... den Genitiv!«

»Aber, aber«, protestierte Andreea aus Rumänien. »Englisch, zum Beispiel, ist viel mehr einfach. Da gibt nur ein Artikel für alles Wörter.«

»Soso.« Ich verschränkte defensiv die Arme.

»Und gibt auch nur eine Präposition für Richtungen. In Deutsch ich gehe *nach* Berlin, *in* den Zoo, *an* den Strand, *zu* meinem Freund und *auf* den Markt! Auf Englisch sagt man *to* für alles Situationen!«

»Aha.«

»Und das Verb ist immer vorne, an praktische Position.«

»Sieh an. Und was ist mit den grammatischen Zeiten?«

»Was meinst du?«

»Nehmen wir nur mal die Fragen im Präsens: *Do you speak German? Does he speak German?* Hat die deutsche Sprache etwa diese komischen Fragewörtchen am Anfang?«

Niemand sagte etwas. Ich stemmte die Hände in die Hüften und tappte mit der Fußspitze auf den Boden. »Na?«

»Tust du Deutsch sprechen?«, fiepste Josephine von rechts. »Ist das falsch?«

»Sprichst du Deutsch?«, korrigierte ich. »Praktisch, nicht wahr?« Das schwäbische »Ha du, tusch du Deitsch schwätze?« ließ ich mal außen vor.

»Ja, aber ...«

»Und was ist mit den Zukunftsformen? Auf Englisch gibt es vier Möglichkeiten, die Zukunft zu formulieren. Das hängt davon ab, ob es sich um eine spontane Entscheidung, eine Absicht, einen feststehenden Plan oder um feste Zeiten wie die eines Busfahrplans oder eines Kinofilms handelt. Und auf Deutsch? Da heißt es einfach: Morgen fahre ich nach Berlin. Fertig.«

»Ja, aber Deutsch ist trotzdem unlogisch«, meldete sich Andreea erneut. »Warum sagt ihr *Ich bin Student*, wenn man auf Englisch sagt *I'm a student*?«

»Die Frage ist total falsch gestellt«, konterte ich. »Warum sagt man auf Englisch *I'm a student*, wo es doch auf Deutsch heißt *Ich bin Student*?«

»Aber auch die Aussprache in Deutsch ist so schwierig mit diese CH-Laute. Englisch ist weniger kompliziert.« Andreea griff sich an den Hals und röchelte übertrieben.

»Sag bloß«, antwortete ich, wobei ich meine Zunge weit aus dem Mund streckte und die beiden *S*-Laute wie das englische TH aussprach: Thag bloth.

Alle kicherten, doch niemand widersprach mehr. Ich stellte mich wieder an die Tafel. »Dann also zurück zu unserem Thema, dem Genetiv.«

»Aber anstatt dem Genetiv kann man Dativ benutzen«, bäumte sich Jaime ein letztes Mal auf.

Mit theatralisch erhobenem Arm ging ich zwei Schritte auf ihn zu. »Wehe dir, holder Gefährte! Nicht, solange deiner Hose

Boden in den Gefilden meines Klassenzimmers Obdach findet.«

»Was?«, rief die Klasse unisono.

Ich grinste teuflisch: »Nicht in meinem Kurs.«

DER OMINÖSE FLUSS

Nachdem Jaime als Letzter das Klassenzimmer verlassen hatte, rannte ich hinab ins Café. Die fünfzehn Minuten Pause zwischen dem ersten und zweiten Nachmittagskurs reichten für einen schnellen Kakao. Ich trank ihn, während ich zwei Sätze mit meinen Kolleginnen Maja und Florence wechselte, und flitzte die Treppen wieder hinauf.

Die Teilnehmer meines Fortgeschrittenenkurses saßen schon an ihren Plätzen.

»Die Hausaufgabe war …«, ich blätterte durch meine Notizen, »… den Charakter zweier Personen anhand ihrer Sternzeichen zu beschreiben.« Diese Übung diente dazu, der Klasse neue Eigenschaftswörter näherzubringen.

»Wer möchte vorlesen?«

Pierre guckte von einem seiner Mitschüler zum anderen. Als niemand sich freiwillig meldete, hob er seine Hand. Darauf hatte ich gehofft. Wenn keiner der Kursteilnehmer reagierte, eilte Pierre zu Hilfe.

Der Wallone war bei Weitem der Kommunikativste in dem Kurs, und nebenbei sah er verdammt attraktiv aus mit seinen schwarz gelockten Haaren und dem Dreitagebart. Auch sonst fehlte es dieser Gruppe nicht an Charisma. Die zehn Männer und fünf Frauen, alle in meinem Alter, glänzten in ihren geschäftlichen Outfits um die Wette.

Pierre befreite seinen Text aus einer Klarsichthülle und begann zu lesen: »Das Sternzeichen meines Vaters ist Stier. Stiere sind stur, loyal und sinnlich. Sie sind geduldig und arbeiten hart, bis sie ihr Ziel erreicht haben. Stiere essen und kochen sehr gerne. Mein Vater liebt alle Cousinen.«

»Bitte?«

»Auch meine?«, fragte sein Nebensitzer Jack.

Ach, jetzt! »Vorsicht, Französisch *cuisine* heißt auf Deutsch *Küche*«, bemerkte ich.

Pierre korrigierte seinen Fehler und fuhr fort: »Stiere interessieren sich oft für Kunst, wie Malerei oder Musik. Mein Vater ist ein großer Fan der Gewürzmädchen.«

Wer ist das denn?, dachte ich.

»Wer ist das denn?«, fragte Jack.

»Die Gruppe mit Victoria Beckham.«

»Die Spice Girls?«

»Wer sonst?« Pierre schüttelte den Kopf. »Mein Freund Christophe hingegen ist Waage. Diese Sternzeichen sind immer ausgeglichen, friedfertig, aber auch unentschlossen. Außerdem ist mein Freund ehrlich und kreativ.«

Da war es wieder, das altbekannte Problem. Meine Schüler übersahen gern die Tatsache, dass das Wort *mein* in *mein Freund* oder *meine Freundin* auf eine intime Beziehung schließen ließ, was oft zu Missverständnissen führte. Wie in Pierres Fall auch. Das musste ich schleunigst aufklären.

»Seien Sie vorsichtig mit der Bezeichnung *mein Freund*«, warnte ich die Klasse. »In der deutschen Sprache benutzen wir das Wort *Freund* sowohl für eine freundschaftliche als auch für eine partnerschaftliche Beziehung, ganz anders als im Englischen, wo man zwischen *friend* und *boyfriend* differenziert.«

»Aber wie erkennt man auf Deutsch den Unterschied?«, fragte Vivian.

»Durch den Artikel«, dozierte ich. »Wenn Sie auf Nummer sicher gehen wollen, benutzen Sie *ein Freund* oder *einer meiner*

Freunde versus *mein Freund*. Letzterer wäre dann der Partner.«

Na ja, zumindest so ähnlich. Erst neulich hatte ich erzählt, dass ich mit meiner Freundin Maja verabredet war, dabei fanden wir uns sexuell so anziehend wie ein Frosch einen Grashüpfer und umgekehrt. Aber im Großen und Ganzen stimmte meine Erklärung schon. Auch wenn sich auf den Gesichtern meiner Schüler Zweifel breitmachten.

»Also Pierre, wenn Sie sagen: ›Mein Freund ist ehrlich und kreativ‹, könnte das bedeuten, dass Sie und der andere Mann zusammen sind.«

»Ja, ja«, sagte Pierre und guckte unverständig.

Puh, das war ja schwieriger, als ich dachte. »Was ich damit meine ist, man denkt, Sie und der andere Mann sind ein Paar.« Um den Sachverhalt zu verdeutlichen, hakte ich meine Finger ineinander.

»Ja, ja«, sagte Pierre noch einmal.

Himmel, langsam wurde es peinlich. So schwierig war das Ganze doch gar nicht. Irgendwie musste es doch …

Oh!

Pierre grinste mich verwegen an, und offenbar hatte jeder die Sachlage begriffen, und zwar viel schneller als ich. Jetzt grinsten sie alle. Ich wandte mich der Tafel zu, kritzelte etwas hin, lief flugs rot an und erbleichte wieder, und drehte mich dann zurück zu meinen Schülern. Die grinsten immer noch. Wo war das berühmte Loch im Fußboden, wenn man es mal brauchte? Ich fiel hinter meinem Stuhl in die Hocke und wühlte im Trolley nach einem Plastiktütchen mit Pappkarten, das sich bereits auf dem Tisch befand. Das wusste aber nur ich.

»Bleiben wir bei der Beschreibung von Menschen«, führte ich die neue Aktivität ein und tat so, als ob ich mich nicht mehr schämte.

»Entschuldigung. Eine Frage«, schwebte eine sanfte Stimme von rechts durch den Raum. Diese Stimme gehörte Rui, und Rui stellte nicht nur uferlose Fragen, er besaß auch zwei unnachahmliche Talente: Wörter so lange zu dehnen, bis sie fast zerrissen, und dort Pausen einzufügen, wo man sie am wenigsten vermutete. Die übrigen Teilnehmer stöhnten.

»Warum heißen die Deutschen. Eigentlich die Deutschen? Ich meine. In anderen Sprachen. Nennt man sie Germans. Tedeschi. Oder les allemands. Warum heißen sie. Auf Deutsch. Die Deutschen?«

Was hatte das jetzt mit unserem Thema zu tun?

»Rui, können wir das bitte nach dem Unterricht besprechen?«

Die anderen atmeten merkbar auf.

»Natür. Lich.« Rui kramte einen Schokoriegel aus der Tasche und knabberte geräuschvoll daran herum.

Ich schüttelte die Pappkarten aus der Plastiktüte und verteilte sie an die Klasse, jeder Teilnehmer erhielt eine. Die Karten zeigten die vereinfachte Zeichnung einer Person, und zwar von Kopf bis Fuß.

»Sie arbeiten zusammen mit ihrem Nachbarn«, kündigte ich an. »Einer von Ihnen beschreibt möglichst genau, was er sieht. Der andere muss die Figur zeichnen. Die Körperteile kennen Sie ja.«

»Tj. A.«, schmatzte Rui, und Pierre pflichtete ihm bei: »Könnten wir sie noch einmal wiederholen?«

Also gut. Ich bat Rui an die Tafel. Er zeichnete eine Figur, anhand derer wir gemeinsam die Körperteile bestimmten.

»Eine Frage.« Rui wischte sich Schokoladenspuren aus den Mundwinkeln. »Wie sagt man. *Zizi* auf Deutsch?«

»Siesie?«

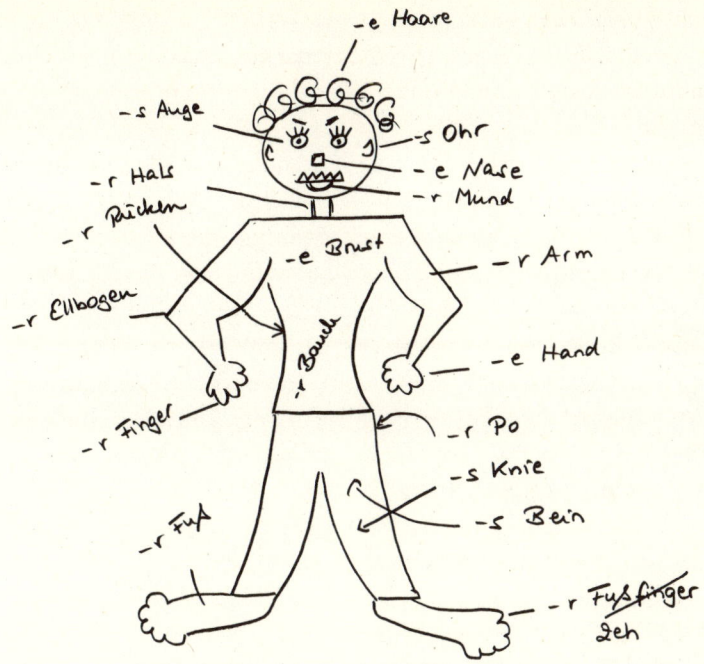

Rui hob die beiden Zeigefinger in kurzem Abstand zueinander in die Höhe.

Ich traute meinen Augen nicht. Er würde so etwas doch nicht ernsthaft fragen!

»Mein Sohn lernt. Auch Deutsch, weil wir. In sechs Monaten. Nach Deutschland umziehen. Vielleicht ist. Das wichtig für ihn.«

Echt? Ich grübelte nach. Zunächst über eine Situation, in der ein kleiner Junge dieses Wort brauchen könnte, und danach über einen adäquaten Ausdruck. Doch alles, was mir einfiel, waren Bezeichnungen für Erwachsene.

»Auf Englisch heißt das *willy*.« Vivian hielt sich die Hand vor den Mund und gluckste hinein.

Na, herzlichen Dank.

»Vielleicht Geschlechtsteil?«, versuchte ich einen möglichst neutralen Ausdruck und spürte wieder die Hitze in mein Gesicht steigen.

Rui verzog die Nasenflügel. »Das ist nicht. Schön. Warum steckt das Adjektiv. *Schlecht* in Geschlechtsteil?«

Tatsächlich! Das war mir noch nie aufgefallen.

»Äh, ich guck zu Hause nach anderen Wörtern, okay?«, redete ich mich heraus. »Machen Sie jetzt bitte Ihre Zeichnungen.«

Endlich ließen sie von mir ab. Ich sank erleichtert auf meinen Stuhl, verschwand hinter dem Lehrbuch und lauschte den Schülergesprächen, bereit, bei groben Fehlern Hilfestellung zu leisten. Kurz vor Ende der Unterrichtsstunde waren die Teilnehmer mit ihrer Aufgabe fertig.

Pierre kicherte. »Meine Person sieht aus wie mein Onkel aus Dinant.«

»Woher?«

Pierres Kinnlade klappte hinunter. »Sie kennen Dinant nicht? Die Stadt in den Ardennen mit der Kirche vor dem großen Felsen? Dinant, die Stadt am Fluss Meuse?«

»Tut mir leid, aber ...«

»Wie heißt. Die Meuse. Auf Deutsch?«

Da musste ich passen. Geografie war noch nie meine Stärke gewesen.

»Vielleicht Möse?«, schlug Jack vor.

Ich schreckte zurück. Du lieber Himmel, das wurde ja immer doller.

»Warum? Was bedeutet Möse?« Pierre verschränkte die Hände und tippte abwartend die Daumen gegeneinander.

»Tja, also, na ja, schlagen Sie das Wort einfach zu Hause nach.« Ich drehte der Klasse demonstrativ den Rücken zu und wischte die Tafel sauber. Ich brauchte dringend eine kalte Dusche. Meine

Schüler packten ihre Sachen zusammen. Als ich mich umdrehte, wedelte Rui mit seinem Smartphone vor meiner Nase herum.

»Ich. Hab's!«

»Und? Was bedeutet es?«, bestürmten ihn die anderen.

Rui schmunzelte verschmitzt und steckte sich einen Kaugummi in den Mund, bevor er die Antwort preisgab: »Mu. Schi.«

ZEHN MÄNNER

Montagmorgen, kurz vor acht klopfte Maja an die Tür der Toilettenkabine. »Angie, bist du da drin?«

»Nee.«

»Komm jetzt, in fünf Minuten beginnt der Unterricht.«

»Ich mag aber nicht.«

Maja seufzte. »Guck mal, die Hälfte des Kurses ist schon vorbei. Bleiben nur noch vier Wochen.«

»Mir egal. Ich melde mich ... schwanger. Ab jetzt.«

»Da gibt es nur ein Problem.«

»Welches?«

»Du bist nicht schwanger.«

Da war was dran. Zusammen trotteten wir den Firmenflur entlang, dem Strom der Kursteilnehmer entgegen, die halb verschlafen und Kaffeebecher balancierend in ihren Schulungsräumen verschwanden.

»Ist es der da vorne im roten Pulli?«, raunte Maja mir zu.

Ich sprintete ins nächste Klassenzimmer und lugte um die Ecke in den Flur. »Puh, nee, ist er nicht.«

Maja zog mich aus dem Zimmer zu ihrem Freund Tim, der lässig an der Wand neben seinem Kursraum lehnte und Pistazienkerne knackte. Florence und Italienischlehrer Davide gesellten sich zu uns.

»Halsbonbon?«, unterbrach Florence Davides philosophische Überlegungen zum Weltstatus und hielt uns eine Tüte mit Pfefferminzbonbons hin. Ich warf mir gleich zwei davon in den

Rachen. Seit einigen Tagen hörte sich meine Stimme an, als hätte ich Glas geschluckt, und das bedeutete: Ich steckte mitten in den Sommerintensivkursen. Zwei Kurse täglich, insgesamt acht Zeitstunden pro Tag, zwei Monate lang. Da mussten die Stimmbänder schon was aushalten.

Im Laufe eines regulären Semesters ging es in der Firma zu wie in einem Wespennest. Täglich lief man anderen Kollegen über den Weg, unterrichtete in wechselnden Räumen, zu verschiedenen Uhrzeiten. Während des intensiven Unterrichts hingegen traf man immer dieselben Lehrer, zur selben Zeit, am selben Ort. Nach und nach entstanden eingeschworene Gemeinschaften. Jeden Morgen gab jemand anderes einen Kaffee aus, mittags tauschte man die mitgebrachten Brötchen, und abends fluchte man gemeinsam über die Nachbereitung.

In diesen beiden Monaten konnte man sich ganz auf zwei Kurse konzentrieren, behielt den Unterrichtsstoff besser im Auge und lernte vor allem die Teilnehmer näher kennen. Das tägliche Miteinander der Firmenkollegen auf engem Raum schaffte eine vertrauliche Atmosphäre und eine tolle Gruppendynamik. Es sei denn ...

»Achtung, das ist er!«

Ein bärtiger Mann mit mürrischem Gesichtsausdruck schoss, ohne zu grüßen, an uns vorbei, schimpfte etwas in sein Handy und warf die offene Klassentür mit einem lauten Rums hinter sich zu.

»Das ist also Gaston. Was für ein Sonnenschein!« Maja holte tief Luft und boxte mich ins Schlüsselbein. »Vorwärts, mit so einem wirst du doch locker fertig.«

»Mit einem schon ...«

»Gibt's etwa einen Zweiten?«

»Eine.«

Charlotte, eine aufgescheuchte Frau, die alle in der Klasse

um einen Kopf überragte, bog um die Ecke des Flurs, rannte ins falsche Klassenzimmer, stolperte wieder heraus und sah sich panisch um. Ich deutete auf den Raum mit der geschlossenen Tür, und sie fiel hinein.

Florence fächerte mir mit der Pfefferminzpackung Luft zu und massierte meine Schläfen. »Auf jetzt, Superkartoffel, denk immer, du bist gut, du bist stark, du bist mutig.«

Genau! Ich richtete mich zu meiner vollen Größe auf und straffte die Schultern. Und außerdem konnte ich besser Deutsch als alle Anfänger in diesem Kurs zusammen. Tschakka!

Mit festen Schritten trat ich in den Raum, grüßte knapp und schlug ohne den üblichen Smalltalk das Buch auf. In dieser Stunde würde ich gnadenlos die Zügel anziehen, nichts würde mich aus dem Konzept bringen.

»Hausaufgabe, Seite 34, Nummer zwei«, sagte ich lauter als gewöhnlich. »Shelly beginnen Sie bitte!«

Es klappte ausgezeichnet. Der Reihe nach lasen die Teilnehmer die Sätze zum Thema Essen und Trinken vor. Bis sich der Lesefluss in der Mitte des Raumes plötzlich staute.

»Charlotte?«

Charlotte war damit beschäftigt, den Stapel Kopien, den ich in den vergangenen Wochen ausgeteilt hatte, in ihren Ordner einzuheften. Als ich sie aufrief, ließ sie vor Schreck die Unterlagen fallen.

»Oh nein!« Mit einer Hand fischte sie nach den Papieren unter dem Tisch, mit der anderen suchte sie hektisch die Hausaufgabe im Buch, das geschlossen vor ihr lag. Da beides gleichzeitig nicht klappte, setzte sie sich wieder auf und warf die Arme in die Höhe. »Das geht mir alles viel zu schnell. Ich bin noch nicht so weit«, sagte sie auf Englisch.

In solchen Momenten steckte Spannung. In einem solchen Augenblick musste ich sekundenschnell entscheiden, ob ich die

Situation kommentieren oder übergehen wollte. Charlotte war also noch nicht so weit. Ich schaute auf die Uhr. Der Unterricht hatte vor fünfzehn Minuten begonnen.

»Der Unterricht hat schon vor fünfzehn Minuten begonnen«, brummte Gaston, der direkt neben Charlotte saß, ebenfalls auf Englisch. »Du könntest deine Kopien auch zu Hause einsortieren.«

Ausnahmsweise danke, Gaston.

»Wenn du uns ständig mit deinen Papieren aufhältst, müssen wir den Stoff noch schneller durchziehen. Das Tempo ist jetzt schon viel zu … intensiv.«

»Das haben Intensivkurse so an sich«, bemerkte ich.

Gaston drückte die rechte Seite seiner Oberlippe hoch, was ihm eine gewisse Ähnlichkeit mit Elvis Presley verschaffte, und knirschte mit den Zähnen. Ich knirschte zurück.

»Also, ich finde das Tempo nicht zu schnell«, sagte Said.

Ich liebte Said. Said war nett und zuvorkommend und gemütlich. Und Said liebte mich auch.

»Tja.« Ich verschränkte die Arme und sah Gaston herausfordernd an. Ich war stark, ich war mutig, und ich hatte Verbündete. Tschakka!

»Dann hattest du, wie die meisten hier, Vorkenntnisse«, konterte Gaston.

»Hatte ich nicht. Man muss sich eben etwas Mühe geben.«

Ich vergötterte Said. Für immer und ewig. Ich lächelte ihm dankbar zu und beschloss, die Diskussion zu beenden. Immerhin hatten wir uns über dieses Thema schon vor einer Woche ausgiebig unterhalten.

So schnell gab Gaston aber nicht auf. »Was passiert, wenn wir langsamer lernen?«

»Dann kommen wir mit dem Stoff nicht durch, folglich bestehen Sie das Examen nicht. Ganz einfach.«

»Ganz einfach«, wiederholte Said und strahlte mich an.

»Können wir jetzt endlich weitermachen?« Charlotte hob ihr Buch an und ließ es auf den Tisch fallen. Offenbar hatte sie inzwischen die richtige Seite gefunden. Gaston schickte ihr den bösen Blick, streckte die Beine von sich und vergrub seine Hände in den Achselhöhlen.

»Heute sprechen wir über die Farben«, kündigte ich nach Besprechung der Hausaufgabe an. Dieses einfache Thema sollte selbst Gaston zufriedenstellen. »Weiß jeder, was das Wort *Farbe* bedeutet?«

Alle nickten.

Ich hielt meinen blauen Marker in die Luft und zeigte auf seine Spitze. »Was ist das?«, fragte ich.

Charlottes Arm flog hoch. »Ein Stift.« Stolz auf ihre Antwort schaute sie um sich.

»Äh, ja, richtig«, lobte ich. »Aber was *genau* ist das?« Ich malte mit dem Marker einen Klecks auf das Whiteboard.

»Ein Punkt.« Charlotte kräuselte sich mit leuchtenden Augen eine Haarsträhne um den Finger.

Ich schaute verzweifelt zu der Überschrift *FARBEN*, die ich an die Tafel geschrieben hatte, und wünschte mir ein anderes Thema herbei. Und die Rente.

»Mon dieu, das ist blau!« Gaston pustete Luft aus dem Mundwinkel, warf seinen Kuli auf den Tisch und drehte Däumchen. Zuerst vorwärts, dann rückwärts, dann vorwärts. Und wieder rückwärts. Ich riss meinen Blick von seinen angeknabberten Fingernägeln los und drückte mit verschiedenfarbigen Stiften weitere Klekse an die Tafel.

»Rot, Grün, Schwarz. Das ist einfach.« Gaston verdrehte gelangweilt die Augen und schob sein Heft von sich.

»Finde ich nicht«, protestierte Charlotte.

Gaston murmelte etwas in seinen Bart, was ich nicht verstand. Charlotte holte entrüstet Luft, warf ihren Kopf zur Seite und ihre Haare in Gastons Gesicht. Der rieb sich angewidert die Wangen mit dem Hemdsärmel und schubste ein Lineal als Trennlinie zwischen sich und seine Nachbarin. Mir drohte der Verstand auseinanderzufallen.

Mit einem Marker klopfte ich auf den Tisch. Zeit für das Einführen der Adjektivdeklination. Eines der schwierigsten Themen im Deutschunterricht, aber mit etwas gutem Willen machbar.

»Ist das ein grüner Stift?«, fragte ich in die Runde. »Antworten Sie bitte mit einem ganzen …«

»Was sonst?« Gaston schnalzte mit der Zunge.

»Ja, das ist ein grüner Stift«, antwortete Said.

Wenn mich in meinen Träumen je wieder ein Prinz in weißer Rüstung retten sollte, würde er Saids Gesicht haben. Und seine breiten Schultern.

Ich deutete auf das Fensterbrett. »Said, ist das eine grüne Pflanze?« Genau genommen waren die herabhängenden Blätter schon kränklich gelb.

»Ja, das ist eine grüne Pflanze.«

Ich schlug das Lehrbuch zu und tippte auf den Umschlag. »Ist das ein grünes Buch?«

»Ja, das ist ein grünes Buch.« Said würde das Examen eins a bestehen.

»*Quoi?*« Gaston haute mit der Faust auf den Tisch. »Grüner, grüne, grünes? Das macht überhaupt keinen Sinn!«, wetterte er halb auf Deutsch, halb auf Englisch. »Warum nicht: ein grün Stift, eine grün Pflanze, ein grün Buch? Das wäre viel einfacher. Wer hat diesen Unsinn bloß erfunden?«

»Diesen Unsinn bloß erfunden?« echote Charlotte.

Machten die beiden jetzt gemeinsame Sache? Die anderen Teilnehmer hingen entnervt auf ihren Stühlen. Ich spürte, wie die angespannte Atmosphäre die Arbeitsmoral sinken ließ.

Also gut, es war an der Zeit, das Geheimnis der deutschen Sprache zu lüften. Zeit, das Unerklärliche zu erklären. Zeit die Laune wieder zu heben.

»Sie wollen wirklich wissen, wer das alles erfunden hat? Na schön.« Einen Moment überlegte ich, die Schuld auf die Schweizer zu schieben, ließ es dann aber bleiben. Ich setzte mich im Schneidersitz auf meinen Tisch, machte ein feierliches Gesicht und begann:

»Es waren einmal zehn Männer. Eines Tages sagte der deutsche König zu ihnen: ›Unsere Sprache ist zu einfach, viel einfacher als andere Sprachen. Das müssen wir ändern!‹ Die zehn Männer setzten sich also zusammen und diskutierten Tag und Nacht. Nach einem Jahr stellten sie dem König ihre Idee vor: drei verschiedene Artikel ohne Logik, die Deklination der Adjektive, wechselnde Verbpositionen, Groß- und Kleinschreibung, den Akkusativ, Dativ, den Genitiv und viel mehr. Für den Genitiv bekam jeder von ihnen sogar ein Pferd und eine Menge Geld, und der König stellte Statuen der Männer vor seinem Palast auf. Heute ist dort der Reichstag. Wenn Sie in Zukunft nach Berlin reisen, müssen Sie die Statuen unbedingt besuchen.« Ich zwinkerte meinen Schülern zu, die begannen zu kichern, dann lachten sie los. Ziel erreicht.

»Also, ich war beim Reichstag, aber ich habe nichts gesehen«, brummte Gaston.

»Nichts gesehen«, wiederholte Charlotte.

Said schaute die beiden fassungslos an. Seufzend kehrte ich an die Tafel zurück und schrieb die Akjektivdeklination an.

ein grün-er Stift,
eine grün-e Pflanze,
ein grün-es …

Es waren einmal zehn Männer. Sie waren Beschützer der Gerechten, Helfer der Geplagten, Rächer der drangsalierten Deutschlehrer. Eines Tages bekamen sie eine geheime Eilnachricht. »Ein Notfall, schnell«, rief ihr Anführer. Sofort erkannten seine Mitstreiter den Ernst der Lage. Sie setzten ihre Masken auf, warfen sich in Strumpfhose und Umhang, hüpften in ihr Deutschmobil und …

Hihi, Tagträume waren schon was Feines!

ES BLEIBT ALLES IN UNSEREN VIER WÄNDEN

Maja hatte Bauchkrämpfe. Sie klammerte sich an einer Tasse Kamillentee fest und wimmerte zum Steinerweichen, während ich versuchte, sie zu bemitleiden, ein Mittagsbrötchen zu essen und gleichzeitig den Unterrichtsstoff für meine Nachmittagskurse an diesem Mittwoch in eine logische Reihenfolge zu bringen.

»Maja, wo bleiben Sie denn?«

Irgendwann – das hatte ich mir geschworen – würde ich herausfinden, wie Frau Moltke es schaffte, völlig unerwartet an beliebigen Orten des Sprachinstituts Gestalt anzunehmen.

Maja stöhnte laut auf und ließ ihren Kopf auf die Brust sinken.

»Ach Gott, Kindchen, Ihre Wangen sehen ganz fiebrig aus. Haben Sie etwa Ihre Tage?«

Außerdem wollte ich wissen, wie genau Frau Moltke zu ihren Schlussfolgerungen gelangte. Und sie dann noch so schamfrei aussprach.

»In dem Fall sollte vielleicht jemand anderes die schriftliche Prüfung übernehmen.« Mit drei großen Schritten, die ich der zierlichen Person nie zugetraut hätte, klebte sie plötzlich an meinem Arm. »Sie bereiten wohl vor.«

Ich blätterte durch den vorgesehenen Unterrichtsstoff und klopfte auf meine Notizen. »Für die Kurse heute Nachmittag.«

»Ach was, papperlapapp. Das können Sie später machen. Kommen Sie bitte gleich in mein Büro.« Frau Moltke machte auf dem Absatz kehrt und trippelte hinaus.

»Danke«, schwächelte Maja mir zu.

In der Tür drehte ich mich noch einmal zu meiner Kollegin um. »Ehrlich gesagt, so fiebrig sieht dein Gesicht gar nicht aus.«

Maja rieb sich den Bauch. »Bei mir rutscht das Fieber immer Richtung Nabel.« Sie fingierte einen Ohnmachtsanfall und klappte über der Teetasse zusammen.

Zehn Minuten später verließ ich mit einem Stapel Prüfungsunterlagen den Backofen, den Frau Moltke ihr Büro nannte. Mein erster August in Brüssel bestach durch Rekordtemperaturen von fast vierzig Grad. Mir sprudelte ein Wasserfall den Rücken hinunter, als ich mich dem Wartebereich näherte, in dem ein junger Mann seine Unterlippe mit den Zähnen bearbeitete. Er trommelte mit den Fersen auf den von Kratzern verstümmelten Holzboden, blätterte hastig eine Zeitschrift durch und warf sie auf den Stuhl neben sich. Sie verfehlte ihr Ziel und schlitterte zu Boden.

Seine Nervosität konnte ich gut nachvollziehen. Prüfungen hatten während der Schul- und Unizeit auch in mir abwechselnd Brechreiz und Fluchtgedanken ausgelöst. Unerträglich, dieses Gefühl, nicht zu wissen, was einen erwartete, die Angst zu versagen, nie einen guten Job zu bekommen und als Folge sein Leben in einer verfallenen Hütte mit Plumpsklo fristen zu müssen.

Kursteilnehmer legten aus verschiedenen Gründen Prüfungen ab. Einige brauchten den Nachweis für ihre Arbeit, andere wollten nach Deutschland auswandern, wieder andere machten es, unglaublich, aber wahr, für ihr eigenes Ego, als persönliche Herausforderung sozusagen.

Ich löste das angeklebte T-Shirt von meiner Rückenhaut, wischte mir den Schweiß von der Stirn und näherte mich dem Mann vorsichtig, um ihn nicht zu erschrecken.

»Entschuldigung, sind Sie ...?«

Die Tür zur Damentoilette flog auf, und eine robuste Mittfünfzigerin stapfte mit einem lauten *Hallo* auf uns zu. Sie ergriff meine Hand, noch bevor ich sie ihr entgegengestreckt hatte, und presste sie zu einem Häufchen Elend zusammen.

»Das ist meine Mutter, Frau M.«, sagte der junge Mann in nahezu perfekter deutscher Aussprache. »Sie muss heute machen Anfängerexamen.«

Als die Dame mich endlich losließ, zeigte ich mit dem, was von meinen Fingern übrig geblieben war, auf das Treppenhaus. Mit Mutter und Sohn im Schlepptau stieg ich die zwei Stockwerke zu den Unterrichtsräumen empor. Nach den Stufen zur ersten Etage begann es hinter mir zu keuchen, dann zu japsen. Als ich die Tür zum Klassenzimmer aufschloss, schnaufte und pfiff Frau M., als hätte sie die Zugspitze im Laufschritt bezwungen. Ihr Sohn hielt sie am Arm fest, während sie sich auf das Treppengeländer stützte. Aus dem Zimmer rollte uns eine Lawine sengender Luft entgegen.

»Och, och«, seufzte Frau M. Sie fasste sich an die Stirn und torkelte drei Schritte zurück. Langsam machte ich mir Sorgen. Hoffentlich fiel sie nicht hin und tat sich noch weh. Ich konnte nämlich kein Blut sehen.

Ich stürzte in den Raum, öffnete alle Fenster und ließ die Rollos zur Hälfte herunter. Wir warteten einige Minuten, bis das Zimmer sich abgekühlt hatte, anschließend bat ich Frau M., an einem der Tische Platz zu nehmen.

»Kann ich mit hineinkommen?«, fragte mich der Sohnemann und machte ein weinerliches Gesicht. »Wie Sie können sehen, hat Mama gesundheitliches Problem, und ich trage die Tabletten bei mir.«

Warum trug der gesunde Sohn die Tabletten bei sich und nicht die kranke Mutter?, drängte sich mir die Frage auf. Doch leider erst am Abend, als ich Marco die Geschichte erzählte. Genau genommen drängte die Frage sich Marco auf.

»Setzen Sie sich aber an einen der hinteren Tische«, sagte ich. Seine Mutter brauchte jetzt volle Konzentration.

Frau M.s Gesicht war immer noch rot vor Anstrengung, als ich ihr die Prüfungsunterlagen reichte. Ich schlug vor, mit dem Hörverständnis zu beginnen, einer passiven Aufgabe, während der sie sich hoffentlich entspannen würde.

»Kann meine Mutter etwas zu trinken bekommen?«, fragte der Sohnemann plötzlich von hinten.

Um zu beweisen, wie überlebenswichtig Flüssigkeit in diesem Moment für sie war, klappte Frau M. den Mund wie ein Goldfisch auf und zu und erzeugte trockene Schmatzgeräusche. Sie fuhr sich mit dem Finger über die spröden Lippen und trug dabei eine Schicht des dunkelrosa Lippenstiftes ab.

Ich lief ans andere Ende des Flurs zum Wasserspender. Als ich den Raum mit einem vollen Pappbecher wieder betrat, sah ich gerade noch, wie der junge Mann sich auf seinen Stuhl fallen ließ und die Mutter die Prüfungspapiere schichtete.

Ich schaute vom einen zum anderen und stemmte die freie Hand in die Hüfte. »Was haben Sie eben gemacht?«

»Ich habe meiner Mutter eine Tablette gegeben. Die Hitze, wissen Sie ...«

»Mmm, mmm«, machte Frau M. mit zusammengepressten Lippen und griff nach dem Wasser, das sie in einem Zug hinunterstürzte. Ich kniff die Augen zusammen. Die beiden waren mir nicht koscher.

Frau M. las die Aufgaben zum Hörtext, dann startete ich den CD-Spieler. Nach dem zweiten Durchlauf hielt ich das Band an. Frau M.s Kopf hing über dem Papier, der Stift, den sie verkrampft festhielt, bewegte sich nicht.

»Also, Qualität von CD-Player ist nicht wirklich ausgezeichnet. Der Dialog war kaum zu verstehen.« Der Sohnemann schon wieder. »Haben Sie keine bessere Gerät?«

Zugegeben, der Apparat klang ein bisschen metallisch. Bevor sie mir das später bei einem negativen Examensergebnis vorwerfen konnten, holte ich lieber das Ersatzgerät aus dem Schrank und startete die CD noch einmal.

Erneut zerhackten die Sprecher die Wörter, die Sätze schlichen dahin, während die Luft im Raum sich immer mehr verdichtete. Meine Augenlider schwollen an, mein Schädel verwandelte sich in einen riesigen Wattebausch, durch den Außengeräusche nur mit Mühe drangen. Auf einmal mischte sich die Stimme von Frau M. in das monotone Gerede. Ich schüttelte meinen Kopf in die Realität zurück und hörte Sohnemann etwas antworten. In seiner Muttersprache.

»Was haben Sie gesagt?«, fuhr ich ihn an und erstach ihn aus der Entfernung mit dem Zeigefinger.

»Wir haben nur bemerkt, wie heiß es ist hier.« Er setzte ein Pokerface auf.

Soso, heiß also. Den würde ich im Auge behalten.

Als Nächstes war der Lesetext dran. Ich tippte auf die Antwortmöglichkeiten am Ende der Aufgabe und erklärte Frau M., dass sie nicht jedes Wort im Text verstehen, sondern nur die relevanten Informationen finden musste. Die Dame tätschelte meine Hand und schenkte mir ein dankbares Lächeln. Sie las das Geschriebene mehrmals, machte ihre Kreuze in die Kästchen, kritzelte sie aus, malte sie an eine andere Stelle, kritzelte wieder.

»Wie heißen Sie eigentlich?« Sohnemann schlug die Beine übereinander.

»Angelika«, antwortete ich reflexartig und bereute es noch im selben Moment.

»Angelika«, wiederholte er und setzt einen Sahnebonbonblick auf. »Alles, was in diese vier Wände passiert, bleibt in diese vier Wände. Verstehen Sie, was ich meine?« Er entblößte seine Zähne.

Das sah zwar niedlich aus, aber ich verstand nur Bahnhof. Das fiel auch Sohnemann auf, denn daraufhin drückte er sich klarer aus.

»Können Sie meine Mutter vielleicht ein bisschen helfen?«

»Wiebittewas?« Ich fühlte mich in meiner Lehrer- und Prüferehre gekränkt. »Das hier ist eine öffentliche Prüfung!«

»Das ist richtig, aber wie ich schon sagte, innerhalb diese vier Wände ...«

»Diese vier Wände haben auch eine Tür!« Mein Arm flog ausgestreckt in Richtung selbiger. Sohnemann erhob sich vom Stuhl und bewarf mich auf dem Weg hinaus mit einem spöttischen Grinsen.

»Und lassen Sie die Tabletten hier!«

»Tabletten? Was für Tabletten?«, hörte ich ihn noch rufen, bevor die Tür ins Schloss fiel.

Frau M.s Gesicht nahm die Farbe einer unreifen Banane an. Ihr Blick schwankte ungläubig zwischen der Tür und mir hin und her und blieb schließlich an mir hängen. Ich zeigte auf die Wanduhr. Sie verstand meinen Hinweis und machte sich wieder an die Arbeit.

»Korrekt?« Zehn Minuten später streckte sie mir das Blatt mit dem Grammatikteil entgegen. Ich schob es zurück und forderte sie auf, die nächste Aufgabe zu lösen. Dann schlich ich auf der Suche nach verborgenen Spickzetteln um sie herum.

»Korrekt?«, fragte sie wieder. Ich schaute mir die Lösungen zu den ersten paar Fragen an. Alles richtig. Ohne etwas zu verraten, ermunterte ich sie, weiter ihrer Intuition zu folgen und weniger an sich zu zweifeln.

»Fertig.« Nach anderthalb Stunden legte mir Frau M. zögerlich die Prüfungsunterlagen in die Hände.

Ich überflog die Antworten. »Na also, circa achtzig Prozent sind okay.«

Frau M.s Wangenmuskeln rückten nach oben. Sie packte meine Schultern und wuchtete mich an ihre Brust. Kurz bevor mir schwarz vor Augen wurde, ließ sie mich los, drehte sich um, huschte zu ihrer Handtasche und griff hinein.

Schokolade!, fuhr es mir durch den Kopf. Schon wieder. In unserem Küchenschrank stapelten sich große und kleine Tafeln, zartbittere, weiße und Vollmilch. Einige hatten mir Teilnehmer am Ende eines Kurses geschenkt. Die meisten aber stammten von Schülern, die ohne Hausaufgabe zum Unterricht gekommen waren. Denen hatte ich den Schokoladenkauf nämlich als Strafe auferlegt. Hätte ich gewusst, dass sie meine Worte so ernst nehmen würden, hätte ich diese Methode schon viel früher eingeführt. Schokolade in täglicher Reichweite hatte auf mich eine beruhigende Wirkung. Wenn auch nicht auf Marco, der meinen Süßigkeitenkonsum mit zunehmender Sorge betrachtete.

»Meinst du nicht, dass es langsam reicht?«, hatte er mich neulich gefragt, als ihm beim Öffnen des Küchenschrankes mehrere Tafeln entgegengefallen waren. Er warf einen auffälligen Blick auf meine Oberschenkel.

»Willst du damit sagen, ich habe zugenommen?«

»Vielleicht könnten sie dir statt Schokolade Blumen schenken und kleine Plüschtierchen. Oder Flaschen Rotwein, zum Beispiel Valpolicella oder Montepulciano. Oder Barolo.«

»Schon gut, schon gut. Ich habe verstanden.« In den Tagen danach entließ ich meine Schüler von ihrer Schokoladenpflicht. Und stieg auf Kekse um.

Frau M. war inzwischen in ihrer Handtasche fündig geworden. Sie wirbelte zu mir herum, trapste auf mich zu und drückte mir etwas in die Hand. Ich blinzelte zweimal, bevor ich begriff. Ein Hundert-Euro-Schein!

»Oh, nein, nein, nein«, sagte ich und streckte ihr das Geld wieder hin.

Sie wedelte abwehrend mit den Fingern in der Luft.

»Nein, das möchte ich nicht.« Ich ging mit ausgestrecktem Arm auf sie zu. Sie packte einen Stuhl und stellte ihn zwischen uns.

»Frau M.«, rief ich streng. Ich legte den Schein auf den Tisch, vergrub die Hände in den Hosentaschen und sah zu, dass ich Abstand gewann. Da endlich nahm sie das Geld und steckte es zurück in ihre Tasche. Zumindest sah es so aus. Tatsächlich holte sie einen weiteren Hundert-Euro-Schein aus dem Geldbeutel, hängte sich die Tasche an die Schulter und stürmte wie eine Unwetterfront auf mich zu. Instinktiv duckte ich mich und stolperte rückwärts. Mit einem gewaltigen Satz war sie bei mir, packte meine Hand mit ihren Pranken und zwang mir das Geld hinein.

»Also gut, also gut, ich akzeptiere«, keuchte ich. Unter dem Vorwand, ihr noch etwas auf den Examensblättern erklären zu wollen, ließ ich die Scheine in ihre offene Handtasche gleiten.

»Och, och!« Frau M. haute mir auf die Finger, fischte das Geld heraus, zog wie eine Furie an meinem T-Shirt, packte mich an der Schulter, ich quiekte los, sie quiekte mit, sie drängte mich in eine Ecke, ich schlug einen Linkshaken, sie versperrte mir den Weg. Mit ihrem massiven Oberarm quetschte sie mich gegen die Wand, hauchte mir einen dankbaren Kuss zu und versenkte die Scheine in meinem Ausschnitt. Dann machte sie auf dem Absatz kehrt und rannte aus dem Zimmer.

Meine Beine gaben nach und ich rutschte langsam zu Boden. Vorsichtig lugte ich unter mein T-Shirt. Vielleicht hatte Frau M. ja auch nur so getan, als ob. So etwas Skurriles passierte schließlich nur in Woody-Allen-Filmen und nicht im richtigen Leben. Doch dann entdeckte ich sie: zweihundert Euro, festgeklebt zwischen meinen Rippen.

Maja kopierte gerade Unterrichtsmaterial, als ich ins Lehrerzimmer taumelte.

»Was tue ich jetzt damit?«, fragte ich, nachdem ich ihr den Vorfall geschildert hatte.

Sie griff nach den Scheinen und hielt sie prüfend gegen das Licht. »Wie wär's mit einer Sonnenbrille von Prada?«

»Mach keine Witze. Ich kann das Geld doch nicht behalten.«

»Oder einem Wochenendtrip nach Paris?« Sie grinste.

»Ich könnte es spenden.«

»Ohrringe von Swarovski?«

»Sie dürfen es auch dem Leiter des Sprachinstituts geben.«

Maja und ich fuhren zusammen, als Herr Krüger in der Tür erschien. Es gab ihn also wirklich!

»Der kann es nämlich an die Dame zurücküberweisen. Wäre das was?« Er steckte die Geldscheine in seine Anzugtasche und verschwand so plötzlich, wie er gekommen war. Maja schob die Unterlippe vor. Irgendwie sah sie enttäuscht aus. Dafür aber kernig und munter.

»Sag mal, deine Bauchkrämpfe haben sich auffällig schnell gelöst, nicht wahr?«

Maja erstarrte und schlang beide Arme um ihren Unterleib. »Oder wir hätten Schmerztabletten kaufen können«, wisperte sie und klappte über dem Kopierer zusammen.

Ich bin doch nicht doof!

Ich witterte Apfelkuchen. Schnell schloss ich die Tür des Klassenzimmers hinter mir und sog die warme Spätsommerluft ein. Quark war ebenfalls dabei. Und Vanillezucker. Roch ich da etwa auch …

»Schokoladentorte?« Meine Schülerin Eefje klappte den Deckel einer der beiden Schachteln auf, die sie vor sich auf den Tisch gelegt hatte. Mit einem Küchenmesser schnitt sie den Kuchen in, wie ich fand, viel zu kleine Stücke und verteilte sie auf die Pappteller ihrer Mitschüler. Ich versuchte, nicht zu offensichtlich hinzustarren.

»*Gefeliciteerd met je verjaardag!*« Nebensitzerin Hanne fiel Eefje um den Hals. Die anderen Kursteilnehmer stimmten in die Glückwünsche mit ein, scharten sich um das Geburtstagskind, schüttelten ihm die Hand und küssten es ab, ein Küsschen links, eins rechts, noch eins links. Das dauerte eine Weile, denn mein einfacher Mittelstufenkurs bestand ausschließlich aus Flamen, und das war unter ihnen so Sitte. Große sprachliche Schwierigkeiten erwartete ich in diesem Kurs nicht, ganz im Gegenteil. Niederländisch und Deutsch waren so eng miteinander verwandt, dass es keine mühseligen Erklärungen von Grammatik und Vokabular geben würde. Die Sprachen ähnelten sich zwar nicht wie Zwillinge, dafür aber mindestens wie Cousins ersten Grades. Obwohl, wenn ich da an meinen Cousin Fred dachte … Der trug mehr Ohrringe als ich und verbrachte seinen Urlaub am liebsten inmitten von Haifischen. Trotzdem, mit Flamen, die *Duits spreken* für *Deutsch sprechen* sagten, konnte nicht viel schiefgehen.

»Hier, für Sie.«

Ich näherte mich so zurückhaltend wie möglich dem Stück Torte, das Eefje mir anbot, verdrückte mich damit an den Lehrertisch und entschwebte vorübergehend dieser Welt. Zufällig verspürte ich sogar einen Riesenhunger, und das, obwohl mein Frühstück erst drei Stunden zurücklag. Wie jeden Morgen hatte ich zwei schlabbrige Brotscheiben mit Butter, Wurst und Käse verspeist, satt war ich aber nicht. Mir fehlte einfach die Reichhaltigkeit des deutschen Brotes. Vollkorn, Dreikorn, Siebenkorn, Sesam, Laugen, Weizenmisch, Dinkel, Dinkelvollkorn, Roggen, Roggenmisch oder Sonnenblumen. Da konnte Belgien nicht mithalten. Die Auswahl hier war begrenzt und der Geschmack so lala. Und das Schlimmste: Sie hatten nicht mal Butterbrezeln! Für mich ein guter Grund, irgendwann nach Deutschland zurückzukehren.

Andererseits besaß Belgien natürlich Pralinen. Viele Pralinen. Die bekanntesten Hersteller *Godiva*, *Neuhaus* und *Leonidas* bestachen durch Kreationen mit Trüffeln, Mandeln, Kaffee, Nougat, karamellisierten Haselnüssen, getrockneten Aprikosen oder Spekulatius, die so verlockende Namen trugen wie Napoléonette, Othello und Alexandre le Grand.

Tja, Brot oder Schokolade? So würde eines Tages die alles entscheidende Frage lauten.

»Krieg ich noch ein Stück?« Fassungslos schaute ich in die Runde. War ich das gerade?

Eefje schien nichts gehört zu haben. Sie schnitt den Apfelkuchen an und goss Orangensaft in die Pappbecher.

»Können wir Eefje ein Lied singen?«, fragte Hanne.

Klar doch! Ein Geburtstagsständchen auf Niederländisch war mir noch nie zu Ohren gekommen. Außerdem konnte ich mich aufgrund nicht vorhandener Sprachkenntnisse vor dem Mitsingen drücken. Singen in der Öffentlichkeit, da schüttelte es mich. Als Kind hatte ich zwar manchmal gesungen, aber nur versteckt unter dem Tisch. Meine logische Schlussfolgerung: Konnte niemand mich sehen, konnte auch niemand mich hören. Hätte ich im Mittelalter gelebt, wäre Singen auf dem Marktplatz für mich die effektivste Strafmethode gewesen.

»Natürlich, nur zu«, sagte ich und setzte mich mit einem zweiten Stück Schokoladentorte auf die Ecke meines Tisches. Mal sehen, ob ich etwas verstehen würde. Hanne pickte die letzten Krümel von ihrem Pappteller. »Könnten Sie es bitte vorsingen? Auf Deutsch?«

Erschrocken schaufelte ich mir mehrere Bissen in den Mund und kniff in meine vollgestopften Wangen. »Das geht gerade schlecht«, schmatzte ich und holte mir als Alibi noch etwas Apfelkuchen. Wenn ich langsam aß, sollten die Stücke bis zum Ende der Unterrichtsstunde reichen.

»Können Sie vielleicht den Text anschreiben?«

Na gut, das kriegte ich hin.

> Zum Geburtstag viel Glück,
> zum Geburtstag viel Glück,
> zum Geburtstag liebe Eefje,
> zum Geburtstag viel Glück.

Ich legte den Stift weg und hopste zurück zu meinem Teller. »Die Melodie ist die vom englischen *Happy Birthday*«, spuckte ich hervor und stopfte mir einen weiteren Bissen in den Mund.

Meine Schüler sangen die Strophe einmal durch und fingen wieder von vorne an. Lustig, die trällerten wie ein Schwarm Rotkehlchen, und sogar ich ertappte mich beim Mitschunkeln und innerlichen Mitsummen. Am Ende applaudierten sie sich selbst und setzten sich mit Kuchen-Nachschub zurück auf ihre Plätze.

»Mein Mann und ich sind genau an mein Geburtstag nach Brüssel gekommen, zwei Jahre vor«, erzählte Eefje. »Und jetzt endlich, nach langem Suchen, haben wir vor ein Monat ein Haus gekocht.«

»Sie haben was?«, krächzte ich.

»Wir haben ein Haus gekocht«, wiederholte meine Schülerin, ohne mit der Wimper zu zucken.

Ich dachte an meine Mutter.

»Kein Mann ist dir gut genug«, hatte sie in meinen wilden Jahren zu mir gesagt. »Dir muss man wohl einen backen.«

Damals erfuhr ich, dass man Männer backen kann. Aber ein Haus kochen?

»Wollen Sie damit sagen, Sie haben ein Haus gekauft?«

»Ja, richtig.« Eefje haute sich gegen die Stirn. »Niederländisch *gekocht* heißt auf Deutsch *gekauft*.«

Sieh an! Auf dieses Phänomen, die sogenannten falschen Freunde, stieß ich im Unterricht immer wieder: Wörter, die in zwei verschiedenen Sprachen ähnlich klangen, aber eine ganz andere Bedeutung hatten.

Eefje beschrieb ein idyllisches Bauernhäuschen, etwas abseits von Brüssel, inmitten von Flur und Feld, umgeben von grasenden Kühen und Pferden. »Und in der Nähe ist ein Meer.«

»Ein Meer? Mitten in Flandern?« Das war mir in den acht Monaten, die ich in Belgien lebte, entgangen.

Ihr Kollege Lieven kicherte. »Niederländisch *het meer* bedeutet auf Deutsch *der See*.«

Echt? »Wie heißt dann *das Meer* auf Niederländisch?«

»Selbstverständlich *de zee*.«

Natürlich, wo hatte ich nur meinen Kopf?

»Morgens zieht vor mein Haus immer ein dichter Mist herauf«, fuhr Eefje fort. »Das sieht sehr romantisch aus.«

Ich rümpfte die Nase. Unter Romantik stellte ich mir ganz

klar etwas anderes vor. Etwas weniger Geruchspenetrantes, vielleicht eine Wolke Rosenparfüm.

»*Mist* heißt auf Deutsch *Nebel*«, flüsterte Hanne Eefje zu.

Eefje reagierte nicht und schaute mit verklärtem Blick aus dem Fenster. »In der Nähe von das Haus gibt es einen großen Rotz, auf den ich mich jedes Wochenende setze und in die Ferne sehe.«

Mir blieb der Kuchen am Gaumen kleben. Ich unterdrückte einen Würgereiz und guckte hilfesuchend zu Lieven. Er formte mit den Händen ein gebirgsförmiges Gebilde und kritzelte etwas auf ein Blatt Papier:

NL rots = DE Felsen

»Das einzige Problem im Moment ist, dass wir noch kein Telefonanschluss haben. Ich kann also nicht bellen.«

Ich legte meinen Daumen ans Ohr und den kleinen Finger an den Mund und hob fragend die Augenbrauen. Lieven gab mir ein Okay-Zeichen.

NL bellen = DE telefonieren

las ich auf seinem Zettel.

»Ist das Haus neu gebaut?«, wollte Hanne wissen.

»Nicht wirklich. Es stammt aus der Zeit kurz nach dem zweiten Ohrloch der Welt.«

Mein Kopf schwirrte. In unserer Kindheit hatten meine Freundin Petra und ich eine Geheimsprache benutzt, die außer uns beiden niemand verstehen konnte. In diesem Klassenzimmer schien allerdings jeder Eefjes Sprachcode zu begreifen, nur ich nicht. Lieven schob mir das Papier zu.

NL oorlog = DE Krieg

Ich zog einen Stuhl heran und setzte mich neben ihn. Anscheinend würde ich seine Hilfe noch brauchen. Wie erwartet erzählte Eefje weiter.

»In der Nähe von mein Haus gibt es viele Winkel (*Geschäfte*), wo man gut parkieren (*parkeren = parken*) kann. Dort tun wir am Wochenende unsere Botschaften (*boodschappen = Einkäufe*). Mein Mann hat letzten Samstag eine Gartenschlange (*slang = Schlauch*) und eine Tapete (*tapijt = Teppich*) für den Wohnzimmerboden gekauft.«

»Eefje«, unterbrach ich meine Schülerin, »lassen Sie mich kurz einige Ihrer Wörter an die Tafel schreiben.«

Doch Eefje wollte davon nichts wissen. »Unsere Nachbarn sind alle artig (*aardig = nett*).«

»Eefje, einen Moment bitte.«

»Nur Finn, der Sohn der Familie von gegenüber, ist sehr brutal (*brutaal = frech*), aber gleichzeitig auch schattig (*niedlich*).«

»Eefje!« Ich winkte mit meinem leeren Pappteller. »Hören Sie mich?«

Eefje riss die Augen auf und erwachte wie aus einer Trance. »Natürlich höre ich Sie! Ich bin doch nicht doof!«

»Entschuldigen Sie bitte, das wollte ich damit nicht sagen«, stotterte ich.

»Nein, nein«, raunte Lieven mir zu. »Niederländisch *doof* bedeutet auf Deutsch *taub*.«

Na, herrlich! Ich schrieb die falschen Freunde mit der richtigen Übersetzung an die Tafel.

»Deutsch und Niederländisch sind zu ähnlich«, bemerkte Lieven. »Fast wie Cousins ersten Grades.«

Wo hatte ich das schon mal gehört? Nach der Arbeit würde ich sofort meinen Cousin Fred anrufen, um die Theorie zu testen. Vielleicht war Herumplantschen mit Haifischen doch ganz amüsant.

Am Ende der Stunde sammelten die Kursteilnehmer das Pappgeschirr ein und warfen es in den Mülleimer.

»Möchten Sie noch das letzte Stück Schokoladentorte?«, fragte Eefje.

»Nein, danke«, log ich höflich. »Ich bin total satt.«

Meine Schüler brachen in Gelächter aus. Eefje blickt mich verständnislos an. »Aber ich habe nur Orangensaft mitgebracht.«

»Bitte?«

Sie schüttelte den Kopf und folgte ihren nach Luft schnappenden Kollegen aus dem Klassenzimmer. Verwirrt packte ich meine Bücher in den Trolley, als mir Lievens Zettel zwischen die Finger fiel.

NL Ik ben zat. = DE Ich bin besoffen.

NUMMER ZWEI

»Weißt du was?« Marcos verschlafene Stimme drang durch die Dunkelheit, als ich nach einem nächtlichen Toilettengang wieder ins Bett kroch.

»Hm?« Ich kuschelte mich eng an ihn.

»Ich finde, wir sollten uns heiraten.«

»Was?« Ich stützte mich auf den Unterarm und starrte dorthin, wo ich Marcos Gesicht vermutete. »Wie, uns heiraten?«

Einer seiner Finger stach mir ins Ohr. »Entschuldigung.« Er fand meine Haare und ließ seine Hand darübergleiten. »Na, ich meine, ich dich und du mich. Also wir uns.«

Ich tastete nach seinen Augen, um sicherzugehen, dass sie offen waren und er nicht im Schlaf redete.

»Aua.«

»Hoppla.«

Marco zwickte mich in die Nase. »Also, was sagst du?«

War das jetzt ein Heiratsantrag? Um drei Uhr morgens in einer kühlen Herbstnacht? So ganz ohne teures Restaurant, Kniefall oder Ring im Sektglas? In Abwesenheit von laufenden Fernsehkameras und Publikum? Zugegeben, das hatte was. Maja und Florence würden Augen machen! Ich kramte in meinem Gedächtnis nach einer unvergesslichen Antwort.

»Äh, also, na ja, im Prinzip hätte ich nichts dagegen«, nuschelte ich.

Marco zog mich zu sich hinunter. Ich kuschelte mich wieder

in seine Arme, die Wärme seines Körpers umhüllte mich, und meine Zehen juckten wie der Teufel, wie immer, wenn ich mich ganz doll freute.

Ich und heiraten, wer hätte das gedacht? Eben war ich noch sechs Jahre alt gewesen und hatte mich geweigert, mit Hansi in einer Bank zu sitzen. Ebenso mit Peter, Jan, Michael oder Timo. Als Rache steckten sie mir das gesamte Schuljahr über Regenwürmer ins Mäppchen. Doch es kam schlimmer. Im Winter der fünften Klasse passten die Jungs uns Mädchen auf dem Schulweg ab und seiften uns ein, im Sommer versuchten sie, uns unter den Rock zu gucken. Also ehrlich, wie kleine Kinder!

Einige Jahre später passierte dann etwas Kurioses. Praktisch über Nacht verwandelten sich die Holzköpfe in attraktive Teenager, und von da an ließ ich mich gerne von ihnen zum Eis essen oder in die Jugenddisko ausführen. Doch kaum äußerte einer der Jungs den Gedanken an eine feste Beziehung, bekam ich nässenden Ausschlag. Und ganz viel Akne.

Was hatte sich in der Zwischenzeit verändert? Wie war diese Skepsis so schnell ins Gegenteil umgeschlagen? Und wann hatte ich eigentlich die Schwelle zum heiratsfähigen Alter überschritten?

Marco drückte mir einen Kuss auf die Stirn und strich mir über den Rücken. »Und wenn wir mal verheiratet sind, machen wir Babys. Mindestens fünf.«

Stopp! Bin ich überhaupt schon gebärfähig?

Arriba! Arriba!

Im Treppenhaus der Avenue de l'Yser numéro 52 roch es an diesem Donnerstagmittag nach gerösteten Zwiebeln und Speck. Die Holzstufen des Anfang 1900 gebauten Hauses knarrten bei jedem meiner Schritte, die mich hinauf in den dritten Stock führten. Irgendwo klapperte Mittagsgeschirr, aus einem Appartement drangen Radionachrichten auf Französisch.

Meine neue Schülerin Megan Grünewald erwartete mich in der Wohnungstür. Die Kanadierin war Hausfrau und mit einem Kölner verheiratet, der bei der Firma Paddle & Roll Inc. in der Finanzabteilung arbeitete. Für Ehepartner der Angestellten bot À propos Kurse in deren Zuhause an, hatte Frau Moltke mich aufgeklärt. Nach einer sympathischen Begrüßung hievte ich meinen Trolley über die Schwelle auf einen Eichenholzboden.

»Kaffee?«

»Gerne.« Ich folgte Megan in die Küche. Aus dem Fenster blickte ich über die Kronen einiger Bäume hinweg auf einen gepflegten Park. »Sie wohnen in einer schönen Gegend«, bemerkte ich.

»Ja, wir waren glücklich.«

»Sie hatten Glück?«

»Genau. Zucker?«

»Nein, danke.«

Ich lugte um die Ecke ins Wohnzimmer. Ein ledernes Ecksofa umrahmte einen für alte Brüsseler Häuser typischen Kamin, auf dessen Sims Tonfiguren standen. Zwischen zwei Bücherregalen wuchsen mannshohe Pflanzen der hohen Decke entgegen. Ihr Schatten fiel auf eine Staffelei, die mit bunten Klecksen bespickt war. Das Wohnzimmer hätte harmonisch aussehen können, wären nicht überall Bücher und Stifte auf dem Boden verstreut gewesen. Außerdem eine ... Plastikgitarre?

Eine kleine Gestalt flitzte hinter dem Sofa hervor, galoppierte an mir vorbei, schmiss meinen Trolley um und verschwand unter Megans Rock.

Megan reichte mir eine Tasse Kaffee und stellte einen Topf auf den Herd. »By the way, das ist mein Sohn Liam.« Sie zog einen sich sträubenden Jungen von etwa zwei Jahren auf ihren Arm.

Ein Sohn? Davon hatte ich in den Kursunterlagen nichts gelesen. Ich sammelte meinen Trolley vom Boden auf und rollte ihn den beiden hinterher ins Wohnzimmer. Liam hielt sich am Nacken seiner Mutter fest, musterte mich trotzig und streckte mir die Zunge heraus.

Was jetzt? So kleinen Menschen begegnete ich in meinem Lebensalltag nur selten. Und wenn, dann waren wir von Kindergartenzäunen, Erzieherinnen oder Eltern voneinander abgeschirmt. Auge in Auge hatte ich einem solchen Zwerg noch nie gegenübergestanden. Bis zu diesem Tag. Also, was tun?

Ich bleckte meine Zähne. Liam erschrak und tauchte hinter der Schulter seiner Mutter ab.

Megan führte mich zu einem runden Esstisch mit sechs Stühlen, an dem wir einmal pro Woche zusammenarbeiten würden. Sie ließ ihren Sohn auf das Sofa gleiten, legte ihm ein Malbuch und Buntstifte auf den Schoß und setzte sich zu mir. Schnell fand ich heraus, dass Megan durch ihren deutschen Mann schon etwas Vokabular und Grammatik gelernt hatte.

Zum Unterrichtseinstieg entschied ich mich für eine Kopie zum Thema *Tagesablauf*. Witzige Zeichnungen zeigten eine vierköpfige Familie, deren Mitglieder von morgens bis abends schwer beschäftigt waren. Wir sammelten die nötigen Wörter, und dann legte Megan los.

»Um sieben Uhr steht die Familie auf. Um acht Uhr frühstücken die Kinder.«

Ich war beeindruckt. Für jemanden, der nie einen Kurs belegt hatte, stellten die Sätze eine reife Leistung dar.

»Um Viertel nach acht Uhr nimmt der Vater eine Dusche.«

»Wir haben auf Deutsch das Verb *duschen*«, erklärte ich.

»Hahahahaha!« Liam stemmte die Hände in die Hüften und hüpfte wie eine Miniatur von Peter Pan auf dem Sofa auf und ab. Pling, pling, pling, purzelten die Buntstifte der Reihe nach auf den Boden, gefolgt von einem lauten Tschack, als das Malbuch auf dem Holz aufschlug.

»Um neun Uhr geht der Vater nach Büro.«

»Ins Büro.«

»Hahahahaha!« Liam krabbelte vom Sofa und wackelte mit dem Buch und den Buntstiften auf uns zu.

»Willst du hier sitzen?« Megan hob den Wicht auf den freien Stuhl zwischen uns. Liam griff nach Megans Unterrichtskopie, die sie in letzter Sekunde in Sicherheit brachte.

»Um elf Uhr putzt die Mutter Vakuum.«

»Das ist Englisch. Wir sagen *staubsaugen*.«

»Ah, danke. Um elf Uhr staubsaugt die Mutter.«

Liam schlug die erste Seite seines Buches auf und löste bunte Tiersticker heraus, die er mir auf den Handrücken klebte. Vorsichtig zog ich meinen Arm zurück. Sofort strampelte Liam mit den Füßen und begann lauthals zu quengeln. Seufzend schob ich ihm meine Hand wieder hin. Als auch der letzte Aufkleber saß, bemalte der Junge die frei gebliebene Haut zwischen ihnen mit Rot, Blau und Grün.

»Ist das okay für dich?« Megan blickte kurz von ihrer Kopie auf.

Die Antwort erübrigte sich, denn Liam hatte vorerst genug vom Malen. Er hangelte sich an der Stuhllehne hoch, fing an laut zu grölen und machte zickzackige Bewegungen. Megan applaudierte. »Super, du kannst ja ganz toll tanzen.«

Liam drehte mir den Rücken zu, er beugte sich vornüber, um seine Mutter zu umarmen. Und ließ einen ausgewachsenen Furz. Dessen Odeur sich sofort an meinen Nasenhärchen festsaugte. Ich brachte mein Gesicht näher an die Orchidee in der Mitte des Tisches, eine Plastikblume, wie sich herausstellte.

»Tja, Kinder«, sagte Megan.

»Hmhm«, näselte ich.

Liam setzte sich wieder hin und malte mit einem Kuli Kreise auf meinen Notizblock. Während seine Mutter weitere Sätze formulierte, tippte ich den Jungen unauffällig an und schüttelte den Kopf. Liam rammte mir seine Zehen gegen das Knie und krallte sich am Papier fest. Ich kriegte die Spirale des Blocks zu fassen und zog. Liam warf seinen Stift von sich, griff mit beiden Händen nach dem Heft und hielt dagegen.

»Das ist mein«, kreischte er in akzentfreiem Deutsch.

»Nein, mein!«, kreischte ich zurück.

Aus Megans Smartphone ertönte das metallische Gebell eines Hundes. Meine Schülerin legte die Kopie zur Seite und wandte sich Liam auf Englisch zu. »Hörst du das Bellen? Weißt du, was das heißt?«

Der Kleine schnitt eine Grimasse. »Ich muss aufs Töpfchen.«

»Wir versuchen, dass er dort macht Pipi«, sagte Megan. Sie hob ihren Sohn vom Stuhl und hockte ihn auf ein marineblaues Kinderklo mitten im Wohnzimmer. »Jede dreißig Minuten er soll auf die Kindertoilette. Bis jetzt hat aber nichts passiert. Nur in die Hose.« Sie setzte sich wieder zu mir, während Liam eine Rolle Toilettenpapier zerfledderte und damit seine Nase abtupfte.

»Um zwölf Uhr …« Megan schlug ein Wort im Wörterbuch nach. »Um zwölf Uhr muskelt die Mutter.«

»Bitte?«

»Die Mutter muskelt«, wiederholte sie und hielt mir das Wörterbuch hin.

to relax – Muskeln etc. entspannen

Ich knetete meinen Oberarm, um das Wort *Muskeln* zu erklären. »Das kann kein Verb sein, weil es großgeschrieben ist«, erläuterte ich.

Ein penetranter Geruch drang an meine Nase. Irgendwie roch es nach faulen Eiern und altem Käse. Also, ich war's nicht.

Megan schnupperte um sich. Als sie begriff, schlug sie die Hände zusammen. »Wow!« Sie sprang auf und hob Liam vom Töpfchen. »Oh mein Gott! Er hat *number two* gemacht! Nummer zwei«, rief sie mir zu. Die beiden beugten sich über das Kinderklo und betrachteten gemeinsam das Wunderwerk.

»*Holy cow!* Ist das alles aus dir rausgekommen? Was hast du bloß gegessen?« Megan wirbelte den Zwerg durch die Luft. Der quietschte vor Vergnügen.

»Braver Junge! Willst du das runterspülen?« Zusammen verschwanden Mutter und Sohn mit dem Ergebnis von Liams Bemühungen im Badezimmer. Ich hörte etwas im Wasser aufschlagen, dann die Spülung.

Liam kam aus dem Bad gerannt und baute sich vor mir auf. »Ich habe Nummer zwei gemacht. Ganz alleine!«

»Hähä, toll«, sagte ich und hob meine Daumen in die Höhe.

»Und weißt du, was deine Belohnung ist?«, rief Megan aus dem Bad.

»Speedy Gonzales«, brüllte der Kleine und hüpfte um meinen Trolley wie Rumpelstilzchen ums Lagerfeuer.

Megan holte den Laptop, legte ihn auf den Tisch und startete den Zeichentrickfilm mit der munteren Maus.

»Sorry für all das Chaos«, sagte sie zu mir.

»Nö, kein Problem«, schwindelte ich.

Kaum war der Film angelaufen, saß Liam wie gebannt vor dem Bildschirm. Ich schob Megan die Kopie ein weiteres Mal hin.

»Um 13 Uhr kocht die Mutter eine Pizza.«

»*Arriba! Arriba! Ándale! Ándale!*«, schrie Speedy Gonzales.

»Hahahahaha!« Liam griff wieder nach meinem Heft. In der Küche pfiff der Topf.

»Ich koche Bohnen.«

»Ach so.«

Vom anderen Ende des Korridors erklang Babygeschrei. Megan rannte los und kam kurz darauf mit einem Bündel auf dem Arm zurück.

»Das ist Olivia. Möchtest du sie halten?« Noch bevor ich Vor- und Nachteile gegeneinander abgewogen hatte, saß der Säugling auf meinem Unterarm und blinzelte mich aus schlaftrunkenen Augen an. Das Mädchen sperrte den Mund auf und gähnte. Speichelfäden flossen an seinem Kinn herunter und tropften mir auf den Pulli.

»Heute sie ist zehn Monate alt. Süß, *right*?«

Ich betrachtete das runde Babygesicht. Na ja, hässlich war sie nicht. Also gut, ich gab zu, irgendwie war sie niedlich mit ihren Pausbäckchen, den Miniohren und dem feinen Haar. Ich stupste mit dem Finger gegen ihre weiche Nase.

»Sprrrr«, machte Olivia und spritzte mir Spuckebläschen ins Gesicht.

»Marco, schläfst du schon?«

»Mhm.« Es war Mitternacht, und Marcos Atem ging tief und regelmäßig.

»Das mit dem Heiraten hat noch Zeit, oder?«

»Klar.«

»Und wegen Babys und so. Was hältst du eigentlich von Adoption?«

»Mhm.«

»Zum Beispiel einen zwanzigjährigen Manager?«

»Alles, was du willst, topolina«, murmelte Marco und rollte auf die Seite.

Ich schaltete das Aufnahmegerät aus und kuschelte mich an seinen Rücken. Was für ein Traummann!

WENN DAS WÖRTCHEN WENN NICHT WÄR...

»Gibt es in deinen Gruppen eigentlich Schüler, die du lieber magst als andere?« Marco löffelte sich Zucker in den Kaffee und schnitt eine neue Tüte Biscotti auf. An diesem Morgen wählte er durchlöcherte Getreidequadrate, die beim Eintunken zu schnell einweichten, grundsätzlich auf dem Weg zu seinem Mund abbrachen und mit einem lauten Platsch in der Tasse landeten. Ich holte vorsorglich einen Stapel Servietten aus der Schublade.

»Natürlich. In deinem Büro gibt es doch auch Kollegen, die du netter findest als andere.« Ich schmierte mir eine dicke Schicht Butter aufs Brot und bedeckte sie mit zwei Scheiben Putenwurst. Marco beobachtete den Vorgang mit einer schlecht verborgenen Mischung aus Interesse und Abscheu. Wenigstens hatte er aufgehört, Kommentare zu deutschen Frühstücksgewohnheiten abzugeben. Dafür durfte ich keine Dinkelspaghetti mehr ins Haus bringen.

»Was machst du, wenn dich ein Kursteilnehmer so richtig nervt? Du kannst ihn ja schlecht dorthin schicken, wo der Paprika wächst.«

»Der Pfeffer« Stimmt, das ging natürlich nicht.

»Gibt es im Moment so jemanden?« Ein Biscotto brach ab und landete mit einem eleganten Salto in Marcos Kaffee. Er rührte mit dem Löffel in der Flüssigkeit, bis eine hellbraune Masse an die Oberfläche stieg. Mir kräuselte sich die Nase.

»So schlimm? Wie heißt er denn?«

»Was?«

»Der unsympathische Schüler.«

»Ich weiß nicht, wen du meinst. In meinen aktuellen Kursen gibt es alle möglichen Typen, den schüchternen und den hyperaktiven, den präzisen und den schludrigen, den fleißigen und den faulen. Aber einen unsympathischen?« Ich schüttelte den Kopf.

Marco saugte die braune Masse vom Löffel und schenkte mir seinen Wer's-glaubt-wird-selig-Blick. Ich guckte weg und versenkte meine Zähne in der Brotscheibe. Marco schaute mich von unten an, dann von links und von rechts und wieder von links.

Ich machte ein Botox-Gesicht. »Nein, gibt es echt nicht.«

»Im Ernst?«

»Im Ernst.« Ich kratzte mit der Messerspitze am Tischtuch. »Außer ...«

»Also doch! Nun sag endlich, wie heißt er?«

»Nee, reden wir über was anderes.«

»Ach, komm schon.«

»Huch, da ist ein Loch im Tischtuch.«

»Bitte, nur den Anfangsbuchstaben.«

»Jetzt lass stecken.« Ich schnippte Brotkrümel in seine Richtung.

Marco wich aus. »Ist es ein S wie Sizilien?«

»Nein.«

»Ein V wie Venedig?«

»Falsch.«

»Ein M wie Mailand?«

»Themenwechsel!«

»Na schön.« Marco stand auf und räumte den Tisch ab.

»Wie, so schnell gibst du auf?« Das sah ihm gar nicht ähnlich.

Er lehnte sich lässig an die Spüle. »Ist dieser Schüler in Wirklichkeit eine Schülerin und heißt Lotta?«

Ich schnappte nach Luft. »Woher weißt du das?«

»Wenn die Nacht fällt, passieren die merkwürdigsten Dinge.« Marco riss seine Hände hoch und formte sie zu Klauen. »Du hast im Schlaf ihren Namen geknirscht.«

Oh – mein – Gott!

Die Prinzessin auf der Erbse

Lotta war noch nicht da, als ich den Freitagsunterricht mit der fortgeschrittenen Mittelstufe anfing. Sechs Mal hatte sie bereits durch Abwesenheit geglänzt, weitere zwei Mal und sie würde offiziell aus dem Kurs fliegen. Ob es auffiel, wenn ich die Tür von innen verbarrikadierte?

»Heute beginnen wir mit …«

Es klopfte an der Tür. Meine Haut schüttete eine Portion Stressschweiß aus. Herein trat Dániel aus Ungarn, der aufgeschlossene Mittzwanziger aus meinem ersten Kurs in Brüssel. Wie immer nahm er seine Baseballmütze ab und winkte in die Runde: »Moin, moin!«

Den hatte ich fast vergessen. Dániel wechselte aus Zeitgründen aus der Gruppe einer Kollegin in meine. Er setzte sich auf einen der beiden leeren Plätze zu meiner Linken, stellte sich kurz vor, dann begannen wir mit dem geplanten Unterrichtsthema: fiktive Identitäten erfinden. Dazu teilte ich die Klasse in Dreier-Teams und legte jeder Gruppe das Foto eines älteren Menschen vor.

»Geben Sie der Person zuerst einen Namen. Danach entwickeln Sie einen Lebenslauf, von dem Moment ihrer Geburt über Schulzeit und berufliche Karriere bis heute. War er ein guter Schüler? Wo hat er gearbeitet? Hat er Familie, wer sind seine besten Freunde? Was liest er gern? Treibt er Sport? Machen Sie sich bitte Notizen, die Sie im Anschluss mündlich ausformulieren.« Ich schrieb die Anhaltspunkte und die vorgegebene Zeit von fünfzehn Minuten an die Tafel, als plötzlich die Tür aufflog. Zuerst war niemand zu sehen, doch dann trat sie ein: Lotta!

Eigentlich trat sie nicht ein, sondern sie flatterte herein, wie die kleine Fee Tinker Bell aus *Peter Pan*. Sie warf ihre roten Locken nach hinten, würdigte die Klasse weder eines Blickes noch eines Grußes und strich sich die Augenbrauen glatt. Zwischen ihren zartrosa lackieren Fingernägeln dampfte frischer Kaffee, dessen Duft sich augenblicklich im Raum verteilte. Sie steuerte den einzig freien Platz neben Dániel an, musterte ihn kurz, riss ihren Rock nach vorne und ließ sich kerzengerade auf dem Stuhl nieder. Dann schlug sie die Beine übereinander und nippte an ihrem Getränk. Ich machte mir eine mentale Notiz, das nächste Mal ein paar Kissen und eine Erbse mitzubringen.

Ich bat die Klasse, sich wieder ihrer Aufgabe zu widmen und ging vor Lottas Tisch in die Hocke. Um die anderen nicht zu stören, erklärte ich ihr im Flüsterton, woran wir im Moment arbeiteten. Sie bohrte mit den Augen Löcher in die Wand hinter mir und senkte und hob das Kinn, was ich als Nicken interpretierte. Ich zog Dániel von seiner Gruppe ab und bat die beiden zusammenzuarbeiten. Als ich meine Runde machte, um die Arbeit der Kursteilnehmer zu begutachten, hörte ich plötzlich Schritte. Lotta näherte sich der Tür.

»Wo gehen Sie hin?«

»Zur Toilette. Muss ich fragen?« Bevor ich etwas sagen konnte, warf sie auch schon die Tür hinter sich zu. Zehn Minuten später flatterte sie mit einer neuen Tasse Kaffee, umgeben von Zigarettenqualm, wieder herein. Während Dániel an der gemeinsamen Aufgabe arbeitete, zupfte Lotta an ihren langen Haaren, surfte auf dem Smartphone und feilte dabei ihre Nägel. Das reichte!

»Lotta, die Aufgabe gilt für alle in diesem Raum, ohne Ausnahme.« Sofort richteten sich die Blicke der ganzen Klasse auf sie. Lotta seufzte übertrieben und steckte das Handy weg. Trotzig schaute sie Dániel zu, der Notizen auf ein Blatt Papier kritzelte.

»Dann hören wir mal, ob die Leute auf den Fotos ein gutes Leben hatten«, sagte ich. »Wer fängt an?« Für den dramatischen Effekt ließ ich meinen Blick über die Teilnehmer schweifen. »Lotta?« Ich lächelte süß.

Sie saugte die Wangen ein und schnappte Dániel das Blatt vor der Nase weg. »Der Mann auf dem Foto heißt Bruno Blaumann. Er ist Unternehmer und besitzt eine eigene Firma, die Badewannen herstellt.« Sie bedachte ihren Nebensitzer mit einem abschätzigen Blick.

»Tolle Fantasie, Dániel«, kam ich meinem Schüler zu Hilfe.

»Bruno Blaumann wurde am 24. März 1947 geboren. Wenn er sechs Jahre alt war, kam er in die Grundschule.«

Ein typischer Fehler. »Wie oft in seinem Leben war er denn sechs Jahre alt?«, stellte ich meine berühmte Fangfrage. Den Unterschied zwischen *wenn* und *als* hatten wir bereits bis zum Umfallen durchgenommen.

Lotta legte das Blatt auf den Tisch und schwieg.

»Ein Mal«, zischte es von allen Seiten. Sogar der verschlafene Jesper vom anderen Ende des Raums beteiligte sich.

»Für eine einmalige Situation in der Vergangenheit«, erläuterte ich souverän und schlug die Hände hinter meinem Rücken zusammen, »benutzen wir das Wörtchen *als*.« Abrupt drehte ich mich zur Tafel um und schrieb das Beispiel an.

Als er sechs Jahre alt war, kam er in die Grundschule.

Dániel beugte sich zu Lotta, murmelte ihr etwas ins Ohr und zeigte auf das Whiteboard. Offenbar erklärte er ihr die Grammatik. Lotta hörte aufmerksam zu, und dann passierte das

Unglaubliche: Sie lächelte ihn an. Heiliger Strohsack! Mir fiel auf, dass ich sie noch nie lächeln gesehen hatte. Im Gegenteil, wenn es etwas zu lachen gab, war Lotta die Erste und Einzige, deren Mundwinkel nach unten rutschten. Mit Grübchen in den Wangen sah sie richtig nett aus.

Nachdem alle Gruppen ihre Personenbeschreibung vorgelesen hatten, bat ich die Klasse, zur Wiederholung weiter Sätze mit *als* zu formulieren.

»Als ich gestern im Kino war, habe ich Popcorn gegessen«, sagte Lotta. Was war denn mit ihr los? Lotta strahlte Dániel an, der hob bewundernd die Augenbrauen, worauf sie verlegen ihre falschen Wimpern niederschlug.

»Richtig«, lobte ich. »Sie sind gestern nur ein Mal ins Kino gegangen.«

»Als ich letzten Sommer zu Hause in Dänemark war, musste ich ins Zahnhaus gehen«, sagte Jesper.

»Wohin?«

»Ins Zahnhaus. Wie ein Krankenhaus, nur für Zähne.«

Lottas Wandel schien einen positiven Effekt quer durch den Raum zu haben. In der Regel lehnte Jesper wie der Schiefe Turm von Pisa an der Stuhllehne.

»Sie meinen zum Zahnarzt.« Ich verewigte seinen Satz am Whiteboard. Die Stunde entwickelte sich gut. Lotta lief zu Hochform auf, und ich bemerkte, dass sie und Dániel immer näher zusammenrückten.

»Jetzt bilden Sie bitte einige Beispiele mit *wenn* in der Vergangenheit, dann können wir den Unterschied zu den als-Sätzen ganz klar erkennen«, forderte ich die Gruppe auf.

»Wenn es nachts ein Gewitter gab, hatte ich früher schreckliche Angst«, sagte Lotta.

»Genau, *wenn* bezeichnet hier eine sich wiederholende Situation«, verdeutlichte ich die Grammatikregel hinter dem Satz.

Lotta schniefte traurig und richtete ihren Blick hilfesuchend auf Dániel. Der tätschelte ihr den Unterarm. So langsam wurde mir die Stunde unheimlich.

Jesper meldete sich. »Wenn ich ein Kind war, durfte ich nicht rauchen.«

Er rauchte also. Großer Minuspunkt. Ich überlegte, ob sich dieser Makel in seiner Examensnote niederschlagen sollte. »Wie oft in Ihrem Leben waren Sie denn ein Kind?«, stellte ich erneut meine Fangfrage.

Er zuckte mit den Schultern und ließ sich gegen die Stuhllehne fallen. »Wahrscheinlich öfter. Ich bin Buddhist.«

So konnte man die Sache natürlich auch betrachten. Die Lacher hatte er jedenfalls auf seiner Seite. Alle außer Lottas. Die war mit Dániel beschäftigt.

Ausflug nach Mainz

Ob ich Erasmus kennen würde, wollte Florence wissen. Sie zerrte ihren Koffer von der Gepäckablage des ICE, kramte zwei Äpfel hervor und warf mir einen zu. Er landete auf dem Boden und kullerte weg.

»Ja, klar.« Ich tastete erfolglos unter meinem Sitz nach der Frucht. »Das ist ein europäisches Austauschprogramm für Studenten. Warum fragst du?«

Als Florence nicht antwortete, richtete ich mich auf. Meine belgische Freundin starrte mich entsetzt an.

»Nein, ich meine Erasmus von Rotterdam. Der niederländische Humanist!« Sie deutete mit beiden Zeigefingern auf ihre Knie, wo ein Wälzer über das Leben des Mannes lag. Oh-oh! Ich wusste genau, was mich jetzt erwartete.

»Wo ist dieser blöde Apfel?«, versuchte ich abzulenken, warf mich auf den Boden und tat beschäftigt. Vergebens.

»Erasmus von Rotterdam«, hörte ich Florence' Stimme von oben, »ist wahrscheinlich 1467 in Rotterdam geboren, so präzise ist nichts bekannt, und hatte ein wunderherrliches Leben.«

Davon war ich überzeugt. Dem Umfang des Buches nach musste er vor allem ein langes Leben gehabt haben. Ich ergab mich meinem Schicksal und setzte mich Florence wieder gegenüber. Von Erasmus' Kindheit in den Niederlanden über die Weihung zum Priester, das Studium in Paris bis hin zu seiner Korrespondenz mit Luther und der Bekanntschaft mit Albrecht Dürer erfuhr ich alles Wissenswerte über das Leben des Multitalents, bevor Florence ihre Nase stillschweigend im Buch versenkte.

Die Zeitanzeige des ICE zeigte kurz vor Mittag. Noch eine Stunde, bis wir in Mainz ankommen würden. Florence, ich und die übrigen Lehrer von Paddle & Roll Inc. befanden uns in einer Woche unbezahltem Zwangsurlaub. Wie immer während der Herbstferien hatte die Firma einen Unterrichtsstopp angeordnet. Eine gute Gelegenheit für Florence, mir Mainz vorzustellen, wo sie ein Jahre lang studiert hatte, und dabei ihr Deutsch aufzufrischen.

Das Knattern des Zuges lullte mich ein, die Novembersonne schien mir auf den Pelz, ich schmiegte mein Gesicht an den fleckigen Fenstervorhang und schloss die Augen. In unserem Abteil befanden sich nur wenige Fahrgäste und es war angenehm ruh…

»Fürstelich!« Florence sprang hoch, aber nicht höher als ich. »Ah, gut, du bist wach«, sagte sie, und bevor ich nachfragen konnte, was denn so fürchterlich gewesen sei, öffnete sie ihren Mund: »Hier steht, Luther hat gerade verschwunden! Dürer hat Angst, man hätte ihn getötet. Der Papstlegat ist eben so ein Arschloch und hat schon zwei Leuten in Brüssel gebrannt.« Sie schüttelte ungläubig den Kopf. »Weitere Nachrichten in Kürze.«

Ich bohrte meine Fingernägel in den Vorhang und versuchte, meinen Herzschlag zu regulieren. Florence hatte ohne Witz Hummeln im Hintern. Zusammengeknülltes-Papier-in-Mülleimer-werfen-Wettbewerbe waren nur eine ihrer Beschäftigungen. Neben der Arbeit hatte sie vor Kurzem ein Geschichtsstudium abgeschlossen, spielte in einer Theatergruppe, lief Marathon und sang im Gospelchor. Sie las querbeet mindestens drei Bücher pro Woche und, man halte sich fest, besuchte einen Latein-Konversationskurs. Ihr neuestes Projekt: so viel wie möglich über das 16. Jahrhundert erfahren. Warum? Nur so. Während ich unter solcher Arbeitslast schnell widerliche Orangenhaut entwickelte, hüpfte sie durch die Gegend wie ein Flummi, ohne die geringste Spur der Erschöpfung.

»Möchtest du einen Brötchen?« Florence wühlte in einer Plastiktüte.

»Ein Brötchen«, korrigierte ich automatisch. Verflixt noch eins! Konnte man diese Angewohnheit in der Freizeit nicht irgendwie abstellen?

»Warum das denn?«, fragte Florence.

»Wie, warum das?« Ich packte das Brötchen aus der Alufolie. Salami mit Gurkenstreifen ohne Butter. »Alle Wörter mit -chen am Ende sind nun mal neutral und verweisen auf etwas Kleines. Deshalb heißt es auch *das* Mädchen, obwohl es ein weibliches Wesen ist«, ratterte ich herunter.

Florence lutschte an einer Scheibe Salami. »Das Brötchen ist also ein kleines Brot?«

»Genau.«

»Und das Mädchen ist dann was? Eine kleine Made?«

Ein Gurkenstück rutschte mir in die Luftröhre. »Magd«, hustete ich. »Ursprünglich eine kleine Magd.«

»Sollte es also nicht Mägdchen heißen? Ihr seid so unlogisch, ihr Deutsche.«

Nächster Halt war Mainz Hauptbahnhof. Endlich. Meine Knochen knackten, als wir mit unseren rollenden Gepäckstücken den Bahnhof verließen. Florence hingegen hopste wie ein aufgedrehter Floh vor mir her.

»Wundertoll!« Abrupt blieb sie vor mir stehen, mein Meniskus prallte gegen ihren Koffer. Ich schaute mich um, doch außer einem Hotel, einem Reisebüro und einer Straßenbahn, die gerade einfuhr, konnte ich nichts Außergewöhnliches entdecken. Florence rannte wieder los. Ich rannte durch den Schneematsch hinterher und holte sie auf der anderen Straßenseite ein.

»Vielleicht sollten wir zuerst zum Hotel gehen und unser Gepäck dort lassen«, schlug ich vor.

Florence wirbelte herum und packte meinen Oberarm. »Aber dann verlieren wir Zeit! Allein im Gutenberg-Museum werden wir Minimum drei Stunden brauchen.«

Werden wir?

»Außerdem wollen wir heute alles Kirchen besuchen.«

Wollen wir?

»Und dann müssen wir im Zentrum lustwandeln.«

Lustwandeln?

»Morgen sind wir doch auch noch hier«, protestierte ich.

Florence war schon wieder unterwegs. »Aber nur bis zu mittags. Und da gehen wir in den Römisch-Germanisches-Museum«, rief sie mir zu und verschwand mitsamt ihrem Koffer im Eingang einer kleinen Kirche. Ich überlegte kurz, ob ich dabei gewesen war, als wir diese Pläne gemacht hatten. Schon möglich. Vielleicht hatte ich gerade nicht hingehört. Oder ihr Französisch nicht verstanden. Oder ihr Deutsch. Oder, ach, was weiß ich.

»Unheimlich, nicht wahr?«, sagte Florence, als ich mich zu ihr gesellte.

So hätte ich uns auch beschrieben. Zwei mit Mütze und Wollschal vermummte Frauen, die Gepäckstücke auf Rädern über den steinernen Boden einer Kirche zogen. Ich blieb stehen und rollte meinen Koffer zwischen vier unebenen Steinplatten vor und zurück. Das gab einen tollen Rhythmus. Fast so, als würde Fred Astaire eine seiner Stepptanznummern vorführen. Oder Fred Astaire und Ginger Rogers zusammen. Vielleicht auch als Trio mit Gene Kelly. Das Echo dazu war unschlagb…

»Psssst.« Florence schob mir ihren Koffer in die Waden. »Die Leute gucken schon.«

»Und? Haben die noch nie Touristen gesehen?«

Während meine belgische Freundin in Ehrfurcht ob der Baukunst des Gebäudes erstarrte, betrachtete ich die bunten Comics auf den Kirchenfenstern.

Plötzlich ruckelte Florence an meinem Schal. »Hast du deinen Fernsprecher ausgemacht?«

»Meinen was?«

»Dein Handy. Benutzt ihr nicht mehr original deutsche Wörter, ihr?«

»Klar, aber keine, die so alt sind wie diese Kirche.«

»So alt ist sie nicht. Das ist Barock. Das kannst du an den korinthischen Säulen erkennen.«

Aha.

»Außerdem an den dramatischen Gesichter der Statuen und ihre voluminöse Kleidung.«

Hoffentlich hielt *mich* keiner für eine barocke Gestalt. Mein dramatischer Gesichtsausdruck besagte, dass ich Hunger und zudem ein dringendes menschliches Bedürfnis hatte und unter meinen wallenden Gewändern schwitzte wie ein mit Pelz bekleideter biblischer Hirte in der Sauna.

»Der barocke Baustil ... wie sagt man *imiter* auf Deutsch?«

»Imitieren.«

»Echt? Das ist Französisch, ihr Räuber!« Florence lenkte meine Aufmerksamkeit auf eine Heiligenfigur mit sehnsüchtiger Miene, die ihre Hände gen Kirchendecke streckte. »Der barocke Baustil imitiert reale Expressionen vom Körper.«

»Sollte der Stil dann nicht Expressionismus heißen?«

Florence schnalzte mit der Zunge. »Expressionismus kam viel später, du Banause!« Sie spazierte um die Kanzel mit den darauf sitzenden Engeln aus Marmor. »Die Engel erinnern an das letzte Abendessen und die Kreuzung«, erklärte Florence.

Ich begutachtete die Figuren mit gespieltem Kennerblick. Was ich erkannte, war Folgendes: Weiße Engel, die Kreuz und

Kelch trugen, hielten sich an der Kanzel fest, um nicht hinunterzufallen. Also gut, was Kirchen betraf, war ich eher praktisch veranlagt. Für mich sahen sie alle gleich aus, nur die Fensterform unterschied sich. Vielleicht auch der Klang, den ein Koffer machte, wenn man ihn über die Steinplatten rollte. Das müsste man mal auspro…

»Hör auf!«

»Entschuldige.«

Dann entdeckte ich doch etwas Interessantes: die Wunschwand. Ich ließ Florence eine verblichene lateinische Inschrift entziffern und las die aufgehängten Zettel.

»Hey, guck mal, der hier wünscht sich eine neue Waschmaschine. Mit Wasserstopp.«

Florence setzte sich an den bereitstehenden Tisch und kritzelte ihr eigenes Anliegen auf ein Stück Papier.

»Wie sagt man *établir* auf Deutsch?«

»Etablieren.«

»Das ist ja wieder Französisch! Ihr seid so ganz lustig, ihr. Total Diebe, einfach schandlos! Ich werde mich beschweren bei dem belgische Erste Minister.«

»Premier.«

Florence rang die Hände, knüllte ihren Wunschzettel zusammen und begann von Neuem.

»Wie sagt man massa… Ach, vergess es.« Sie heftete den Zettel an die Wunschwand und fügte noch schnell ein Komma hinzu.

Lieber Gott, bitte helfe die Deutschen,
um die französiche Sprache nicht so zu massacrieren.

»Lust auf ein Eis, bevor wir ins Museum gehen?«, fragte ich.

»Ein Eis? Mitten im Winter?«

Ich zog eine Augenbraue hoch. »Was soll daran komisch sein? Du trinkst doch auch Kaffee im Sommer.«

Florence seufzte tief und folgte mir durch die schwere Kirchentür hinaus. Im Stadtzentrum fanden wir ein italienisches Café, das reichlich Geschmackssorten anbot. Darauf legte ich Wert.

»Ein Ball Vanille in einer Tasse«, orderte Florence. »Was nimmst du?«

Walnuss, Pistazie, Tiramisu, Kokos und Schokolade. Mit viel Sahne. Vor einem Geschäft für Gartendekoration ließen wir uns das Eis auf der Zunge zergehen, was im Winter zugegeben etwas länger dauerte.

»Ha... hat unser Hot... Hotel eine Sauna?«, schlotterte Florence.

»Yep.«

»Heu... heute Abend gehe ich hin.«

»Du? Hin?« Florence betrat aus Prinzip keine Orte, an denen andere Leute sich fast oder ganz unbekleidet aufhielten, egal ob Sauna oder Schwimmbad.

»Ich brauche Wärme. Mir eg...gal, ob ich mir dort Champignons hole.«

»Pilze?«

»Ach, und dafür benutzt ihr ein deutsches Wort? Ihr spinnt, ihr Germanen!« Sie stapfte wieder los. Wir liefen vorbei an kleinen Läden, Weinstuben und Boutiquen, an märchenhaften Fachwerkhäusern und dem Mainzer Dom, auf dessen Stufen zwei Tauben gurrten. Florence und ich blieben stehen und beobachteten die zusammengekauerten Gestalten.

»Genau wie bei *Mary Poppins*!«, platzte es gleichzeitig aus uns heraus.

Mary Poppins, unser absoluter Lieblingsfilm. Wir hatten ihn mindestens zehn Mal zusammen auf Deutsch gesehen und kannten alle Lieder in- und auswendig.

»Bereit?«, fragte Florence.

»Bereit, aber du zuerst.« Schließlich befanden wir uns auf einem öffentlichen Platz.

Florence kannte da nichts. Sie räusperte sich und legte los:

> »Ist das ein herrliches Tag,
> so wie das Morgen ich mag.
> Ich geh gleich in der Luft.
> Niemals mir verschien
> das Gras so grün,
> die Luft voll Blütenfurz.
> An so 'nem schönem Feiertag mit Angie
> muss man gute Laune sein.
> Ist die Himmel grau und voller Wolken,
> Angie bringt uns Sonne schneien ...«

Florence warf die Beine von sich wie Mary Poppins' Freund Bert bei ihrem aufregenden Ausflug im Kreidebild. Ich kicherte wie ein kleines Kind und, ehe ich mich's versah, sang ich mit. Ich! In aller Öffentlichkeit und laut dazu. Florence hakte sich bei mir unter und zusammen vollführten wir alberne Tanzschritte im Schnee. Es war tatsächlich ein herrlicher Tag!

ERNESTO
UND DIE EHRENRUNDEN

»Aus dem Weg!« Maja rannte im Firmenflur an mir vorbei, bremste, machte kehrt, riss mir den Pappbecher Kaffee aus der Hand und verschwand im Lehrerzimmer. Die Zeichen waren mehr als offensichtlich: Wir hatten Anfang Januar und damit Semesterbeginn. Im »Raum der düsteren Geheimnisse« schrien etwa fünfzehn Lehrer aufgeregt durcheinander, traten sich gegenseitig auf die Füße, druckten schnell letzte Unterlagen aus und machten Kopien. Oder durchwühlten die Ablagefächer nach den Teilnehmerlisten für ihre neuen Kurse. So wie Maja.

»Die Mappen für die Deutschkurse?«, quiekte sie und starrte alarmiert auf das leere Fach. Jetzt bloß keine Panik. Wir suchten hinter den Computern, unter den Tischen, im Schrank und fanden die Teilnehmermappen schließlich im Ablagefach der Französischlehrer. Maja schnappte sich ihre und stopfte sie in den Rucksack. Bestimmt würde sie gleich den Flur hinunterstürmen und in ihr Klassenzimmer einfallen. Und das ganze fünf Minuten vor Unterrichtsbeginn! Zeit für die Geheimwaffe. Und die hieß *Pink Floyd*. Ich schnipste einen Rhythmus, trat dicht an Maja heran und flüsterte:

> »We don't need no education.
> We don't need no thought control.
> No dark sarcasm in the classroom,
> Teacher leave them kids alone.«

Dieses Argument zog immer, vor allem die letzte Zeile. Lehrer, die vor Unterrichtsbeginn den Klassenraum betraten, wurden von den Schülern sofort gesteinigt. Gedanklich. Und dabei konnten sie einen ganz nett anlächeln. Das war in der Schule schon so gewesen, das war in Firmenkursen nicht anders.

Pink Floyd half. Maja hockte sich auf eine Tischecke und rieb sich die Stirn, während ich einen Blick auf die Teilnehmerliste meines ersten Kurses warf, eine einfache Mittelstufe.

»Irgendwelche bekannten Gesichter?« Maja schüttete den Rest meines Kaffees in sich hinein.

»Ein paar. Andreea hier war in meinem Anfängerkurs. Ach, und da ist ja Said wieder, der ist total lieb und ...«

»Aber hallo!« Meine Kollegin schnappte sich die Mappe und starrte auf die Namen. Ihr Mund verzog sich zu einem breiten Grinsen. »Na, dann viel Spaß mit *dem* Kurs!«

Hörte ich da etwa einen leichten Anflug von Schadenfreude? Maja beschrieb einen dramatischen Bogen mit ihren Armen. »Ich sage nur ein Wort: Ernesto.«

»Ernesto? Ui, ui, ui!« Zwei andere Deutschkolleginnen kamen durch die Tür, die drei wieherten los, hielten sich aneinander fest, und bevor ich nachhaken konnte, verließen sie fluchtartig den Raum.

Was hatte das jetzt zu bedeuten? Ich fuhr mit dem Finger die Schülerliste entlang. Da war er: Ernesto Pereira. Wahrscheinlich Portugiese oder Brasilianer. Über den Namen war ich während meiner zwölf Monate in Brüssel nie gestolpert. Vielleicht spielte er den Klassenclown? Oder interpretierte die deutsche Sprache großzügig? Das wäre aber nichts Neues gewesen. Der war doch nicht etwa gefährlich? Ich machte auf jeden Fall ein Kreuzchen neben seinen Namen. Den würde ich gleich genau unter die Lupe nehmen.

Jetzt aber schnell! Ich schnappte mir den Trolley und hetzte durch die Gänge, vorbei an den anderen, bereits geschlossenen Klassenzimmern zu der einzigen Tür, die noch offen stand. Kurz davor zügelte ich das Tempo, setzte einen seriösen Gesichtsausdruck auf und trat ein. Vierzehn neugierige Augenpaare richteten sich auf mich. Normale Augenpaare. Ohne Anzeichen von Wahnsinn, Hyperaktivität, Mordgelüsten oder anderen Auffälligkeiten. Ich schloss die Tür, als eine gut gelaunte Stimme von draußen an mein Ohr drang: »Momentchen, Momentchen!«

Über den Flur eilte ein kräftiger Mensch auf mich zu, jeder seiner Schritte dotzte, als hätte er Sprungfedern unter den Schuhen, die schütteren Haare und der Rucksack auf seinem Rücken wippten auf und ab. Mit schweißnassem Gesicht machte er vor mir Halt, schob seine feuchte Hand in meine und platzierte ein Küsschen links und rechts auf meinen Wangen. Er roch ganz schön animalisch, wahrscheinlich Moschus ... hoffte ich.

»Mein Name ist Ernesto. Ernesto Pereira«, sagte er halb zu mir, halb zur Klasse. Ich wies ihm den einzig freien Stuhl am Ende des Tischhalbkreises zu. Er ließ seinen Blick durch das Zimmer wandern, griff sich den Stuhl und quetschte ihn zwischen zwei attraktive Frauen in der Mitte des Raumes, wodurch alle anderen Teilnehmer gezwungen waren, nach außen zu rutschen. Dann packte er Buch, Schreibblock und Kulis aus und setzte sich kerzengerade hin, Rücken steif, Augen geradeaus. Der pikierte Blick seiner Nachbarin fiel auf drei offen stehende Hemdknöpfe, die eine ungehinderte Sicht auf Ernestos grau behaarte Brust ermöglichten.

Ich lenkte die Aufmerksamkeit der Teilnehmer wieder auf mich. »Sagen Sie mir bitte Ihren Namen, Ihre Nationalität und warum Sie Deutsch lernen möchten.«

Chris aus England brauchte die Sprache in seinem Job. Witold aus Polen hatte deutsche Freunde. Shahai aus Malaysia reiste oft nach Deutschland und interessierte sich sehr für die deutsche

Kultur. Aus den Augenwinkeln sah ich, wie Ernesto mit wechselnden Kugelschreibern über das Gesagte Notizen anfertigte.

»Und Sie, Ernesto?«

Er legte den Stift beiseite und verankerte ein streunendes Haarbüschel hinter seinem Ohr. »Ich lerne Deutsch, weil ist eine sexy Sprache.« Er guckte von seiner linken Nebensitzerin zur rechten und zwinkerte ihnen zu. Einige der männlichen Kursteilnehmer grinsten, die Frauen überlegten noch.

Jetzt bloß die Hosen anbehalten. »Gut, interessanter Ansatz, ja, also, vielen Dank.« Ich bat die Teilnehmer, Namensschilder aufzustellen. Ernesto hatte sein Schild schon zu Hause vorbereitet. Es war doppelt so groß wie die der anderen, die Buchstaben seines Namens hatte er kunstvoll verziert und in Regenbogenfarben ausgemalt. Er kramte eine Handvoll Bleistifte aus dem Rucksack, spitzte sie der Reihe nach und legte sie akkurat nebeneinander. Ich schlug mein Buch auf.

»Exakt«, sagte Ernesto. »Wir können fangen an.«

NACH dem Frühstück fahre ich ins Büro.
NACHDEM ich gefrühstückt habe, fahre ich ins Büro.

»Was ist der grammatische Unterschied zwischen *nach* und *nachdem*?«, fragte ich und tippte auf die beiden Sätze am Whiteboard.

Ernesto fackelte nicht lange. Er drehte das Namensschild seiner Nachbarin zu sich um, bohrte ihr den Ellenbogen in den Oberarm und ließ ihn dort kleben. »Was du denkst, Sandrine, was ist die Unterschied?«

Sandrine schüttelte den Kopf und ruckelte, verfolgt von Ernestos Ellenbogen, zur Seite.

»Ernesto«, schritt ich ein, bevor meine Schülerin noch mehr in Bedrängnis geriet, »auf *nach* folgt ein Substantiv im Dativ, also *nach dem Frühstück*. *Nachdem* leitet einen Nebensatz ein, alle

Verben sind am Ende. Chris können Sie bitte den ersten Satz auf Seite 34 ergänzen?«

Chris überlegte kurz. »Nach ich im Restaurant gegessen habe, gehe ich ins Theater.«

Noch bevor ich korrigieren konnte, löste sich Ernestos Ellenbogen von Sandrine, und sein Arm schoss mit wackelndem Zeigefinger nach vorne. »Ts, ts, ts. Das – ist – falsch.«

Chris warf ihm rachsüchtige Blicke zu. Ernesto schlackerte mit den Augenbrauen.

»Was ist dann die richtige Antwort?«, forderte ich Ernesto heraus.

Er ließ den erhobenen Finger in der Luft stecken, plusterte sich auf und nickte wichtig in die Runde. »Keine Ahnung. Ich gehe nie in Theater. Zu teuer.«

Nach Unterrichtsende fand ich Maja an einem Brötchen knabbernd in der hintersten Ecke des Firmencafés. Ich warf mich auf den Stuhl neben ihr und rüttelte an ihrem Ärmel.

»Okay, raus mit der Sprache. Was weißt du über diesen Ernesto?«

Maja pochte mit dem Zeigefinger gegen ihr Kinn. »Mal schauen, Ernesto, dreiundvierzig Jahre alt, Brasilianer. Und Langzeitparker in jedem einzelnen Kursniveau.«

»Was noch?«

»Ich will dir ja die Überraschung nicht verderben«, giggelte sie und schälte genüsslich eine Orange. »Hast du eigentlich schon die Referatstermine verteilt?«

Donnerstag, einen Monat später

Ich liebte Referate aus drei Gründen. Nummer eins, weil ich die Unterrichtsgestaltung für einige Minuten an die Schüler abgeben konnte. Nummer zwei, weil ich mich auf die Fensterbank verkrümeln durfte und dadurch dem Zentrum der Aufmerksamkeit entfloh. Nummer drei, weil nicht ich sie halten musste. In der Schule gab es für mich nämlich nichts Schlimmeres. Referate vorzutragen bedeutete, von Blicken durchlöchert zu werden, zu stottern wie ein verklemmter Motor und hinterher mit gesenktem Kopf das Urteil des Lehrers zu empfangen.

Andreea setzte sich an den Lehrertisch, stand auf, setzte sich wieder hin, blätterte zum dritten Mal durch ihre Notizen, nippte an ihrem Wasser. Ich hockte ganz entspannt auf dem Fensterbrett und tat so, als würde mir ihre Nervosität nicht auffallen. Nach und nach trudelten die letzten Zuspätkommer ein. Als alle auf ihren Plätzen saßen, bat ich um Ruhe.

Andreea zeigte auf eine Landkarte, die sie ans Whiteboard gehängt hatte. »In meinem Referat geht es um meine Heimat Rumänien. Rumänien hat ...«

»Aaaaah«, machte Ernesto.

Andreea stockte, fing sich wieder und fuhr fort. »Rumänien hat zwanzig Millionen Einwohner und eine Fläche von ...«

»Aiaiai!« Ernesto kritzelte etwas auf seinen Notizblock. Ich beschloss, ihn zu ignorieren und ermunterte Andreea mit einer Handbewegung fortzufahren.

»... eine Fläche von insgesamt zweihundertvierzigtausend Quadratkilometern.«

Sie stellte sich neben die Karte. »Die Natur Rumäniens ist sehr schön. Für Touristen ist das Land ein idealer Ort, wenn man wandern und entspannen möchte.«

Andreea machte sich fantastisch. Die Regeln, die ich bei der Vergabe der Referatstermine vorgegeben hatte, befolgte sie ohne Ausnahme. Die Informationen zu ihrem selbst gewählten Thema sollten die Teilnehmer:

a) nicht aus dem Internet kopieren

b) möglichst frei in eigenen Worten vortragen und

c) in höchstens fünfzehn Minuten

»Politisch ist Rumänien heute ...«

»Gibt da auch Menschen?«, rief Ernesto und richtete seinen Kugelschreiber auf die Karte.

»Hier?«, fragte Andreea und zeigte auf die vermeintliche Stelle.

»Nein, mehr hoch.«

Bevor Andreea sich's versah, stand Ernesto neben ihr. »Ich meine hier.« Er klopfte auf einen Fleck in den nördlichen Karpaten.

»Ja, da gibt es auch Menschen.«

Ernesto verschränkte die Arme und verlagerte sein Gewicht auf das rechte Bein. »Und wie leben?«

Andreea warf mir einen verstörten Blick zu. »Die meisten sind Schäfer.«

Ernesto fuhr mit seinem Finger das Gebirge entlang. Zeit einzugreifen.

»Ernesto, setzten Sie sich bitte hin.«

»Wie vielen Leuten lebt in Rumänien?« Er ruderte mit seinen Armen vor Andreeas Gesicht herum.

Die trat einen Schritt zurück. »Wie ich schon sagte ...«

»Ernesto, das hier ist kein Privatinterview.« Ich hüpfte von der Fensterbank und pirschte mich vorsichtig an ihn heran, während mein Gehirn mögliche Horrorszenarien durchspielte. Was, wenn er sich querstellte? Und mich vor der ganzen Klasse blamierte? Welche Auswirkung hätte das auf meine Lehrerautorität? Einen Augenblick lang erwog ich, ihn von hinten anzuspringen und auf den Boden zu zwingen.

»Ungefähr zwanzig Millionen Einwohner«, sagte Andreea zögerlich. Die Blicke der restlichen Teilnehmer wechselten zwischen ihr, Ernesto und mir hin und her.

»Und die Fläche?«

»Ernesto«, ich fasste ihn an seinen herumfuchtelnden Händen, drückte sie nach unten und schaute ihm fest in die Augen. »Setzten Sie sich. Bitte.«

Mein Schüler guckte mich an, als wäre die Präsenz einer Lehrerfigur im Klassenzimmer so unerwartet wie die von Klopapier auf Autobahnparkplatz-Toiletten. Meine Muskeln zogen sich zusammen, fertig zum Sprung, doch dann fügte er sich und federte zurück an seinen Platz.

»Und? Hat Ernesto sein Referat schon gehalten?« Maja schmunzelte mich erwartungsvoll an, als ich mich im Café zu ihr in die Warteschlange stellte.

»Noch nicht, aber er beteiligt sich sehr aktiv am Unterricht.«

»Lass mich raten: Hat er sich ungebeten an die Tafel gestellt?« Sie gackerte los, legte dann gespielt fürsorglich den Arm um meine Schulter. »Kaffee oder lieber Energydrink?«

Achtung bitte!

Als ich zwei Wochen später das Klassenzimmer betrat, hängte Ernesto eine Deutschlandkarte an die Tafel. Mit Magneten, die viel zu klein waren, um die schwere Folie zu halten. Nach dem fünften Anlauf blieb die Karte zwar schief, aber immerhin hängen. Ich versuchte, einen Unterschied zu der Deutschlandkarte zu finden, die schon seit Anfang des Kurses neben dem Whiteboard an der Wand hing. Ohne Erfolg.

Ernesto nahm einen Stapel Papier vom Lehrertisch, strich sich die Haare glatt und hustete ausdrucksstark. »Achtung bitte! Ich beginne jetzt.« Er hielt die Kopien nah an seine Augen. »Mein Thema ist Alexander von Humboldt.«

Oha, da hatte er sich etwas Großes vorgenommen. Ich war gespannt, wie er das in fünfzehn Minuten abhandeln wollte.

»Achtung bitte«, wiederholte er. »Friedrich Wilhelm Heinrich Alexander von Humboldt, geboren 14. September 1769 in Berlin.« Er drehte sich zur Karte um, presste seine Nase daran und suchte. Im Westen Deutschlands. Dann im Norden, bis er die Stadt überraschend im Osten fand.

»Alexander von Humboldt, gestorben 6. Mai 1859 in Ebenda, war ein deutscher Naturforscher mit weit über Europa hinausreichendem Wir... Wirkungsfeld. In seinem über einen Zeitraum von mehr als sieben Jahrzehnten sich entfal... faltendenden Gesamtwerk schuf er einen neuen Wissens- und Reflex...ionsstand des Wissens von der Welt«, er holte tief Luft, »und wurde zum Mitbe... gründer der Geografie als empi... empirischer Wissenschaft.«

Ich blickte in die ratlosen Gesichter meiner anderen Schüler und unterbrach ihn. »Was genau bedeutet das, Ernesto?«

Er kratzte sich am Kinn. »Später, später«, winkte er ab und las weiter. »Er war der jüngere Bruder Wilhelm von Humboldts.«

Ein klarer Fall von Plagiat. Was sollte ich jetzt machen? Einerseits wollte ich meiner Klasse den viel zu schwierigen Vortrag nicht zumuten, andererseits auch Ernesto nicht vor seinen Kollegen kompromittieren. Ich entschied mich dafür, ihm die üblichen fünfzehn Referatsminuten zu schenken. Als die endlich vorbei waren, hatte der Naturforscher gerade seine erste große Expedition in Angriff genommen.

»Vielen Dank, Ernesto, das war sehr interessant. Ich denke, wir haben nun ein, äh, ungefähres Bild von Alexander von Humboldt. Den Rest kann ich später lesen.«

Ein erleichtertes Seufzen wanderte durch den Raum. Die Kursteilnehmer richteten sich aus ihren zusammengesackten Positionen wieder auf. Ich ging zum Lehrertisch und legte meine Hand auf Ernestos Referat. »Das nehme ich mit nach Hause.«

»Nein!« Er hopste auf mich zu, grapschte nach den Blättern und zog sie an seine Brust. Ich ließ nicht los.

»Doch.«

»Nein!«

Ein Papier ratschte entzwei. Einige Schüler kicherten. Die Karte löste sich von der Tafel und rumste zu Boden.

»Ernesto!«

Sein Kinn begann zu vibrieren, dann trottete er mit hängendem Kopf auf seinen Platz.

Des Rätsels Lösung hieß Wikipedia. Wort für Wort, Satz für Satz fand ich dort seinen gesamten Vortrag. Vor Beginn der nächsten Unterrichtsstunde konfrontierte ich ihn mit dem Ergebnis meiner Recherche.

»Hier.« Ich legte die Ausdrucke vor ihn auf den Tisch. »Das habe ich alles im Internet gefunden. Wie erklären Sie sich das?«

Er schlug die Hände über dem Kopf zusammen. »Unglaublich! Du bist keine Lehrerin. Du bist Polizin!«

»Ernesto, das Referat kann ich nicht benoten. In drei Wochen halten Sie bitte noch mal eins, aber diesmal ein richtiges.«

Ernesto trat näher an mich heran und raunte: »Problem ist, meine Deutsch ist nicht genug gut für Referat. Ich müsse verbessern.«

»Das müssten Sie.«

»Nicht nur Grammatik. Ich solle auch sprechen mehr Deutsch. Mit Deutsche«, raunte er etwas lauter.

»Das sollten Sie.«

Er rutschte noch näher und klimperte mit den Wimpern. »Was machst du heute Abend?«

Haarausfall

Ernesto ließ sich am Lehrertisch nieder, überflog ein letztes Mal die Notizen zu seinem zweiten Referat und legte sie dann beiseite.

»Heute spreche ich über Haarausfall«, verkündete er und warf seine Hände in die Höhe. »Haarausfall kann jeder haben, nicht nur alte Leute. Männer als auch Frauen.« Er schielte auf seine Anmerkungen, stützte sich an den Außenkanten des Tisches ab und hob seinen Oberkörper leicht an, so als wolle er aufstehen. »Haarausfall kann verschiedene Gründe haben.« Seine Finger bewegten sich zu seinem Scheitel und fuhren kunstvoll daran entlang. Dann glotzte er aufdringlich die Köpfe der Kursteilnehmer an und blieb mit den Augen an Saids Geheimratsecken haften.

»Effluvium ist der lateinische Name. Ef-flu-vi-um«, teilte er das Wort in Silben und dirigierte dazu einen Viervierteltakt. »Mögliche Gründe für Haarausfall sind: Pilzinfektion, Eisenmangel oder ...«, er haute mit der Faust auf den Tisch und starrte Agnieszka, eine Schülerin mittleren Alters, nieder, »... die Wechseljahre!«

Said hielt sich an seinen Hosenbeinen fest, sein Adamsapfel hüpfte vor unterdrücktem Lachen auf und ab. Agnieszka kämpfte mit aufsteigenden Tränen.

Ernesto war inzwischen aufgesprungen, warf weitere Fakten in den Raum und verteilte Medikamentenverpackungen und Beipackzettel an die Klasse. »Vielen Dank für Ihre Aufmerksamkeit«, schloss er seinen Vortrag ab. »Wenn es noch Fragen gibt, wenden Sie sich bitte nach dem Ende der Unterrichtsstunde an mich.« Er verbeugte sich elegant und schlenderte zu seinem Stuhl.

Das hatte ich nicht erwartet. Das Referat war ausgezeichnet

gewesen und das Vokabular dem Kursniveau angepasst. Wohl hatte er der Vortrag auswendig gelernt, aber zugegebenermaßen frei vorgetragen. Und dann noch in perfektem Deutsch, in genau zwölf Minuten. Wie hatte er das bloß geschafft?

Als ich meine Schüler an ihren Arbeitsplatz entließ, blieb Ernesto zurück und räumte seine Unterlagen zusammen.

»Ihre Notizen werde ich zu Hause korrigieren«, sagte ich, und bevor ich sein Referat an mich nehmen konnte, streckte Ernesto es mir auch schon entgegen. Wie? Kein Widerstand? Nicht das leiseste Murren?

In der Pause machte ich mich sofort über den Text her. Ich entdeckte keinen einzigen Rechtschreibfehler, nicht mal ein falsches Komma. Aber noch skurriler war: Es fand sich keine Spur seines Vortrags im Internet. Eines musste ich ihm zugestehen, schlau war er.

Wer auch immer ihm das Referat geschrieben hatte, ich würde ihn erst teeren, dann federn und vierteilen. Und ihm anschließend den Kragen umdrehen!

Der Igel

»Räumen Sie alle Unterlagen vom Tisch«, bat ich die Teilnehmer in der vorletzten Unterrichtsstunde.

»Können wir benutzen für dem Examen die Wörterbuch?«

»Sehr witzig, Ernesto, natürlich nicht.«

Mein Schüler verzog keine Miene. Offenbar hatte er die Frage ernst gemeint. Ich teilte die Prüfungsunterlagen aus, ging mit der Klasse die gestellten Aufgaben durch und gab das Startzeichen. Augenblicklich kritzelten Kulis auf dem Papier, einige hektisch, andere zögerlich. Alle Teilnehmer richteten ihre Augen auf das Examen vor ihnen, nur nicht Ernesto. Der richtete seine Augen auf das Examen seiner Nachbarin.

»Ernesto«, ermahnte ich ihn flüsternd.

Sein Kopf ruckte hoch und senkte sich dann auf seine Blätter.

Ich holte die bereits geschriebenen Prüfungen eines Anfängerkurses aus meinem Trolley und begann, sie zu korrigieren.

»So«, sagte Ernesto plötzlich. Alle schauten von ihren Aufgaben auf, nur Ernesto ließ sich von sich selbst nicht stören.

»Oh«, meinte er kurz darauf und tippte mit seinem Stift auf den Tisch. Die Teilnehmer guckten zu mir. Ich zuckte mit den Schultern und forderte Ernesto auf, leise zu sein. Das wurde er auch. Er flüsterte. Und zwar seiner Nachbarin etwas an die Wange. Ich ging zu ihm hin, beugte mich zu seinem Ohr hinunter und stellte ihm Verbannung aus dem Klassenzimmer und andere unangenehme Konsequenzen in Aussicht, sollte er weiterhin stören.

Zehn Minuten später massierte Ernesto seine rechte Stirnhälfte, während seine linke Pupille auf dem Blatt seiner Nachbarin haftete. Ich schob die Anfängerexamen beiseite, rückte meinen Stuhl in seine Richtung und ließ ihn nicht mehr aus den Augen. Hin und wieder gähnte und dehnte er sich, wobei er unauffällig testete, ob ich ihn noch anguckte. Tat ich. Und das für den Rest der Stunde.

Endlich war es so weit. »Kommen Sie nun bitte langsam zum Ende.«

Ernesto gab einen verblüfften Schrei von sich, sein Stift flog über das Papier, kleckste, strich aus, er blätterte vor und zurück. Ich sammelte zuerst die Prüfungen der anderen Kursteilnehmer ein. Als ich vor ihm ankam, rollte er sich wie ein Igel über seinem Examen zusammen. Ich griff nach den Blättern. Er haute mir mit dem Kuli auf die Finger.

»Bin noch nicht fertig«, motzte er.

Ich ging vor ihm in die Hocke, bis sich unsere Augen auf gleicher Höhe trafen. Ich setzte meinen strengsten Lehrerblick auf und starrte ihn in Grund und Boden. »Doch, Ernesto, das sind Sie.«

Ernesto saugte seine Unterlippe ein, gab die Blätter frei und zockelte den anderen hinterher aus dem Zimmer. Kaum waren die Schritte im Flur verhallt, rannte ich zur Tür und schloss sie, nahm seine Prüfung vom Stapel und setzte mich an den Tisch.

Aufgabe 1:
Bitte schreiben Sie Bedingungssätze im Konjunktiv Präsens:

  a) Karsten ist Lehrer. Er arbeitet an einer Schule. (Professor/ Universität)

Ernestos Antwort: »Wenn Karsten Professor wäre sein, er würde in das Universität arbeitet.«

  b) Herr Müller hat viel Zeit. Er kann mit seiner Frau in Urlaub fahren. (keine Zeit/nicht fahren)

Ernestos Antwort: »Wenn Herr Müller keine Zeit würde haben, ich würde mit seiner Frau in Urlaub fahre.«

Ich musste lachen. Also gut, für das letzte Beispiel gab es einen Punkt für Originalität. Trotzdem, die erforderliche Punktzahl erreichte er am Ende nicht. Ernesto fiel durch. Als Einziger.

Man kann's ja mal versuchen

»Das Examen dürfen Sie nicht behalten«, informierte ich meine Schüler bei der Rückgabe. Manche der Aufgaben könnten sich nämlich beim nächsten Semesterabschluss wiederholen. »Aber Sie haben jetzt genug Zeit, es durchzuschauen.«

Said haute sich an die Stirn. »Oh Mann, was für ein blöder Fehler! Frage zwei war so einfach.«

»Seien Sie nicht zu streng mit sich«, tröstete ich ihn und wandte mich an die ganze Klasse. »Sie können wirklich stolz auf sich sein. Sie haben es ... fast alle geschafft, und zwar mit gutem Notendurchschnitt. Falls Sie durchgefallen sind«, sagte ich zu der Luft vor mir, »ist das auch kein Drama.« Irgendwie tat Ernesto mir nun doch leid.

Der hörte mir aber gar nicht zu, sondern schaute immer wieder auf das Examen und krakelte dann etwas auf seinen Schreibblock. Mir schwante Böses. Mit einem Satz war ich bei ihm.

»Ernesto, was machen Sie da?«

»Nichts.« Er schirmte das Papier mit dem Arm ab.

»Zeigen Sie her.« Widerwillig rückte er das Heft heraus.

Darauf stand in seiner Schnörkelhandschrift der erste Teil der Examensfragen. Sprachlos blickte ich von oben auf ihn hinab. Vielleicht sollte ich ihn doch mal von hinten anspringen.

Montagmorgen, Semesterbeginn Ende August

»Aus dem Weg!« Maja rannte im Firmenflur an mir vorbei, bremste, drehte sich um, ich brachte meinen Pappbecher Kaffee vor ihr in Sicherheit, und sie verschwand mit leeren Händen im Lehrerzimmer.

»Was für Kurse hast du dieses Semester?«, fragte sie, während wir die Teilnehmermappen aus dem Ablagefach zogen.

»Drei Anfänger, drei Fortgeschrittene. Und du?«

»Vier Anfänger, einen Fortgeschrittenenkurs und eine einfache Mittelstu...«

Unsere Blicke trafen sich. Maja schlug ihre Mittelstufenmappe auf und ging mit hektischen Fingern die Schülerliste durch. Ich entdeckte den Namen vor ihr.

»Na, dann viel Spaß mit *dem* Kurs«, rief ich, beschrieb einen dramatischen Bogen mit meinen Armen und streckte ihr die Zunge heraus.

»Ernesto schon wieder? Ui, ui, ui!« Die zwei anderen Deutschkolleginnen lächelten mir wissend zu. Wir hauten uns auf die Schenkel, hielten uns aneinander fest und stolpern vergnügt hinaus auf den Flur.

EINE ARBEIT DER DRITTEN ART

Sie tat es wirklich. Maja schmiss das Handtuch. Zusammen saßen wir im Park am Seeufer, ließen unsere Füße im frühlingswarmen Wasser baumeln und teilten uns einen Tetrapack Eistee.

»Ganz ehrlich?«, sagte sie. »Leicht ist es mir nicht gefallen, den Lehrerjob aufzugeben. Aber dieses ewige Hin und Her, du weißt schon, unbezahlte Absagen der Einzelschüler, unbezahlter Urlaub ...«

»Aber der Job macht Spaß. Wir sind frei, unabhängig, und darüber hinaus ...«

»... erzwungene Arbeitspausen während der Schulferien, die volle Wucht der Sozialabgaben ...«

»... kommunizieren wir den ganzen Tag und lernen auch selbst was dabei, aber vor allem ...«

»... unbezahlte Krankheitstage, Wartezeiten zwischen den Kursen ...«

»... macht der Job Sinn. Pro Jahr bringen wir beide Hunderten von Leuten etwas bei. Das ist doch toll!«

»... und das Ausschlaggebendste: Ab Herbst geht die Firma auf Sparkurs und kürzt das Unterrichtsangebot. Das bedeutet weniger Arbeit für uns.«

Ach ja, richtig. Sogar Florence hatte bereits Konsequenzen aus dieser Tatsache gezogen und sich bei einem Museum in Berlin als Museumspädagogin beworben. Natürlich nur, um den Kartoffelnasen deutscheres Deutsch beizubringen.

»Außerdem schmeckt das Mittagessen im Café von Paddle &

Roll Inc. ziemlich gut!« Einen letzten Versuch, Maja zum Bleiben zu überreden, war es wert.

Die befreite ein Stück Quiche aus der Frischhaltefolie und biss hinein. »Ich will einfach mal ein bisschen Sicherheit zur Abwechslung.«

Es war also beschlossene Sache. Im nächsten Monat würde Maja mich verlassen und eine Stelle als Office Managerin in einer Lobbyistenfirma antreten. Ich beobachtete sie aus den Augenwinkeln, wie sie geistesabwesend Gras aus der Erde zupfte. Fast anderthalb Jahre unterrichteten Maja, Florence und ich schon Seite an Seite, und meine Freundinnen waren verdammt gute Lehrerinnen. In ihren Kursen strotzten sie vor Kreativität, konnten auch mit schwierigen Schülern gut umgehen und ließen sich durch nichts aus der Ruhe bringen. Und sie liebten ihren Job. Dass es ihnen schwerfiel, ihn aufzugeben, daran bestand nicht der geringste Zweifel.

Ich überlegte mir, wie ich reagieren würde, hätte ich eine feste Arbeitsstelle in Aussicht. Würde ich annehmen? Die Freiheit, aber gleichzeitig die konstante Unsicherheit meines Berufs gegen das durchaus verlockende Gefühl von Beständigkeit tauschen?

»Du wirst mir fehlen«, sagte ich und schob eine Träne zurück ins Auge.

Maja schnipste mit den Fingern und machte ein Gesicht, als hätte sie nach jahrelangen Bemühungen endlich die Erleuchtung getroffen. »Natürlich! Komm doch mit!«

»Wohin gehen wir?«

»Nein, ich meine, in meiner Lobbyistenfirma suchen sie noch eine administrative Assistentin mit mehreren Sprachen.«

»Aber meine Freiheit! Meine Schüler!«

Maja schlug verzückt die Hände an ihre Wangen. »Wäre das nicht großartig? Wir würden beide was Neues anfangen, wären jeden Tag in den Pausen zusammen und denk an das feste Gehalt, die geregelten Arbeitszeiten! Na, was sagst du?«

Erst mal gar nichts. Majas Enthusiasmus steckte an, keine Frage, aber ich misstraute der Sache. Mal abgesehen von den Vorteilen meiner Arbeit, gehörte ich in der Domäne des Sprachunterrichts zu den Senioren, ich wusste, wie der Hase lief, und auch, wo der Hammer hing, mir machte niemand ein X für ein U vor. Okay, da gab es natürlich die negativen Punkte ...

In einem Job als Assistentin wäre ich die Neue, das Küken, die Ahnungslose, die mühsam eingelernt werden müsste. Was, wenn mir die Arbeit nicht gefiel? Klar, da wäre der Sicherheitsaspekt ...

Maja stupste mich an. »Außerdem schmeckt das Essen in der Kantine dort bestimmt viel besser.«

»Nee, ohne Scheiß jetzt?«

Zahlen, nichts als Zahlen

Ich saß auf einem Stuhl. In einem heißen Büro. Ich saß auf einem Stuhl in einem heißen Büro mit kleinen Fenstern, inmitten von Ordnern, Locher, Hefter, Büroklammern, Mappen, Lineal, Taschenrechner, Klebstoff, Notizzetteln und Stiften. Mir gegenüber schaukelte der Scheitel meiner belgischen Kollegin Leonie hin und her. Ich streckte meinen Oberkörper, schaute über den oberen Rand meines und ihres Computers und erhaschte einen Blick auf ihren Haaransatz. Woran sie wohl gerade arbeitete?

In der spiegelnden Oberfläche des Bildschirms betrachtete ich meine computergeröteten Augen, die sich anfühlten, als würden Chilischoten darin gedeihen. Ich zog das Internet zurate. Bewegung sollte helfen, behauptete eine Website und gab eine detaillierte Anweisung. Ich blinzelte mehrmals hintereinander, rollte die Augäpfel nach rechts und links, auf und ab, dann dreimal im Kreis. Und noch mal von vorne: rechts und links, auf und ab, dreimal im Kreis ...

»*Pardon, vous allez bien?*«

Vor meinem unscharfen Blick pixelte sich mein Chef, Monsieur Renard, zusammen.

»Äh, ja, alles in Butter«, rutschte es mir auf Deutsch heraus.

Monsieur Renard stieß Luft unter seinem Zwirbelbart hervor und hob fragend die Schultern.

»*Oui, oui, tout va bien*«, beeilte ich mich zu übersetzen. An den täglichen Umgang mit der französischen Sprache musste ich mich noch gewöhnen.

»*Alors*«, sagte mein Chef, »das sind die Belege meiner beruflichen Ausgaben vom Vormonat. Ordnen Sie sie bitte den passenden Kreditkartenabrechnungen zu.« Aus einem Briefumschlag schüttete er mir ein Durcheinander an Papierfetzen auf den Schreibtisch und glitt im eleganten Anzug zurück in sein Büro.

Seufzend rieb ich mir die Augen. Ich hatte es also auch getan. Ich hatte den Job als administrative Assistentin angenommen. Vor genau fünf Wochen, drei Tagen und sechseinhalb Stunden.

»Sie haben also auch Englisch studiert?«, hatte Monsieur Renard während des Vorstellungsgesprächs gefragt und war sich durch seine hellgraue Beatlesfrisur gefahren.

»Ja, wobei in Brüssel spricht man eher Globish, haha, dieses Mischmasch-Englisch, wegen der vielen Nationalitäten, Sie erraten es schon.«

Monsieur Renard rückte die kaum sichtbare Brille hinunter auf die Nasenspitze und fixierte mich mit einem Blick, der Chefs vermutlich angeboren ist.

»Können Sie gut Ordnung halten?«

Nun, mal abgesehen von dem Berg Unterrichtskopien, der sich in unserem Wohnzimmer aufschichtete. Und den Büchern, die überall herumlagen. Und den Plüschtierchen.

»Natürlich«, sagte ich. »Bei mir zu Hause kann man vom Boden essen.« Da fand man immer was.

»Kommen Sie gut mit dem Computer zurecht?«

Kunststück. Im Internetsurfen war ich nicht zu schlagen.

»Wie sicher bewegen Sie sich in Excel?«

»Tut mir leid, da war ich noch nicht. Aber letzte Woche habe ich Dinant besucht. Die Stadt am Fluss Meuse. Auf Deutsch ist das die Maas, müssen Sie wissen.« Das hatte ich damals extra nachgeguckt.

Offenbar schindeten meine eloquenten Antworten Eindruck, denn schwups hatte ich die Stelle.

»Du meinst, du hast jetzt einen richtigen Job? Mit Vertrag, stabilem Gehalt und so?« Marco war völlig aus dem Häuschen gewesen, als ich ihm am Abend die Neuigkeit erzählte. Er packte mich, hob mich in die Luft und drückte mir einen feuchten Kuss auf die Stirn. »Zur Feier des Tages werde ich ein superleckeres Essen präparieren!« Er ließ mich fallen und sauste in die Küche.

Na, dann wollen wir mal. Ich öffnete die Mappe mit den Kreditkartenabrechnungen. Und klappte sie sofort wieder zu. Zahlen, überall Zahlen. Ich atmete schwer. Zahlen waren launenhaft, im wahrsten Sinne des Wortes unberechenbar, Zahlen lösten bei mir einen Gehirnstau aus, besonders wenn sie in Gruppen auftauchten. Telefonnummern konnte ich mir trotz flüchtiger Erfolge dank der Mnemotechnik nicht merken, Hausnummern nur einstellige. Geburtstage? Hoffnungslos.

Ich brauchte Buchstaben, Wörter, Sätze, wollte sie aneinanderreihen und in die Welt pusten. Oder zumindest auf mein

Gegenüber. Ich schaute zu meiner Kollegin Leonie. Es war schon Nachmittag, und außer »*Salut, ça va?*« hatten wir noch kein Wort miteinander gewechselt. Zeit, das zu ändern.

»*Oh là là*«, sagte ich und klopfte auf die Mappe vor mir.

»*Oui*«, sagte sie, ohne die Augen vom Bildschirm zu lösen.

»*Des numéros*«, sagte ich.

»*Oui*«, sagte sie.

Das lief doch schon ganz gut an. Und jetzt unauffällig das Thema vom Geschäftlichen weglenken. Auf etwas möglichst Neutrales.

»Der indische Kampf um Unabhängigkeit war echt außergewöhnlich, oder?«

Leonie hörte auf zu tippen und hob eine Augenbraue. »*Quoi?*«

»Nächsten Monat feiern die Inder ihren Unabhängigkeitstag. Diese Widerstandskämpfer, die Art, wie sie ihre Ziele verfolgten, echt interessant. Kennst du Bhagat Singh?«

»Qui?«

»Er war einer von ihnen, ebenso natürlich Mahatma Gandhi, der in Wirklichkeit aber gar nicht Mahatma hieß und der, nebenbei gesagt, im Bundesstaat Gujarat geboren wurde. Ben Kingsley, dessen echter Name eigentlich Krishna Bhanji ist, und der Gandhi im Film verkörperte – habe ich schon erwähnt, dass dessen richtiger Name Mohandas Karamchand Gandhi war? –, ist interessanterweise auch zum Teil Gujarati.«

Leonie stierte mich an, als hätte ich Schwäbisch gesprochen. »*Eh bien*«, sagte sie, hob den Telefonhörer ab, reservierte den Raum für eine Besprechung und wandte sich wieder ihrem Bildschirm zu. Die Tippgeräusche ihrer Tastatur machten mich ganz hibbelig. Ich rief meine Mailbox auf und schickte eine Nachricht ein Stockwerk höher.

Hallo Maja,
hatte gerade ein tolles Gespräch mit Leonie! Trotzdem,
irgendwas stimmt hier nicht. Aber was? Ich find's schon
noch raus!

Hallo Angelika!
Quatschkopf! Du brauchst einfach etwas Zeit zum Ein-
gewöhnen.

Wahrscheinlich hatte sie recht. Aller Anfang war schwer, immerhin hatte ich jahrelang als Lehrerin gearbeitet, so eine Umstel-
lung dauerte eben, da musste ich Geduld haben, vielleicht noch
einige Wochen, möglicherweise sogar Monate, es würde schon
gut gehen, der Mensch war ein Gewohnheitstier, irgendwann
würde ich bestimmt froh sein über meine Entscheidung, hier
war ich schließlich sicher, hier wusste ich, was ich hatte, Spinat
mochte ich früher auch nicht.

»*Attention.*« Monsieur Renard lud einen Berg Papier vor mir
ab. »Sortieren Sie die Ablage alphabetisch nach Absender und
dann heften Sie die Schreiben bitte in die passenden Ordner.«
Er wedelte mit der Hand in die ungefähre Richtung des Akten-
schrankes und verschwand in seinem Büro.

Seufzend nahm ich das erste Blatt vom Stapel. Alphabetisch
also. Mein Blick fiel auf den kursiv gedruckten Brieftext, richtig
ästhetisch sah das aus. Er war auf Englisch verfasst, in drei Ab-
schnitte geteilt, die Sätze waren nicht zu kurz und nicht zu lang
und treffend formuliert. Ohne Zweifel stammte der Brief aus der
Feder eines Muttersprachlers. Der Text auf dem nächsten Blatt
enthielt einige Rechtschreibfehler und hier und da einen unpas-
senden Begriff. Gute Mittelstufe, schätzte ich. Noch ein Kurs,
und sein Niveau würde in nahezu perfekte Höhen schnellen.

»Kommen Sie nicht zurecht?«

»Huch, sind Sie nicht gerade in Ihr Büro ...?«

Monsieur Renard legte einen Notizzettel auf meine Computertastatur. »Buchen Sie mir bitte für diese Daten einen Flug nach London und zurück. Aber nicht zu früh am Morgen. Und auch nicht so spät am Abend.« Sein Sakko wirbelte nach hinten, als er kehrtmachte und zur Kaffeemaschine in der Büroecke ging. »Ach und übrigens, ich habe Ihnen per E-Mail fünfzehn Dokumente geschickt. Die können Sie ausdrucken und je zwanzigmal kopieren. Danach verteilen Sie sie bitte auf die Konferenzmappen. Kaffee?«

»Nein, danke, ich hatte schon einen.«

»Ich meinte, es ist kein Kaffee mehr in der Maschine. Kümmern Sie sich bitte darum!«

Liebe Maja,
Kaffee kochen? Mit einer Kaffeemaschine? Wir haben zu
Hause nur eine Espressokanne. Hilfe!

Hallo Angelika!
Jetzt keine Panik. Also, zuerst Wasser in die Maschine,
Deckel der Kanne auf »Tropfen«-Stellung drehen, Filter
oben rein, dann Kaffee in den Filter, ungefähr sieben
Löffel. Anschließend Maschine einschalten.

Liebe Maja,
ich schulde dir was, danke!
PS Kommt der Zucker gleich mit in die Filtertüte?

Hallo Angelika!
Feierabend! Ich muss schnell weg. Tim wartet.

Ich schaute auf die Uhr. Sie zeigte 17.30 Uhr. Und ich war noch nicht fertig. Also gut, Zucker in die Filtertüte. Und die Milch? Ach, was soll's! Ab ins Wasser.

»Na, carotina! Wie war dein Tag?«, fragte Marco, als er am Abend von einer späten Besprechung nach Hause kam.

»Hmm.«

Er setzte sich auf meinen Schoß. »Keine Sorge, das wird schon.«

»Hmm.« Ich steckte meinen Kopf in seine Achselhöhle und stellte mich tot.

»Komm, morgen sieht die Welt ganz anders aus.«

»Was ist morgen?«

»Freitag.«

»Echt?« Endlich war er da: mein Tag!

ACHT STUNDEN STUHLGANG

Inmitten einer Menschenherde trieb ich aus der Metrostation, hinaus in den morgendlichen Brüsseler Juliregen. Ich spannte den Schirm auf, den der Wind sogleich nach außen stülpte. Mit meinem Trolley im Schlepptau drückte ich mich an Gebäudefassaden entlang, vorbei an Bürohäusern, einem Sandwichladen und einem Zeitschriftenkiosk, überquerte eine gepflasterte Einbahnstraße, bis ich vor der schweren Tür von À propos zum Stehen kam. Durch das Fenster sah ich, wie Frau Moltke mit einem Lappen jedes einzelne Buch im Regal abstaubte. Majas Jobwechsel hatte sie verständnisvoll hingenommen, wenn auch mit enttäuschtem Gesicht. Eine Lehrerin zu verlieren, war schlimm genug, aber gleich zwei zur selben Zeit? Wobei …

»Wollen Sie also den Job?«, hatte Monsieur Renard am Ende des Vorstellungsgesprächs gefragt.

»Nun ja, im Grunde genommen ist es so …« Ich täuschte eine spontane Mandelentzündung vor, um Zeit zu gewinnen.

»Ach, noch ein Detail«, fügte er hinzu. »Die Stelle ist auf vier von fünf Wochentagen beschränkt. Die Freitage stehen demnach zu Ihrer freien Verfügung.«

»Oh, *ouiii!*«

Monsieur Renard, der sich an den Armlehnen seines Stuhles hochdrückte, hielt mitten in der Bewegung inne.

»Ich meine«, hüstelte ich, »ich würde Ihr Angebot sehr gerne annehmen.« Hihi!

Ich stemmte mich gegen die Eingangstür und betrat den Vorraum der Sprachenschule. Frau Moltke winkte mir durch die offene Bürotür zu. Ich winkte mit dem zerknautschten Schirm zurück. Drei Freitagskurse hatte sie mir angeboten, die gute Seele, einen Letten, eine Argentinierin und einen Finnen, dessen Unterricht an diesem Morgen in den Räumen im zweiten Stock beginnen sollte.

Mein neuer Schüler Jesse schaute alarmiert auf, als ich gut gelaunt durch die Tür ins Klassenzimmer fiel. Wir reichten uns die Hände, er schüttelte zu lasch, ich zu fest, wir ließen erschrocken los, ich setzte mich zu ihm, und wir stellten uns vor.

»Was genau möchten Sie denn in diesem Kurs lernen?«, fragte ich anschließend. Die Zielanalyse mit meinem neuen Schüler, besonders da dieser auf ein höheres Niveau zustrebte, war essentiell. Einerseits, damit er sich seiner Wünsche bewusst wurde, andererseits ersparte es mir das planlose Herumwühlen im Unterrichtsmaterial.

Jesse lockerte seine Krawatte. »Deutsch?«, sagte er zu dem Whiteboard hinter mir und rubbelte sich verlegen unter der Nase.

Ich wartete noch einen Moment. Vielleicht hatte ich ihn mit meiner Frage überrumpelt. Ich war mir sicher, irgendwo tief in seinem anzugumhüllten Inneren kannte er die Antwort. Jesse beäugte mich verstohlen, während ich so tat, als würde ich über seine Äußerung nachdenken. Schließlich räusperte er sich: »Mein Chef hat mich zu Deutschkurs geschickt.«

Ach?

»Aber vielleicht Konversation?«, platzte er heraus.

Hervorragend! Konversation war gut, Konversation machte Spaß, und vor allem war Konversation nützlich. In erster Linie für mich. Deutsch auf hohem Niveau benutzte ich nur noch in Unterhaltungen mit Marco und Maja. Ob meine Muttersprache unter dieser Vernachlässigung leiden würde? So wie es angeblich anderen Kollegen passiert war, die seit Jahren in Brüssel wohnten?

So ein Quatsch!

»Einverstanden, machen wir also Konversation.«

Jesse faltete die Hände zusammen, steckte sie zwischen seine Knie und richtete den Blick auf den Tageslichtprojektor. »Aber ich habe ein Problem.«

»Ja?«

Er versenkte seinen Daumen im Mund und kaute auf dem Nagel herum, bis er plötzlich merkte, *dass* er darauf herumkaute, seine Hand alarmiert zurückzog und sie unter seiner Pobacke versteckte. »Ich bin so schüchtern«, sagte er und lief rot an.

Oh Gott, der arme Wicht! Sofort sprangen meine Spiegelneuronen an, und aus lauter Solidarität schoss auch mir die Schamesröte ins Gesicht.

»Erzählen Sie für den Anfang ein bisschen mehr über sich«, schlug ich vor. Das war ein unverfängliches Thema, darin hatte er bestimmt Übung und fühlte sich sicher.

»Mein Name ist also Jesse, ich komme aus Finnland, aus Tampere und arbeite bei der deutsche Firma Schaffel GmbH. Ich bin achtundzwanzig Jahre alt, verheiratet, habe eine Tochter mit ein Jahre und«, ein Lächeln grub sich in seine glattrasierten Wangen, »bald bekomme ich ein mehr Baby. Wir wissen es nur seit gestern. Meine Frau hat eine Schwangerheitsprüfung gemacht.«

»Eine was?«

Jesses Nasenflügel begannen zu beben. »Eine Schwanger... keits...prüfung?«

»Sie meinen einen Schwangerschaftstest. Wann genau kommt das Baby?«

»Der Liefertermin ist der 15. Januar nächste Jahr.«

Jesses Handy klingelte. Er lauschte einer weiblichen Stimme, gab ab und zu einen kurzen Kommentar und legte dann auf.

»Entschuldigung«, sagte er, »meine kleine Tochter ist nicht wohl. Sie hat seit letzte Nacht Bauchschmerz. Vielleicht ein Virus.«

Einen Moment lang nickten wir beide mit gerührtem Gesichtsausdruck der Tischplatte zu. Viren, Bakterien, persönliche Sorgen, das verband.

»Wie oft hat sie denn Stuhlgang?«, fragte ich in die kummervolle Stille hinein, um meine Anteilnahme zu formulieren. Als ob ich eine Ahnung von solchen Sachen hätte.

Jesse überlegte. »Etwa acht Stunden pro Tag. Sie kann noch nicht laufen. Der Babystuhl ist ganz neu. Warum?«

Mein Zwerchfell zuckte bedrohlich, ich zwickte mich in den Oberschenkel und dachte an einen Berg geschälter Zwiebeln und, als das nicht half, an meinen größten Albtraum, das Aussterben der Kakaobohne.

»Gut, dann fangen wir mal mit einem Konversationsthema an«, schlug ich vor. »Gibt es bestimmte Bereiche, die Sie besonders interessieren?«

Auf Jesses Stirn erschien eine Denkfalte. »Vielleicht Wirtschaft?«

Um Gottes willen!

»Oder Sport?«

Aber bitte keine Ballsportarten oder überhaupt Arten, bei denen man sich bewegen muss. Wie wär's mit Schach?

»Eventuell Politik?«

Ich geb mir die Kugel!

»Oder Bücher?«

»Ach, guck, wir teilen dieselben Interessen!«

Bei uns zu Hause stapelten sich Romane, Biografien, Sachbücher und, seit wir in Belgien lebten, auch Comics. Hergés *Tim und Struppi*, Morris' *Lucky Luke* oder Peyos *Schlümpfe*, sie alle kamen in Belgien auf die Welt. Comics gehörten zu Belgien wie die Currywurst zu Deutschland. Die witzigen Figuren liefen über Brüsseler Häuserfassaden, bevölkerten Metrostationen und ein eigenes Comicmuseum.

Unsere Bücher türmten sich in hohen Regalen, lagen neben und unter dem Bett, auf Stühlen, Tischen, dem Fensterbrett und sogar auf der Toilette. Abends knipste ich das Licht erst aus, nachdem ich mindestens zehn Minuten gelesen hatte. Nichts machte mich glücklicher, als zwischen den Seiten eines Buches zu verschwinden. Außer vielleicht eine Vollmilchschokolade gefüllt mit Walnüssen oder Joghurt oder Nougat oder Pfefferminz oder Mandeln. Oder weiße Schokolade gefüllt mit Walnüssen oder Joghurt oder Nougat oder Pfefferminz oder Mandeln. Aber nur, wenn ich niemandem etwas davon abgeben musste.

»Was lesen Sie denn gerade?«, fragte ich.

Mein Schüler senkte den Blick. »Eigentlich nichts.«

Oh. »Was ist das letzte Buch, das Sie gelesen haben?«

»Dracula«, sagte er und wurde ganz blass.

»Fabelhaft! Können Sie mir erzählen, was in dem Roman passiert?«

Jesse rutschte auf seinem Stuhl hin und her. »Ich habe das Buch vor ein Jahr gelesen.« Sein Kinn sank wieder nach unten. »Aber nur die Hälfte.«

Herrje. Vielleicht sollten wir das Thema wechseln.

»Wie wäre es mit Filmen? Wann haben Sie den letzten Film gesehen?«

Jesse dachte nach. »Vorgestern.« Er schien so erleichtert, dass er mich einen Augenblick offen anlächelte, bevor er seinen Blick an den Projektor hängte.

»Und welchen?«

»*Dracula*.«

Wie ulkig. Ich hoffte, er hatte außer Vampiren noch andere Hobbys. »Ganz?«, vergewisserte ich mich.

Jesse bejahte und versuchte sich an einer Zusammenfassung der Handlung. »Graf Dracula fährt aus Transsilvanien nach England. Dort trifft er eine Frau mit Name Mina und beißt sie. Dann verliebt sie in ihn.«

Kurz und prägnant, das musste man ihm lassen.

»In der Schule wären Sie mit einer solch knappen Inhaltsangabe durchgefallen«, scherzte ich und provozierte ihn damit hoffentlich zu ausführlicheren Vorträgen.

Jesse betrachtete den Fensterrahmen. »Durchfallen?«, sagte er nach einer Weile. »Das bedeutet, dass man alle paar Minuten in die Toilette muss, oder?«

Geschälte Zwiebeln, ausgestorbene Kakaobohnen und Spinnen im Schlafzimmer! Ich zählte bis drei und klärte ihn auf.

»Wie finden Sie die Darstellung von Graf Dracula in dem Film?«, führte ich unser Thema weiter.

Jesses Finger verschwand wieder zwischen seinen Zähnen.

Ich beschloss nachzuhelfen. »Am Anfang des Buches war Dracula auf seinem Schloss ein aufmerksamer Gastgeber und immer sehr höflich, aber im Film eher nicht. Was denken Sie?«

»Richtig, im Film war er genau das Gegenteil, ziemlich pessimistisch.«

Nun stellten die Adjektive *höflich* und *pessimistisch* nicht unbedingt die perfekten Gegenteile dar. Auch wenn ein Pessimist in der Regel wahrscheinlich wenig höflich war, konnte ich mir vorstellen.

»Aber doch!«, protestierte Jesse mit solcher Vehemenz, dass ich es fast mit der Angst bekam. »*Höflich* bedeutet mit viel Hoffnung, oder? Ohne Hoffnung ist dann pessimistisch.«

Aha, interessanter Gedanke. Diese Perspektive war mir vorher noch nie begegnet.

»Und was passiert am Ende des Filmes?«, fragte ich, nachdem ich ihm seinen Irrtum erläutert hatte.

»Am Ende tötet Mina den Graf.«

Das war ja ungeheuerlich. Dieses zarte Geschöpf? »Wissen Sie, dass die Handlung ist anders im Buch?«

»Dass die Handlung im Buch anders ist?«, fragte Jesse vorsichtig.

Huch, hatte ich eben einen Nebensatz falsch konstruiert? Ich? Ich tat so, als hätte ich nichts gemerkt und fuhr schnell fort. »Im Buch töten Minas Freunde den Grafen. Mina ist nicht in Dracula verliebt, sondern in ihren Lebensgefährten Jonathan Harker.«

»Lebensgefährte? Heißt das, er war gefährlich für sie?«

Ich schüttelte den Kopf. »Gefährlich war nur Graf Dracula.«

»Ja, er kam nachts immer durch die Fenster.«

»Achtung«, korrigierte ich. »Viele Wörter mit -er am Ende haben keine Pluralendung, so wie

der Computer – die Computer
der Wecker – die Wecker
der Kalender – die Kalender.«

Ich zückte meinen Zeigefinger und streckte ihn warnend in die Luft. »Aber es heißt:

das Fenster – die Fenstern.«

Jesse zwinkerte nervös. »Sicher?«

Stellte er etwa meine Deutschkompetenzen infrage? Natürlich war ich sicher. Ein Fenster, zwei Fenstern. Moment. Oder doch ein Fenster, zwei Fenster? Hä? Das musste ich unbedingt mit Maja diskutieren.

»In welchem Jahr wurde *Dracula* geschrieben?«, fragte Jesse.

Das wusste ich zufällig. »Genau drei Jahre vor Beginn des zwanzigsten Jahrhunderts. Das war 1879.«

Jesse pflückte Fingernagelsplitter von seiner Zunge.

»Meinen Sie 1897?«

Sagte ich doch.

Jesse schaute auf die Uhr. »Leider muss ich gehen. Aber für nächste Stunde kann ich die Zusammenfassung vom Film auf Papier schreiben. Vielleicht ein bisschen länger.«

Hui, ein Schüler mit Eigeninitiative. »Das würde ich sehr befürworten«, sagte ich.

Jesse stand auf und zurrte seine Krawatte wieder fest. »Befürworten.« Er richtete den Blick ins Leere. »Das bedeutet, etwas unterstützen, oder?«

»Genau.«

Er schulterte seine Aktentasche. »Gibt es auch *begegenworten?*«

Begegenworten? Komische Frage.

»Ja, natürlich.«

Hä?

UNTERRICHTEST DU NUR, ODER ARBEITEST DU AUCH?

Jonas hatte uns zu seinem Geburtstag eingeladen.

»Jonas? Wer ist Jonas?«, fragte ich Marco, als er am Abend den Tisch deckte.

»Na, Jonas, einer meiner deutschen Kollegen. Du weißt doch, er war letzte Woche mit uns im Kino.«

Ich erinnerte mich vage, dass jemand zu spät gekommen war und sich neben Marco gesetzt hatte, während wir Quentin Tarantinos *Inglourious Basterds* angeschaut hatten. Nur waren meine Augen geschlossen gewesen, denn Gewalt konnte ich auf der großen Leinwand nicht sehen.

»Und anschließend sind wir zusammen ins Restaurant gegangen.«

»Ach, das war derselbe Typ wie im Kino?«

Marco legte die Stirn in Falten.

»War nur Spaß. Wer kommt noch zur Party?«

»Soweit ich weiß, nur Kollegen von mir.«

Also lauter Ingenieure. Hoffentlich würden die nicht nur über Technologie sprechen.

»Und natürlich deren Partner.«

Gerettet!

»Und Kinder.«

Oh. Noch schnell eine Gasmaske kaufen.

Jonas' Party entpuppte sich als Grillfest. In seinem verwilderten Garten tummelten sich Menschen um einen langen Tisch, probierten verschiedene Getränke, füllten sich ihre Teller mit Essbarem und flüchteten damit unter die beiden Schatten spendenden Apfelbäume. Bunte Glühlampen hingen an Wäscheleinen quer über den Rasen, in einem Teich schwammen drei Koi-Karpfen, und laut Namensschildchen wuchsen die Kräuter in den Gartenbeeten alphabetisch nebeneinander, Anis links und Zitronenmelisse rechts.

»Schrullig, oder?« Ich drehte mich um. »Marco?«

Ich ortete meinen Freund mit einem Fisch in der einen und einem Steak in der anderen Hand auf dem Weg zum Grill. Und jetzt? Ich kannte niemanden auf der Party, weder Marcos Kollegen noch deren Anhang. In der Nähe des Gartenhäuschens entdeckte ich eine Gruppe von drei Frauen, die einen sonnigen Eindruck machten und außerdem Schokoladentörtchen aßen. Ich pirschte mich heran und gesellte mich zu ihnen. Miriam, Conny und Birgit stellten sich kurz vor und nahmen umgehend ihren Gesprächsfaden wieder auf.

»Das Schlimmste ist wohl das Windelnwechseln«, meinte die glatthaarige Miriam zu meiner Rechten. Sie balancierte einen Kuchenteller auf ihrem etwa acht Monate alten Babybauch und entpuppte sich als Jonas' Gattin.

»Und die schlaflosen Nächte«, bemerkte die kompakte Conny und winkte einem Mann zu, der ein Baby im Arm wiegte.

»Von den Kindergartenkrankheiten ganz zu schweigen«, seufzte Birgit und hustete.

»Wie kommst *du* denn mit dem Stress zurecht?« Miriam hielt mir den Teller mit den Schokotörtchen hin.

»Äh, ich habe keine Kinder«, sagte ich und nahm mir drei Stück.

»Wie? Etwa auch keinen Mann?«

Wenn Miriam ihre Augen auch nur einen Millimeter weiter aufgerissen hätte, wären ihre Augäpfel herausgeploppt.

Ich deutete auf Marco, der einem Ehemann am nächsten

kam. Er durchweichte gerade einen Pappteller mit einem Berg Kartoffelsalat.

»Ach, du bist Marcos Freundin? Die Lehrerin?« Miriams Blick hängte sich an meinen Nasenflügel, als stünde darauf mein Beruf geschrieben.

»Ehrlich gesagt …«

»Marco hat Jonas erzählt, du hättest einen Job im Büro angenommen, der dir aber keinen Spaß macht.«

»Ja, ich …«

»Also, meiner Meinung nach muss Arbeit nicht zwangsläufig Spaß machen. Auch wenn mein Job als Fotografin natürlich perfekt ist. Außerdem ist ein Bürojob was Sicheres. So was gibt man nicht einfach auf.«

»Tja, eigentlich …«

»Nee! Du hast ihn doch nicht etwa geschmissen? Jetzt erzähl, was machst du zurzeit? Unterrichtest du nur, oder arbeitest du auch?« Miriam schob sich ein Törtchen gegen die Oberlippe.

Ich holte tief Luft. »Ich arbeite von Montag bis Donnerstag in einem Büro. Und freitags arbeite ich ebenfalls. Als Lehrerin für Deutsch als Fremdsprache.«

»Deutschunterricht, genau, das will ich auch machen«, plapperte Miriam und strich bedächtig über ihren großen Bauch. »Sobald Cedric-Duncan aus dem Gröbsten raus ist. Im Mutterschutz fällt mir bestimmt bald die Decke auf den Kopf. Zwei, drei Schüler bei mir zu Hause, das wäre passabel.« Sie trat näher an mich heran. »Möglicherweise kannst du den einen oder anderen an mich weiterleiten?«

»Hast du denn eine sprachliche Ausbildung? Oder Erfahrung in dem Job?«

Miriam schaute mich verständnislos an. »Nein, aber Deutsch ist meine Muttersprache. Das reicht doch wohl als Qualifikation.«

Conny und Birgit nickten im Kanon. Über meinem Kopf brauten sich Gewitterwolken zusammen. Ich schnappte mir die gesamte Käse-Oliven-Platte von einem vorbeirollenden Wagen und stopfte mir zwei Häppchen in den Mund.

»Klar doch, mache ich gerne.«

»Danke, du bist ein Schatz. Will noch jemand …?«

»Ach«, unterbrach ich sie. »Vielleicht kannst du mir bei einem Problem helfen, so ganz unter zukünftigen Kollegen. Auf welchem Niveau würdest du denn die N-Deklination einführen? Zwar ist sie kein großes Thema, aber es gehören so verdammt wichtige Wörter dazu.«

Miriam schaufelte sich noch ein Törtchen in den Mund und kaute intensiv darauf herum.

»Du weißt schon, zum Beispiel maskuline Substantive, die auf -e enden, wie *der Junge, den Jungen, dem Jungen, des Jungen*.« Ich streckte ihr einen Käsewürfel vor die Nase und prustete los. »Nicht aber *der Käse, den Käsen, dem Käsen, des Käsen*. Denn das wäre ja albern, oder?«

Miriam blickte zu ihren Freundinnen. »Habt ihr vielleicht Lust …?«

Ich hielt sie am Blusenärmel fest. »Und dann die lokalen Ergänzungen! Die machen alle Schüler verrückt. Du ahnst, wovon ich spreche. Ich gehe *in den Park* spazieren oder *in dem Park* spazieren sind bekanntlich zwei verschiedene Aussagen. Aber wie du weißt, folgt auf die Frage *wohin?* ein Akkusativ und auf die Frage *wo?* ein Dativ, nicht wahr?« Ich zwinkerte ihr zu. »Natürlich gibt es auch hier Ausnahmen.«

Ich spießte eine Olive mit dem Zahnstocher auf. »Wo wir schon dabei sind, wie hältst du es mit der Fehlerkorrektur? Korrigierst du immer sofort, oder machst du dir in bestimmten Situationen Notizen und besprichst die Fehler später im Plenum?«

Miriam sah aus, als hätte sie eine geschälte Zitrone verschluckt. »Zugegeben, vielleicht ist Deutsch unterrichten schwieriger, wie ich dachte.«

»Als ich dachte«, dozierte ich. »Nicht vergessen: Vergleichen mit Komparativ, also dem Wort *schwieriger*, folgt immer ein *als*. Vergleichen mit Positiv, ein *wie*. Zum Beispiel: Es ist so schwierig, wie ich dachte.« Ich lachte wissend und spuckte den Olivenkern ins Gras.

Miriam drehte sich abrupt um und flüchtete zu dem Tisch mit den Desserts.

»Ach, warte mal«, rief ich ihr hinterher. »Deine Stelle als Fotografin wird doch bald frei, oder?«

»Warum?«

»Na, ich habe eine Kamera zu Hause.«

Marco briet gerade eine Makrele, als ich mich neben ihm und einem Kollegen an der Feuerstelle niederließ.

»Fisch?« Er spießte das Tier auf eine Gabel und hielt es mir hin. Ich lehnte höflich ab. Ich konnte nichts essen, was mich mit großen Augen anstarrte.

»Das ist übrigens Jules«, stellte Marco mir seinen wallonischen Kollegen vor. Wir nickten uns zu.

»Was machst du denn beruflich?«, fragte Jules auf Französisch.

»Ich bin ...« Ja, was war ich eigentlich? Ob Robert Lembke und seine Schweinderln eine Antwort darauf gewusst hätten? War ich wirklich eine Assistentin? Sollte ich meine neue Stelle behalten, obwohl sie mir nicht gefiel? Die Sicherheit vorziehen? Oder sollte ich zu meinem Lehrerjob zurückkehren? Den Kampf mit der Freiberuflichkeit wieder aufnehmen?

Ich dachte an Konflikte im Klassenzimmer, die geistige und stimmliche Erschöpfung nach zu vielen Wochenstunden und vor allem an die instabile berufliche Situation. Dann wanderten meine Gedanken zu Luca, Ajay, Kaito, Alberto, Cosmin, Eefje, Said, Megan, zu den Hunderten von Schülern, die ich in den vergangenen Jahren in Deutschland und Belgien unterrichtet hatte, an das bunte Miteinander, das Gelächter, den Austausch von Wissen und Erfahrungen. An die Freude, die mir die Arbeit bereitet, und den Sinn, den sie mir immer beschert hatte. Und an die Schokolade und andere Schülergeschenke. Ich zog eine Visitenkarte aus meinem Geldbeutel.

> ## ANGELIKA BOHN
> ### PROFESSEUR D'ALLEMAND

»Hier, Jules«, sagte ich. »Ich unterrichte Deutsch als Fremdsprache.« Und darauf war ich mächtig stolz.

»Was?« Der Fisch blieb auf dem Weg zu Jules' Mund in der Luft hängen.

»Ich bin Dozentin für Deutsch als Fremdsprache.«

Marcos Kollege schaute mich mit großen Augen an. »Na, das ist ja toll. Deutsch wollte ich schon lange lernen. Gibst du auch Privatkurse?«

»Darüber können wir reden.«

Marco klappte den Mund auf, wodurch eine witzige Ähnlichkeit mit seiner Makrele entstand. Ich lehnte mich an ihn.

»Ich fürchte, der Job als Assistentin hat die Probezeit nicht bestanden«, raunte ich ihm zu und strahlte wie ein Leuchtturm über das ganze Gesicht. Was Frau Moltke wohl dazu sagen würde?

Marco packte mich bei den Händen und zog mich zum Karpfenteich. »Sag das noch mal.«

Hoffentlich war er nicht enttäuscht. Ich erinnerte mich daran, wie sehr er sich über die Jobzusage gefreut hatte. Und jetzt?

»Ich habe es versucht, Marco, aber das bin ich einfach nicht. Ich bin Lehrerin, und solange der Job tragbar ist, werde ich auch Lehrerin bleiben.«

Marco schaute mir lange in die Augen, bis ich anfing zu blinzeln.

»Ist was?«

»Er ist weg.«

»Der Pickel von meiner Stirn?«

»Nein, dieser frustrierte Ausdruck in deinen Augen, den du seit Monaten zur Schau trägst.«

Er hatte es bemerkt. Mal abgesehen davon, dass ich mich so verhalten hatte, als wäre ich in dauerhaftem PMS-Zustand gewesen.

Marco kniete sich vor mich ins verstreute Fischfutter und nahm meine Hände in seine. Aus Jonas' Haus drang romantische Klaviermusik, die untergehenden Auguststrahlen spiegelten sich im Teich, rechts zirpte eine Grille und die bunten Glühbirnchen, die sich im Garten aneinanderreihten, gingen eines nach dem anderen an.

»Cipollina, willst du mich jetzt heiraten?«

Aufgeschreckt blickte ich um mich. »Was? Jetzt? Hier?«

»Nein, ich meine *jetzt* im Sinne von heute, heutzutage, in der kommenden Zeit, demnächst also, im Gegensatz zu letztem Jahr, als ich dich gefragt habe.«

Ach so. »Ja, das will ich«, hauchte ich.

»Blubb«, machte ein Karpfen neben uns.

Marco stand auf und legte seine Arme um mich. Sein Shirt roch nach Rauch und Kartoffelsalat. Bestimmt hatte er sich vollgekleckert, wie immer beim Essen.

»Sobald wir zu Hause sind, suchen wir einen passenden Tag für die Hochzeit aus, einverstanden?« Vor lauter Rührung verstopfte seine Nase. »Den schreiben wir dann ganz dick in unseren Kalendertermin.« Er rüttelte frotzelnd an meinen Ohren. »Und dann beginnen wir ein neues Leben.« Marco nahm meinen Kopf zwischen seine Hände und gab mir einen romantischen Kuss.

»In alter Frische!«, quetschte ich hervor.

Aber – Moment, was war das eben? Kalendertermin? Hihi, das gehörte unbedingt auf meine lustige Liste …

EPILOG
NIEMAND IST PERFEKT

Außer natürlich Mary Poppins, aber die bin ich nicht. Was zwangsläufig dazu führt, dass auch ich Fehler beim Fremdsprachengebrauch mache. Obwohl, die Wörter *Fehler* und *falsch* mag ich nicht. Die klingen mir zu sehr nach erhobenem Zeigefinger. Ein Fehler ist etwas, was man bereuen sollte, so wie meine Beziehung mit Sven in der sechsten Klasse. Der dachte nämlich immer nur an das eine: wie er am schnellsten an meine M&Ms herankäme. Als ich hinter seine wahren Absichten kam, tat es ganz schön weh. Heute bereue ich, jemals mit ihm Händchen gehalten zu haben.

Fehler beim Sprachenlernen hingegen fügen niemandem Schaden zu. Im Gegenteil, durch sie geht der Lernprozess sogar schneller voran. Wenn man sich nämlich einmal vor anderen Menschen zum Horst gemacht hat, möchten die meisten das in Zukunft tunlichst vermeiden. Und geben sich beim Lernen mehr Mühe.

Jawohl, ich gestehe hiermit offiziell: Selbst Sprachenlehrer produzieren manchmal linguistischen Quatsch. Oder formulieren wir es so: Wir benutzen die Sprache kreativ. Wie unsere Schüler eben auch. Beweise gefällig? Bitte sehr:

Ein feiner Unterschied (Kanada)

Wenn ich mich nicht irre, warf der Typ in der Ecke mir verführerische Blicke zu. Ich tat betont lässig, sollte er doch den ersten Schritt machen. Was prompt geschah, denn er steuerte mit zwei bunten Getränken auf mich zu. Meine Unifreundin Luna prostete mir von der anderen Seite des Raumes zu und hob den Daumen in die Höhe. Lange schon hatte sie diese Vorweihnachtsparty im Haus ihrer Eltern geplant, hatte die festliche Dekoration ausgesucht, die passende Musik ausgewählt, tausend Rezepte ausprobiert und schließlich die Einladungen verschickt.

Der Typ mit den Getränken umschiffte elegant die Grüppchen schwatzender Kanadier und hielt mir ein Glas vor den Bauchnabel. »Hi, I'm Paul. Cocktail?«

Was für ein komischer Name, dachte ich. Paul Cocktail. Abgesehen davon schien er aber ein netter Kerl zu sein, charmant, zuvorkommend und interessiert. Vor allem Letzteres.

»Gibt es McDonald's in Deutschland?«, fragte er. »Habt ihr Videorekorder? Kennt ihr *The Rolling Stones*?«

Hihi, nö, wir lebten in einem Vulkankrater, tief unter der Erde und ernährten uns von Lavabonbons. Ich stieß mit ihm an. »Och, wir unterscheiden uns kaum von den Kanadiern. Außer vielleicht in einer Sache. Wir essen nämlich keine Hühnchen in Deutschland.«

Pauls Kopf zuckte zurück. »Warum das denn?«

»Wir betrachten sie als heilig.« Ich schlürfte geschäftig an meinem Bunt-Getränk. Jemand machte die Musik lauter. Paul und ich rückten näher zusammen. Um uns besser zu verstehen, nicht wahr? Als das Essen serviert wurde, geleitete er mich zum Tisch und bot mir einen Stuhl an.

»Wann ist dein Geburtstag?« Paul zermalmte einen Brocken Lammfleisch zwischen seinen strahlend weißen Zähnen.

»Ende März«, antwortete ich und betrachtete fasziniert seine Mundhöhle.

»Oh, so then you're an Aries!«

Tatsächlich, ich war Widder von Sternzeichen, ein begeisterungsfähiger Abenteurer mit Hang zur Unvernunft, wie es sich gehörte.

»Mein Geburtstag ist Anfang September«, verriet Paul.

Ich war im Bilde. Meine Mutter wurde in derselben Periode geboren.

»So, then you're a virgin«, sagte ich. Jungfrau eben.

Schlagartig verstummte das Klappern des Bestecks und die übrigen Gäste glotzten mich an. Mich, die Deutsche, die ein Stück Rote Beete zwischen ihren Frontzähnen herauspulte. Und dann lachten sie los. Alle auf einmal. Wie auf Kommando.

Paul stieß mich an. »No«, sagte er mit wippenden Mundwinkeln. »No, I'm a virgo.«

Jungfrau eben. Nur nicht biologisch, sondern als Sternzeichen.

Ein ungewöhnliches Gericht (Schwabenland)

An diesem Tag hatte ich gekocht: vegetarische Maultaschen, gefüllt mit Spinat, Zwiebeln und eingeweichten Brötchen, etwas typisch Schwäbisches, speziell für unsere japanischen Freunde. Dazu gab es einen trockenen Lemberger. Marco entkorkte den Wein und schüttete ihn in eine Karaffe.

Mein Handy piepste.

Hallo angerika, wir kommen 10 minuten später.
Sorry, kaito

Offenbar beschränkte sich diese Eigenart Kaitos nicht nur auf den Deutschunterricht. Als die beiden Japaner eine Viertelstunde später klingelten, stand alles fix und fertig auf dem Tisch. Und es schmeckte! Kaito und Kichi schlugen ein zweites und drittes Mal zu, auch beim Wein hielten sie sich nicht zurück. Ich ebenfalls nicht.

»Entschuldigt bitte. *Toire itadakimasu*«, sagte ich nach dem vierten Glas auf feinstem Japanisch. Ich ging mal eben austreten.

Kaito versteckte sein Gesicht hinter den Händen und gluckste vor sich hin.

Marco stupste ihn an. »Komm schon, was hat sie gesagt?«

Kaito wischte sich die Lachtränen aus den Augen. »Sie sagt: Ich esse Toilette.«

> PS JPN itadakimasu = Höflichkeitsfloskel beim Essen,
> wörtlich: Ich empfange dankend
> JPN ittekimasu = DE gehen

Das Stadthotel (Frankreich)

»Wo zum Kuckuck ist dieses Hotel?« Marco lenkte das Auto in eine schmale Seitenstraße.

Ich kurbelte das Autofenster herunter und verrenkte mir den Hals, doch ein Hotel konnte auch ich weit und breit nicht entdecken. Pontault Combault, das Städtchen vor Paris, war klein, aber trotzdem unübersichtlich.

»Da ist es wieder!« Ich zeigte auf das Schild, an dem wir in einer halben Stunde fünfmal vorbeigekommen waren. »Da steht es doch schwarz auf weiß: *hôtel de ville*.«

Das Stadthotel war sehr wahrscheinlich teuer, aber nach der langen Anreise aus Deutschland in der Sommerhitze sehnten wir uns nach einer Dusche und etwas zu essen.

Marco seufzte und drehte die Klimaanlage höher. »Vielleicht sollten wir mal im Rathaus nachfragen, das ist gleich hier vorne.«

Aus den Trümmern meines Schulfranzösisch stieg plötzlich eine schwache Erinnerung hoch.

»Du, Marco. Ich glaube, *hôtel de ville* heißt gar nicht Stadt-hotel.«

Marco hielt am Straßenrand. »Sondern?«

Ich deutete auf das Rathaus. »Äh ...«

Klirrende Kälte (Italien)

Shoppen in Turin war herrlich. Doch nicht so sehr im Januar, denn die Minusgrade trieben Marco und mich schnell wieder in die Wohnung seines Studienfreundes Nino, bei dem wir während unseres Kurzurlaubs übernachteten.

Ich zog die Handschuhe aus und rieb mir die roten Finger. »*Fuori c'è un cane freddo*«, beschwerte ich mich. Draußen war es aber auch hundekalt. Nino blickte von seinem Buch hoch, um seine Augen bildeten sich Grinsefältchen. Marco ging zur Tür und öffnete sie.

»Brrr, mach sofort zu«, schimpfte ich.

Nino versank kichernd hinter der Sofalehne.

»Entschuldige.« Marco tätschelte mir das Ohr. »Ich wollte bloß den kalten Hund retten, der draußen sein soll.«

»Ach so, *fuori c'è un freddo cane*, hähä«, korrigierte ich mich und pikste den gemeinen Kerl in den Bauch. Nur gut, dass man auf Italienisch nicht *arschkalt* sagt.

Wo die Liebe hinfällt (Brüssel)

»*Est-ce que tu peux me donner le passé composé du verbe offrir?*«

Florence und die anderen Teilnehmer des Französisch-Konversationskurses warteten geduldig auf meine Antwort. Die Perfektform des Verbes *anbieten* also. Ich kramte in meinem Gedächtnis. Wie war das noch mal? Ich wusste, dass dieses Wort in der Vergangenheit eine unregelmäßige Form besaß, doch half mir diese Erkenntnis nicht weiter. Was sollte ich jetzt tun? Raten und mich vielleicht blamieren oder zugeben, dass ich nicht die geringste Ahnung hatte? Die Schande im zweiten Fall schien mir erträglicher.

Ich fürchte, ich weiß es nicht, wollte ich auf Französisch sagen. Nur, was hieß denn nun *ich fürchte* in dieser seltsamen Sprache?

Florence und meine Mitschüler stürzten sich auf eine Packung Vanillekekse. Also gut, wenn sich die Lösung schon nicht in meinem aktiven Vokabular befand, ließ sie sich bestimmt aus einer anderen romanischen Sprache herleiten. Aus dem Italienischen zum Beispiel. Da hieß *fürchten* nämlich *temere*. Das bedeutete dann folglich:

IT temere = FR temer

Das klang schon mal vielversprechend. Ich spann den Gedanken weiter: Wenn die erste Person auf Italienisch *io temo* hieß, würde sie im Französischen sicherlich ... jawohl, das war's!

Ich setzte mich aufrecht hin und sah Florence ins Gesicht. »Je tème...«, platzte ich heraus und machte anschließend eine Pause, um zu überlegen, wie der Satz weiterging.

Florence hielt es ganze zwei Sekunden aus, dann prustete sie mir Kekskrümel auf den Schoß. Die anderen stimmten ins Gelächter mit ein, ich blickte zwischen ihnen hin und her, verstand aber rein gar nichts. Bis Florence sich wieder fing, ein Stückchen näher rückte und mir tief in die Augen schaute: »*Oui, moi aussi je t'aime*«, japste sie, während bei mir der Groschen fiel und ich mit hochrotem Kopf in der Kekspackung versank. Übrigens bestreitet Florence bis heute, mir ihre Liebe gestanden zu haben. Feigling.

PS DE ich fürchte = FR j'ai peur / je crains

Skischuhe (Brüssel)

Da kam sie endlich. Vom Balkon aus sah ich Florence mit ihrem antiken Lancia die Auffahrt heraufschleichen. Ich schnappte meinen Rucksack und sprintete hinaus. Es war so weit: Unser sommerlicher Wochenendausflug zum Märchenfestival in den Ardennen stand an. Französischsprachige Erzähler aus aller Welt gaben dort jedes Jahr ihre traditionellen Geschichten zum Besten, außerdem lockten Bücherflohmärkte und leckeres Essen an Straßenständen.

Florence stieg aus und öffnete den Kofferraum. Neben ihrer Reisetasche erspähte ich Winterschuhe, wie ich sie dicker und fester nie zuvor gesehen hatte.

Mit diesen Schuhen könnte sie zum Skifahren gehen, dachte ich, und beschloss, diesen Gedanken umgehend verbal zu äußern.

»Avec ces chaussures tu pourrais aller chier.«

Florence fing an zu kichern und steigerte sich dann in einen ausgewachsenen Lachanfall hinein.

»Was denn?« In diesem Zustand würde ich auf keinen Fall zu ihr ins Auto steigen.

Florence schlug den Kofferraum zu und antwortete auf Deutsch: »Also wenn du mich fragst, ich kann auch wundertoll ohne die Schuhe scheißen gehen.«

PS DE Ski fahren = FR faire du ski

GANZ ZUM SCHLUSS

Würde ich in solch blamablen Momenten gerne mit Mary Poppins tauschen? Perfekt und souverän sein? Wie, und dabei auf den ganzen Spaß verzichten? Im Läbe net, wie die Schwaben sagen. Sprachen lernen ist ein spannender Prozess, voll von witzigen Missverständnissen, ulkigen Situationen und wundersamen Erkenntnissen. Wie Sprachen unterrichten auch. Oder anders gesagt: Beides sind herrlich kunterbunte Abenteuer.

Diese Geschichte beruht auf wahren Begebenheiten. Namen und Schauplätze sind jedoch frei erfunden.